科技经济主体跨界融合的驱动机制研究

高锡荣　温平川　著

科学出版社
北　京

内 容 简 介

本书针对科技主体和经济主体的异质性差异，提出科技主体与经济主体跨界融合的理论思想，将复杂的科技经济融合问题具体化为科技、经济主体跨界整合问题，探索科技、经济主体跨界融合的有效路径。研究成果可应用于设计科技经济深度融合路径和激励政策，指导产学研协同创新，推进产学研合作进程。全书共四篇，第一篇为经济主体跨界进入科技领域，探讨企业从事基础研究的驱动因素及作用机理；第二篇为科技主体跨界进入经济领域，探讨高等院校产教融合的驱动机制及影响因素；第三篇为科技经济主体跨界融合障碍破解，探讨消除产学研协同创新障碍的机制与路径；第四篇为科技经济主体跨界融合知识互补，探讨产学研知识互补的动态过程及驱动因子。

本书可供在产学研合作领域从事理论研究和实践应用的专家、学生及管理人员参考。

图书在版编目(CIP)数据

科技经济主体跨界融合的驱动机制研究 / 高锡荣，温平川著. —北京:科学出版社, 2022.12

ISBN 978-7-03-070638-6

Ⅰ. ①科… Ⅱ. ①高… ②温… Ⅲ. ①技术经济-产业融合-研究学-研究 Ⅳ. ①F062.4

中国版本图书馆CIP 数据核字（2021）第 229524 号

责任编辑：孟 锐 / 责任校对：彭 映

责任印制：罗 科 / 封面设计：墨创文化

科学出版社出版

北京东黄城根北街16 号

邮政编码：100717

http://www.sciencep.com

成都锦瑞印刷有限责任公司印刷

科学出版社发行 各地新华书店经销

*

2022 年 12 月第 一 版 开本：787×1092 1/16

2022 年 12 月第一次印刷 印张：12

字数：285 000

定价：98.00 元

（如有印装质量问题，我社负责调换）

前　言

一、科技经济主体跨界融合，是后工业社会应对复杂创新的需要。企业和高校的组建，是工业化时代社会分工的产物。在工业化时代，企业及高校都是按照分工各司其职，企业专司生产经营兼做产品及工艺创新，高校专司人才培养兼做基础及应用基础研究，基本上少有跨界融合的概念。但是，随着社会经济和科学技术的高速发展，特别是新一轮智能科技革命时代的到来，创新活动日趋复杂化。复杂创新具有跨领域、跨学科特征，需要基础研究、应用研究和商业开发的深层次融合。复杂创新超出了传统社会分工的界限，无论是企业还是高校都无力单独承担越来越复杂的科技创新活动。在此背景下，企业和高校的跨界融合就成为复杂创新时代的必然要求。

二、促进科技经济主体跨界融合，是新时期国民经济转型发展的时代呼唤。由于计划经济体制的惯性作用，科技与经济在我国是高度分离的，具体体现是企业只注重生产而不重视研发，院校院所只做研发而不关心生产。科技经济深度融合，就是解除科技与经济的人为分离，让经济主体成为科技研发的主力，科学主体进入经济建设的主战场，科技与经济融合发展。

三、长期处于分离状态的科技经济要想深度融合，必须同时借助于外在体制与内在机制的双重激励。我国科技、经济是相互分割的两个异质世界，这导致科技经济的深度融合异常艰难，因而亟待从一个全新的视角来深入探讨促进科技经济深度融合的体制机制问题。从科技经济主体跨界整合的视角，探讨促进科技与经济融合的中国道路，对于在当前国情下破解科技经济“两张皮”问题尤显必要与迫切。

四、围绕科技经济主体跨界融合的研究工作，具有重要的理论与现实意义。一方面，通过科技经济主体跨界融合，根治科技、经济“两张皮”的历史痼疾，解除科技与经济的人为分离，释放科技主体的产业潜力和经济主体的研发潜力，推动科技经济的跨界协同与共同发展。另一方面，通过推进科技经济深度融合，实现以自主研发突破科技封锁、以创新发展突破经济封锁、以科技经济综合国力提升突破军事封锁，最终达成“以我为主”、强势崛起的内生生存与内生发展战略目标。

五、本书针对科技经济主体的异质性特征，提出科技经济主体跨界融合的新思路，研究成果应用前景广阔。本书将复杂的科技经济融合问题具体化为科技经济主体跨界整合问题，探讨科技经济主体跨界融合的中国道路，构建科技经济融合的中国话语体系，诠释科学技术是第一生产力的理论论断，完善和丰富现代生产力理论体系。研究成果一方面可应用于设计科技经济深度融合路径，指导企业进军科学技术领域、提升原始创新能力，指导院校院所进军经济建设领域、提升科研活动的商业价值，指导企业和院校院所基于共同的价值观构建真正的产学研联盟体、实现产学研协同效应；另一方面可应用于设计科技经济深度融合激励政策，指导政策部门制定新型科技政策与产业政策，通过政策杠杆充分激发企业的自主创新潜能，有效促进产学研协同创新进程，加速创新型强国建成步伐。

六、本书结构。本书由四篇共 16 章组成。第一篇(第 1～4 章)为经济主体跨界进入科技领域，主要探讨在全新技术革命时代背景下，驱动企业基础研究行为的关键因素及作用机理；第二篇(第 5～8 章)为科技主体跨界进入经济领域，主要通过对当代创业型大学的考察分析，探讨产教融合的驱动机制及关键影响因素；第三篇(第 9～12 章)为科技经济主体跨界融合障碍破解，主要基于同质化互补的机制，探讨消除产学研协同创新的异质性障碍；第四篇(第 13～16 章)为科技经济主体跨界融合知识互补，主要基于场域交互概念，探讨产学研知识互补的动态过程及驱动因子。

七、写作分工。本书由高锡荣总体设计，高锡荣、温平川共同撰写。其中，第一篇至第三篇由高锡荣负责撰写，第四篇由温平川负责撰写。四位研究生参与了本书的研究与撰写工作，其中，刘思念参与了第一篇的撰写；董文轩参与了第二篇的撰写；张嗣成参与了第三篇的撰写；杨朝琴参与了第四篇的撰写。研究生韩虎参与了全书的整理汇总及结构编排工作；邓滢滢、廖丹、任娇娇、刘璐参与了全书的文字润色与校对工作。

八、致谢。感谢重庆市教育委员会对本书研究工作的项目资助；感谢重庆邮电大学科技处、社科处、产学研办对本书研究工作的指导；感谢重庆邮电大学经济管理学院为本书的研究与撰写提供场地与设备支持；感谢重庆邮电大学出版基金、重庆邮电大学经济管理学院对本书出版的资助。感谢科学出版社对本书的编辑指导与出版发行。

目　录

绪　论

一、科技经济主体跨界融合的基本概念

科技主体系指主要从事基础科学研究与通用技术开发的机构，主要包括科研型高等院校和学术型科研院所。经济主体系指主要从事商品生产与商业经营的机构，主要包括各种类型的企业和厂商。

科技经济主体跨界，系指科技、经济两大主体打破各自的传统边界，相互进入对方的业务领域。即，经济主体跨界进入科技研发领域，从事基础科学研究与通用技术开发；科技主体跨界进入经济建设领域，从事知识资产经营与商业技术开发。需要注意的是，企业的商业技术创新行为仍属于经济行为，不算跨入科技界；校办企业不是对学校知识资产的整体经营，不算跨入经济界。

科技经济主体跨界融合，系指两类主体通过业务跨界而显著降低彼此之间的异质性，逐渐在组织文化、目标愿景和价值观方面趋同，并基于同质化互补实现相互之间的深度融合与协同发展。按融合进程又可展开为经济主体跨界进入科技领域、科技主体跨界进入经济领域、科技经济主体跨界协同三大范畴。

科技经济主体的跨界融合，涉及三大核心概念——经济主体跨界进入科技领域、科技主体跨界进入经济领域、科技经济主体跨界协同。三者对应的传统概念分别为企业技术创新、科技成果转化、产学研协同创新。与传统概念相比，本书的三大核心概念强调科技经济主体在角色上跨越科技经济两界，通过跨界来实现持续不断的技术创新、市场导向的成果转化和基于共同价值观的协同创新。新、老概念的分类比较参见表 0.1。

表 0.1　本书核心概念与对应传统概念之间的比较

	本书的核心概念	对应的传统概念
概念名称	经济主体跨界进入科技领域	企业技术创新
角色定位	科技经济一体化角色	纯经济角色
行为路径	商业技术开发→工程技术研发→基础科学研究	仅限商业技术开发
行为效果	经济主体置身科技前沿的可持续创新	经济主体远离科技前沿的不可持续创新
概念名称	科技主体跨界进入经济领域	科技成果转化
角色定位	科技经济一体化角色	纯科技角色
行为路径	基础科学研究→工程技术研发→商业技术开发	忽视商业技术开发
行为效果	科技主体亲历市场前沿，成果转化易	科技主体远离市场前沿，成果转化难
概念名称	科技经济主体跨界融合	产学研协同创新

续表

	本书的核心概念	对应的传统概念
角色定位	科技经济主体角色交融	科技经济主体角色分离
行为路径	主体互为同类+优势互补→知识供应链	主体互为异类+画地为牢→协同障碍
行为效果	科技经济主体基于共同价值观的真协同	科技经济主体缺乏共同语言的假协同

二、研究科技经济主体跨界融合的学术意义

（一）理论意义

(1) 研究科技经济主体跨界融合，有助于深层解读科学技术是第一生产力的理论论断，完善和丰富现有的生产力理论体系。

(2) 异质世界的融合是一项复杂的系统工程，涉及众多的制约因素；将复杂的科技经济融合问题具体化为科技经济主体跨界整合问题，有助于在众多因素中发现少数关键因素，从而将复杂的问题大大地简化。

(3) 将科技经济融合问题视作中国式问题，以科技经济主体跨界整合为抓手，从国情出发构建科技与经济深度融合的中国道路，有助于在科技经济融合问题上构建完全属于中国的话语体系。

（二）实践意义

应用价值。一是有助于破解我国科技经济融合的世纪难题，进而根治科技、经济“两张皮”的历史痼疾。二是有助于释放科技主体的产业潜力和经济主体的研发潜力，推动科技经济的跨界协同与共同发展，助力创新型国家建设。三是从科技经济主体跨界整合的视角，探讨促进科技与经济深度融合的中国道路，体现了中国特色国家创新体系的建设宗旨，有助于早日实现创新型强国的“中国梦”。

社会意义。当前，以美国为首的西方列强为了阻止我国的和平崛起，不断强化对我国的科技封锁、经济封锁和军事封锁。在此严峻形势下，开展本课题研究，强力推进科技经济深度融合，将有助于我国实现以自主研发去突破科技封锁、以创新发展去突破经济封锁、以科技经济综合国力提升去突破军事封锁，并最终达成“以我为主”、强势崛起的内生生存与内生发展战略目标。

三、科技经济主体跨界融合的总体模型

（一）经济主体跨界进入科技领域模型

基于外驱内引双重正反馈机制，构建经济主体跨界进入科技领域的激发模型。基于制约经济主体跨界进入科技领域的关键动因，设计经济主体跨界进入科技领域的“外部驱动+内部牵引”双重正反馈机制，据此构建经济主体跨界进入科技领域的外驱内引双重正反馈激发模型(参见图 0.1)。对模型进行训练调试、校正优化和运转实验，释放模型中外部

动因的驱动效应和内部动因的牵引功能，驱使经济主体的事业范畴步入“科技化”正反馈循环轨道，不断地向科技领域拓展和覆盖，最终占据科学技术的主战场。随着“科技化”跨界的逐渐深入，及时引导经济主体主导高水平科技研发活动，形成创新驱动导向的产业发展模式。

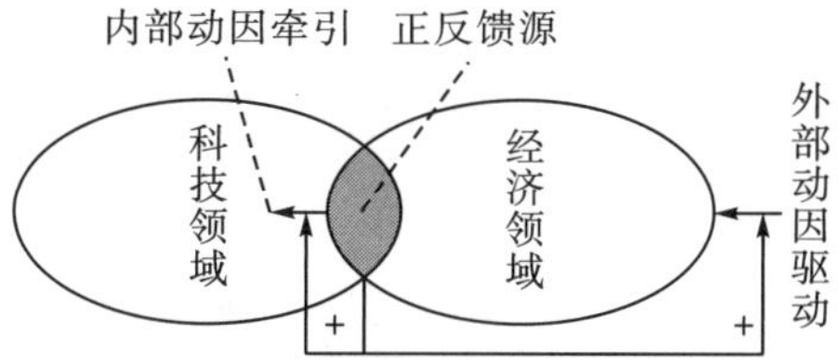

图 0.1　经济主体跨界进入科技领域的外驱内引双重正反馈机制

(二)科技主体跨界进入经济领域模型

基于外驱内引双重正反馈机制，构建科技主体跨界进入经济领域的激发模型。基于制约科技主体跨界进入经济领域的关键动因，设计科技主体跨界进入经济领域的“外部驱动+内部牵引”双重正反馈机制，据此构建科技主体跨界进入经济领域的外驱内引双重正反馈激发模型(参见图 0.2)。对模型进行训练调试、校正优化和运转实验，释放模型中外部动因的驱动效应和内部动因的牵引功能，驱使科技主体的事业范畴步入“经济化”正反馈循环轨道，不断地向经济领域拓展和覆盖，最终占据经济建设的主战场。随着“经济化”跨界的逐渐深入，及时引导科技主体投身科技成果商业化活动，形成市场导向的科技创新发展模式。

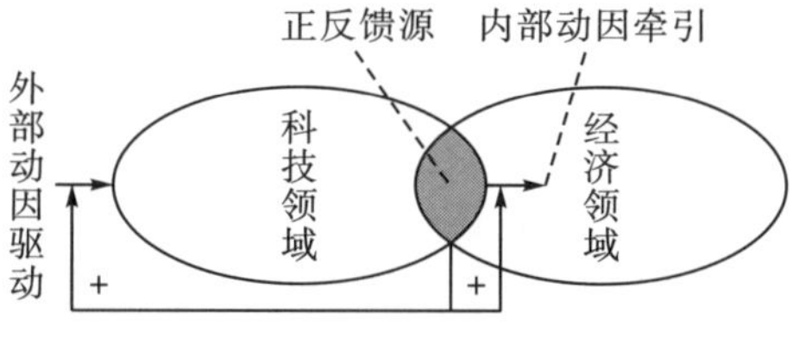

图 0.2　科技主体跨界进入经济领域的外驱内引双重正反馈机制

(三)科技经济主体跨界融合模型

基于同质化互补多重正反馈机制，构建科技经济主体跨界融合的激发模型。基于制约科技经济主体跨界协同的关键动因，设计科技经济主体跨界融合的同质化互补多重正反馈机制，据此构建科技经济主体跨界融合的同质化互补多重正反馈激发模型(参见图 0.3)。对模型进行训练调试、校正优化和运转实验，在外部动因驱动和内部动因牵引下，促使科技经济主体的业务交融，在两类主体之间形成足够大的业务同质化区域。借助于充分的业务同质化，整合两类主体的文化、愿景及价值观，构筑科技经济主体深度交融的多重正反馈协同系统。随着同质化互补系统的不断发育，及时引导科技经济主体组建具有共同愿景目标的协同创新联盟体，获取“1+1≫2”的协同创新效应，形成科技经济同质互补的融合发展模式。

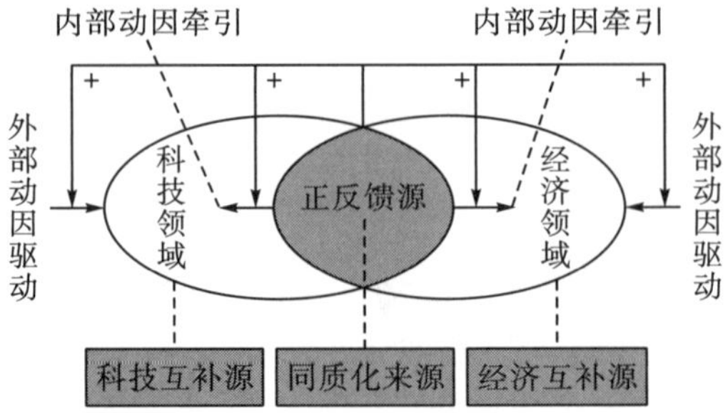

图 0.3 科技经济主体跨界融合的同质化互补多重正反馈机制

四、科技经济主体跨界融合的研究架构

基于科技经济主体跨界融合的总体模型，设计科技经济主体跨界融合的研究架构，如图 0.4 所示。

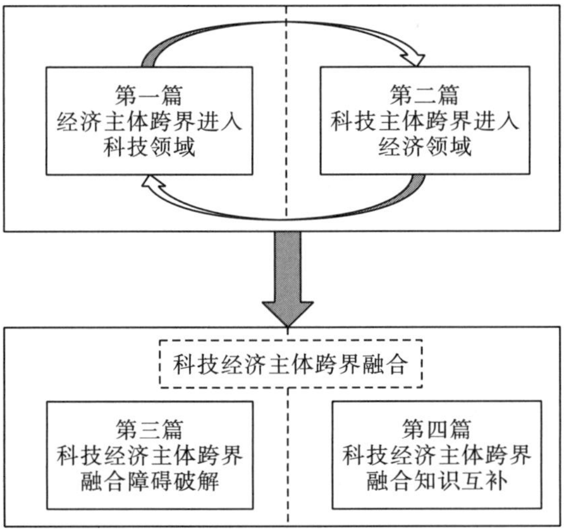

图 0.4 科技经济主体跨界融合的研究架构

第一篇

经济主体跨界进入科技领域：企业基础研究行为的驱动机制

第一章　企业基础研究的相关概念及研究基础

第一节　概 念 背 景

一、核心概念

（一）全新技术革命

全新技术革命，是以互联网产业化、工业智能化、工业一体化为代表，以人工智能、清洁能源、无人控制技术、量子信息技术、虚拟现实以及生物技术为主的第四次工业革命（张伟，2018）。

全新技术革命的时代特征为技术突破速度快、涉及范围广、影响彻底。这与20世纪40年代兴起的以计算机、原子能、航天技术为标志的第三次工业革命有很大区别。新时代的发展将影响目前生产和管理模式，使得企业开展基础研究具有更加深远的意义。

（二）基础研究

企业的研发活动一般分为三类，即商业研究、应用研究和基础研究。基础研究一般指基础科学研究，是指认识自然现象、揭示自然规律，获取新知识、新原理、新方法的研究活动（Channell，1999）。

虽然基础研究成果短时间内一般不能变为可以直接销售的产品，但它却是一个国家技术进步和经济发展的基础，更是行业兴衰更替的罗盘。所有能创造商业价值的技术和产品都是在此基础上产生的。此外，基础研究还是国家综合竞争力的重要代表。基础研究投入反映了一个国家对原始创新的重视程度，因此，基础研究水平是国家创新能力的试金石。

（三）扎根理论

扎根理论（Grounded Theory，GT）是一种定性研究的方式，其宗旨是在经验资料的基础上建立理论（吴国滨，2018）。这种研究方法与其他众多研究方法相比有很大的不同，一般研究者在展开研究之前没有理论假设，强调直接从实际观察着手，对原始语句提炼归纳，形成核心概念，并逐级构建核心概念间的联系，在此基础上上升到概念系统的构建。

二、研究背景

进入 21 世纪以来，第四次工业革命开展得如火如荼，以互联网产业化、工业智能化为代表，以人工智能、无人控制技术、量子信息技术、虚拟现实以及生物技术为主的全新技术革命正在快速地改变着世界。随着技术突破的速度越来越快，普通商业技术在不断迭代。传统以工艺创新为主导的企业发展模式已经不再适应时代的发展。由于技术前沿和生产前沿的距离不断缩小，智能化时代需要的是探索更先进的科学原理和基础理论知识（柳卸林，2018）。因此，企业要想在全新技术革命的浪潮中屹立不倒就必须开展科学理论研究，只有从事基础研究才能站在科学技术前沿，才能引领技术变革。与欧美国家的企业相比，我国企业应该认识到自身在理论研究方面的短板，充分认识基础研究的价值，肯定前沿科技对企业和社会带来的深远意义。

2017 年 10 月，习近平在十九大报告提出要瞄准世界科技前沿，强化基础研究，建立以企业为主体的国家创新体系。2018 年 1 月，国务院发布《关于全面加强基础科学研究的若干意见》，指出我国基础研究的突出短板之一是企业重视不够（吴季，2018），因而要大力引导企业开展基础研究，激励企业加大基础研究投入，依靠基础研究提高企业持续竞争能力。根据发达国家的历史经验，随着工业化的进一步发展，应该着眼于构筑中长期经济发展的动力基础，将更多资源用于基础研究。只有真正进行基础研究，企业充当的才不仅仅是经济主体的角色，而是支撑我国创新战略转型，承担社会责任，造福国民的主体力量。

近年来，在国家创新驱动战略的指引下，我国企业普遍加大了技术创新力度，在商业研发领域取得了明显的进展，国内专利的三分之二以上是由企业完成的。从现有研究中看，中国企业技术创新效率不断提升，但中高端技术行业研发投入强度与发达国家相比差距较大，特别是基础研究的支撑力明显不足。企业是研发投入主体，但很少投入基础和应用研究，在具有重大突破意义的研发活动中企业并不活跃（Zhang et al.，2017）。2015 年，我国基础研究投入仅占总研发投入的 5.1%，与主要创新性国家 10%以上的比例相比差距较大，更低于世界经合组织的平均水平（15%左右）（柳卸林，2018）。作为创新主体的企业，用于基础研究的投入仅占其总研发投入的 0.1%。因为我国过去几十年产学研分离的特殊国情，企业基本不涉及基础研究活动，甚至认为开展基础研究是科研机构和高校应该承担的事情。企业的专注点聚焦于生产领域，认为从事基础研究是越俎代庖。这种情况对我国全面加强基础研究工作产生了很大的阻碍，企业从事基础研究意愿较低十分不利于我国推进以企业为创新主体的创新强国建设进程。

综上所述，企业参与基础科学研究，既是国家实现创新驱动发展的整体需要，亦是企业自身持续强大的战略保障，尤其是在后互联网全新技术革命时代更是如此。问题是，我们应当如何彻底改变企业忽视基础科学研究的习惯，从根本上激发企业的基础研究行为呢？我们知道，基础科学研究具有公共产品特征，难以产生直接的经济收益，而且失败风险很高。如果没有一个良好的机制，企业完全有充分的理由拒绝基础科学研究。因此，当前亟待从学理上探讨激发企业从事基础科学研究的驱动机制，进而为引导企业广泛参与基础科学研究提供理论依据。

第二节　研究现状

一、相关研究综述

（一）企业模仿和创新式模仿行为驱动研究综述

在企业模仿行为阶段驱动研究中，针对模仿行为产生的条件，王敏（2005）认为主要有三个方面，分别为信息、同质性以及示范效应的大小。王昭凤和范开阳（2005）重点研究了企业在模仿阶段模仿成本对模仿行为以及结果的影响，提出现实经济活动中企业模仿行为主要因为企业自身研发能力较弱和企业惧怕研发失败。冯晓岚和武常岐（2009）主要对我国企业展开分析，聚焦于企业模仿战略，将企业模仿划分为战术性模仿和战略性模仿，继而提出并验证了行业创新强度的提高会减少企业模仿倾向假说。谢伟等（2011）认为企业模仿行为分为正式模仿行为和非正式模仿行为。而影响企业模仿行为的原因有很多，但主要分成企业内生因素和外生因素。内生因素主要包括企业内部的员工、财产以及物品等，而外生因素主要包括市场、政策和体制等外界环境因素。王芳等（2015）在探索中国企业从模仿到创新转变之路的过程中，论证了组织创新对企业产品模仿与创新绩效的影响。

（二）企业模仿式创新行为驱动研究综述

在企业模仿式创新行为阶段驱动研究中，不少学者研究其产生的原因并阐述了对其价值的理解。陆圆圆等（2006）研究了韩国企业模仿-创新转型之路的经验和教训，从技术学习的视角分析模仿到创新的转变过程，建立了企业创新模型。王升和 Cheng（2007）深入分析了 FDI 对我国企业模仿或创新的影响机制。此外，在模仿和创新之间关系的研究中，杨桂菊和夏冰（2016）认为模仿不能片面地理解成为了追赶市场而进行的生存策略，应该正视模仿的价值。不完全模仿创新会降低创新风险，从而大大提升创新效果。影响不完全模仿创新的因素主要有制度、成本、战略以及其他环境因素。彭灿（2002）认为组织学习的有效性对模仿创新能力存在决定性的影响，并通过对比模仿创新能力和核心能力的异同后，提出企业核心能力培育两个关键要素分别为组织创新以及组织学习。杨爱梅（2006）在推进企业模仿式创新的建议中提到，首先应该转换观念，其次应该把握模仿创新时机，此外引进购买是基础，同时采取联合攻关的形式。此外，汪文洁（2012）提出对企业实施模仿创新战略时应该注意合理定位和适时转变。

（三）企业自主创新行为驱动研究综述

在企业研发创新行为驱动因素相关研究中，研究人员主要从外部环境和内部环境两个方面探讨驱动因素。在外部环境驱动研究中，朱平芳和徐伟民（2003）通过实证分析得出政府科技拨款和税收减免对企业研发投入具有积极作用，这两个因素以税收减免为主，互为补充。眭平（2009）认为崇尚科学的企业文化是研发创新的灵感来源。Park（2014）在实证研究后总结了国家研发资金支持力度和补贴规模对企业研发活动开展的影响规律。Steiner等(2015)通过研究得出一个国家想要保持持续创新，就应该重视社会环境的营造，公民社会责任增强带来的影响尤其重要。杨洪涛和刘分佩(2015)通过研究得出企业研发激励政策中税收优惠政策的驱动作用效果更加明显，费用加计扣除可以很大程度降低企业研发成本，此外在政策实施过程中应该保证实施效果以及实施强度。翟海燕和董静(2015)深入分析了国家研发资金补贴政策对企业创新投入的激励作用，研究发现该激励措施在短期内激励效果十分明显，但随着时间推移呈现逐步变弱的规律。李伟等(2016)在实证研究后提出影响企业研发活动有两个最主要的因素：一是政府科技投入，二是知识产权保护。马文聪等(2017)指出政府政策对于企业创新研发投入具有良好的促进作用，与直接研发资金补贴和间接税收优惠政策相比，直接税收优惠政策产生的激励作用最显著。孙赫(2017)对创业板上市公司的面板数据进行定量分析后提出重视知识产权保护会推动企业研发行为，推动作用的大小与企业的规模呈正相关关系。钱水土和张宇(2017)研究得出科技金融发展在一定程度上会抵御企业研发活动中面临的风险，对企业研发活动具有明显的推动作用。张宇(2017)从融资歧视、要素市场价格扭曲、跨境投资的不对称开放以及地方保护方面，论述了非市场化的制度安排对企业研发创新活动的抑制作用，建议通过推进市场化改革来激发企业的技术创新活力。余明桂等(2016)经过研究发现产业政策能够通过调整税收、研发补贴和竞争机制来激发企业技术创新行为。成立为和郭园园(2017)分析得出中国企业研发投资结构的合理性、基础研究投入占比增加、知识产权保护加强对企业自主创新能力提升具有正向作用关系。朱迎春[33]通过比较中国与其他国家基础研究投入现状，发现中国不仅在投入数值上呈现较大差距，而且分配方式存在很多缺陷，所以应该完善中国在基础研究经费方面的投入模式。

在企业研发行为内部驱动因素研究中，研究人员主要从企业内部行为中探讨驱动因素。Anatoliivna(2015)讨论了知识库、组织学习机制、外部开放性、创新联系结构等因素对公司创新机会的影响。Lee 和 Choi(2015)通过实证研究从企业自身价值体现角度论证了研发投入对其产生的重要影响。张国会和于浩(2014)归纳了企业创新研发活动的七种模式，并分析了科技型企业研发费用归集问题对研发能力提升的影响关系。Baruk(2016)认为在影响企业创新研发活动的众多因素中，最主要的因素来源于企业内部，企业愿景的追求和发展战略的制定对企业研发投入影响很大。蔡树堂和吕自圆(2015)通过实证研究得出结论，在企业创新能力提升过程中，薪酬福利制度和股权激励等措施的促进效果最强，成就激励制度促进效果最小，培训、发展和环境激励制度的促进效果在二者之间。肖利平(2016)以中国上市公司为研究样本进行实证研究，最终得出实行股权激励会提高企业内部研发积极性，从而加大研发投入。此外股权集中度和研发投入呈现倒“U”形关系。谢雪燕和常倩倩(2017)以新三板信息技术企业为研究样本，通过实证分析提出勇于创新的企业家精神有利于激发企业研发积极性，对企业创新投入产生较强的推动作用。梁彤缨等(2015)利用随机前沿模型模拟分析得出加大对企业领导层的激励会提高企业的创新研发效率。杨建君和李垣(2004)提出股东、企业家与研发人员是企业技术创新活动中三类重要主体，三者共同构成企业技术创新主体这一有机整体。股东通过物质和权力奖励等激励企业家，而企业家通过物质和环境营造对研发人员进行激励，技术创新回报又会对股东发挥激励作用，三者构成循环激励链。辜秋琴(2008)分析企业技术创新主体的构成机理，提炼企业技术创新的运行机制，提出优化企业技术创新机制的政策措施。

聚焦到企业基础研究行为驱动因素的探讨相对较少，Mansfield(1980，1998)和 Beise 和 Stahl(1999)通过实证证明了基础研究对企业溢出效应的影响。Li 等(2011)和 Tommy (2009)认为政府补贴对企业研发投入有显著促进的作用。但还有国内外的众多学者通过自己的研究分析，表明了不同的观点。Quevendo(2004)认为国家的资金支持在一定程度上打击了企业的研发自主性，对企业自身研发投入具有一定的抑制作用。Griliches (1986)在研究中提出，企业作为创新主体开展基础研究，挑战了传统观念以及由政府投入基础研究这种已经被接受的资助形式。Lichtenberg(1987)分析，政府研发投入对企业研发行为的影响，政府研发投入对企业研发投入会产生挤出和互补两种不同的效应。考虑到知识的非竞争性和不可排他性，David 等(2000)发现政府投入对企业研发投入行为两者之间的杠杆作用要大于挤出效应。还有学者提出可以采用税收优惠等激励政策激发企业的研发积极性。如 Koga(2003)通过分析提出，在高新技术行业，日本政府对企业研发资金投入方面的政策激励效果和该企业规模的大小是具有直接关联的。

二、对现有研究评价

(1)现有关于企业创新行为研究中的企业研发、创新研发、技术创新等实际上均为围绕短期收益的商业研发，真正聚焦到企业应用技术开发和基础研究的文献很少，对企业基础研究驱动机制的探讨更为缺乏。

(2)现有研究对我国企业重生产、轻研发的产业传统认识不足，未能将企业创新行为具体分类为商业研究、应用研究和基础研究。因此笼统地将企业的所有创新尝试归结为创新活动，忽略了三类研究本质上的不同，因而无法真正地查找企业创新行为阻碍因素和动力因素。

(3)现有研究主要针对不同阶段企业商业研究行为驱动因素的探索，研究点主要集中在政府政策影响和企业内部因素两个方面，对于其他方面驱动因素的探索较为缺乏，且未挖掘驱动因素间的联系继而未形成一个全面且系统化的驱动模型。

三、企业从事基础研究必要性

(一)企业生命周期分析

根据企业生命周期理论可以知道企业发展与成长的动态轨迹，一般包括进入、成长、成熟、衰退几个阶段(Mclean and Zhao，2014)。在不同的发展阶段，企业处于不同的竞争状态。根据波特五力分析模型可知，行业中存在决定竞争规模和程度的五种力量，分别为同行业内现有竞争者的竞争能力、潜在竞争者进入的能力、替代品的替代能力、供应商的讨价还价能力、购买者的讨价还价能力。

当企业处于成熟期的时候，行业的竞争者数量增加，竞争者之间打起激烈的“价格战”，此外市场虽然巨大但基本趋于饱和，由于企业自身未涉及基础研究导致产品与竞争者差异不明显，从而使得企业在行业竞争中逐渐处于劣势状态，最终导致企业的死亡（图 1.1）。

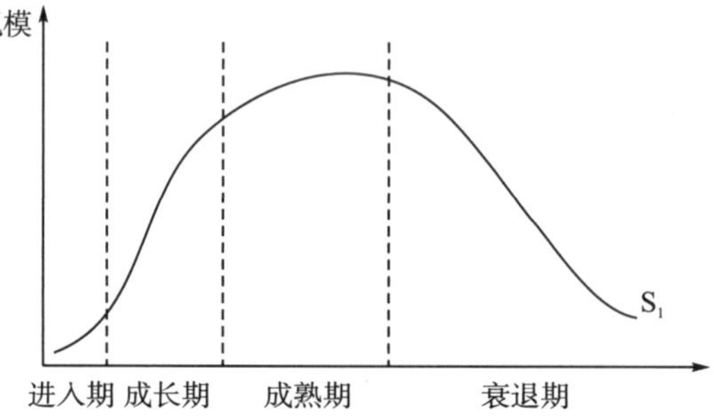

图 1.1 企业生命周期

（二）全新技术革命对企业生命周期的影响

1. 全新技术革命时代加速企业死亡

前文中提到全新技术革命时代最明显的特征是科学技术发展的高速化，随着全新技术革命的到来，技术突破的速度前所未有，普通商业技术迭代的速度大大加快。技术前沿和生产前沿的距离不断缩小，这使得波特五力模型中五种因素的作用效果更加明显。企业对核心技术的缺乏使得企业产品改进程度很小，与行业内产品相比缺乏明显的闪光点，从而降低了企业产品的溢价能力。此外由于技术的加速迭代，能够把握行业技术前沿的潜在竞争者推出的全新产品将迅速占领市场，如智能手机与功能机之战。原有企业在模仿追赶的过程中由于在核心技术方面长期处于落后局面，将力不从心从而导致竞争劣势加剧，最终走向死亡。所以全新技术革命带来的技术冲击将加速企业走向生命终结。如图 1.2 所示，S_1 曲线表示正常状态下的企业生命周期曲线，S_2 表示在全新技术革命冲击下的企业生命周期曲线。

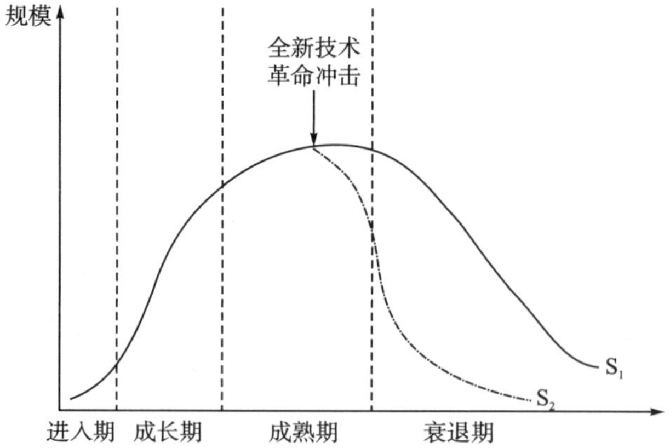

图 1.2 全新技术革命时代对企业生命周期的冲击

2. 从事基础研究延长企业寿命

由于全新技术革命的冲击，技术加速迭代，使得市场需求快速升级和竞争再次加剧，简单地改进产品、效率的提升和商业模式创新等已经远远达不到市场对于企业的要求。因此企业关注点不应该只是制造更好的产品，而是通过把握产业技术前沿去创造更具发展前景的产品，寻求新的利润增长点，在市场竞争中永葆活力。

企业若想实现掌握前瞻技术目标，唯一的途径就是从事基础研究，加大基础研究投入，重视创新人才的培养和基础研究实验室建设，增加前沿知识储备，积累突破创新力量。企业家也应当转变创新思想，不能只在意眼前利益，在重大决策制定时应该考虑到企业长远生存发展，认可全新技术革命时代下基础研究对企业持续发展的价值。国外企业在很早之前对基础研究开始重视，目前国内许多企业也意识到基础研究对于企业长远发展的重要意义，在基础研究上的投入也在不断增加。所以企业从事基础研究将在一定程度上抵消全新技术革命带来的冲击，为企业的长远生存发展带来新的希望。如图 1.3 所示，S_1 曲线表示正常状态下的企业生命周期曲线，S_3 表示全新技术革命时代企业从事基础研究后的生命周期曲线。

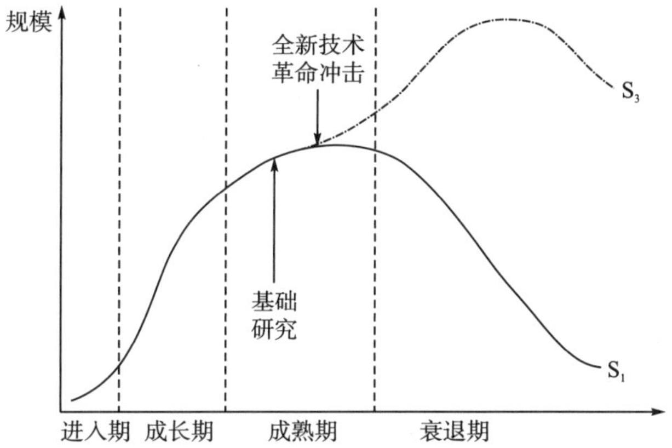

图 1.3　全新技术革命时代加强基础研究对企业生命周期的影响

第二章　企业基础研究行为的驱动因素提炼

第一节　数据编码过程与概念抽取

数据编码过程主要分为三个阶段：开放式编码、轴心式编码和选择式编码。编码过程结束后使用编码结果进行理论模型的构建(高锡荣和刘思念，2018)。开放式编码主要是指对获取的资料进行分解、提炼、概念化和范畴化的过程(高锡荣和刘思念，2018)。开放式编码主要分为原始语句精炼、初始范畴提取和副范畴归纳三个步骤。轴心式编码是将开放式编码得到的概念和范畴通过类比分析，以其性质联系及因果关系进行归纳，得到各范畴之间的关联，提炼本研究的主范畴(Pandit，1996)。该过程进行的主要步骤是对副范畴进行提炼归纳形成主范畴，并剖析主范畴之间以及主范畴与副范畴之间的逻辑关系。选择式编码主要目的是提炼核心范畴(Corbin and Strauss，1990)。该过程需深入探索核心范畴与主范畴之间的关联从而构建理论概念体系。数据编码过程完成后，对最终得出的核心概念之间的关系结构进行深入分析，从而建立企业基础研究行为驱动机制理论模型。数据编码流程参见图 2.1。

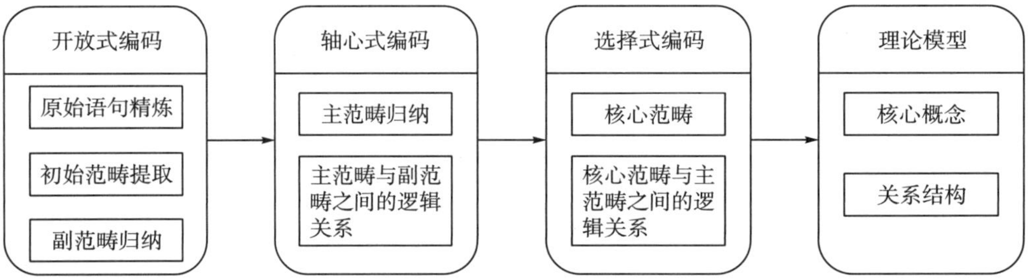

图 2.1　数据编码流程

一、开放式编码

本章开放式编码过程主要分成原始语句精炼、初始范畴归纳和副范畴归纳三个环节，分述于下。

(1)原始语句精炼。对采集的不同形式的材料进行分解得到 377 条原始语句，对原始语句进行简单化处理得到 421 条简单语句，编号为 a01～a421。对 421 条简单语句进行剖析、抽象，最终得到 404 条原始词汇，编号为 aa1～aa404。

(2)初始范畴归纳。由于原始词汇数量繁多，且概念存在重复、交叉等问题，需对 404

条原始词汇进行概念相近合并，得到 107 条初始范畴，编号为 A1～A107。

(3)副范畴归纳。反复比较分析 107 个初始范畴，深入剖析初始范畴的含义，研究初始范畴之间的内在联系，逐级聚合得到副范畴。副范畴聚合示例如表 2.1 所示。

表 2.1 副范畴聚合示例

原材料	语句精炼	初始范畴	副范畴
a32、a93、a109、a217、a305、a306、a334、a335、a340、a357	aa32 研发资金补贴、aa94 科研资金资助、aa113 基金激励、aa228 政府投资引导、aa321 政府投入、aa322 政府投资、aa341 政府的资助、aa353 相关财政支持、aa354 加大财政投入、aa359 政府的资助、aa382 政府财政的支持	A14 研发资金补贴	研发资金支持
a33、a34、a35、a88、a173、a246、a250	aa33 重大新产品补助政策、aa34 延长补助期、aa35 重大技术装备扶持政策、aa89 研发补助、aa182 重大新产品补贴政策、aa256 首台重大技术装备扶持、aa261 创新产品和服务扶持政策	A15 研发新产品补助	
a55、a130、a160、a247	aa53 研发所得收入抵税、aa134 科技奖励、aa167 研发表彰奖励、aa258 资金奖励	A55 研发资金奖励	
a20、a28、a161	aa20 文化创意产业的发展需求、aa29 鼓励创新的文化、aa168 尊重人才的文化、aa169 鼓励创造的文化	A62 崇尚创新的文化	创新文化沁润
a28、a261	aa28 宽容失败、aa274 容忍失败的观念	A103 宽容失败的文化	

通过开放式编码过程，最终聚合 37 个副范畴。经过对这 37 个副范畴的深入分析，对企业基础研究行为具有驱动作用的因素有五类：13 个副范畴(即“研发税收减免”“研发用地优惠”“科技声誉激励”“知识资产激励”“研发资金支持”“人才引入培育”“研发风险分散”“政策执行力度”“研发考核强制”“研发任务强制”“研发资源共享”“科研管理规范”“创新战略指引”)可归纳为“政府”类驱动因素；5 个副范畴(即“产业发展需求”“产品改进需求”“新产品需求”“差异化追求”“技术领先追求”)可归纳为“市场”类驱动因素；5 个副范畴(即“社会发展需要”“创新价值理念”“知识产权意识”“大众创新风气”“创新文化浸润”)可归纳为“社会”类驱动因素；10 个副范畴(即“承担科研项目”“建立研发专项资金”“盘活研发资源”“激发研发积极性”“肩负社会责任”“不惧研发失败”“勇于求知探索”“雄踞产业技术前沿”“永葆市场竞争力”“长远发展需求”)可归纳为“企业自身”类驱动因素；还有 4 个副范畴(即“核心技术封锁”“高端人才争夺”“合作关系破坏”“政策公正偏失”)可归纳为“国际环境”类驱动因素。

二、轴心式编码

轴心式编码过程是将开放式编码中被分割的资料加以类聚，主要发现和寻找范畴之间的逻辑关联(高锡荣等，2016)。本章通过对副范畴含义的深入理解和其间逻辑关系的查找，最终得到从副范畴到主范畴的两条归并路径。第一条路径是根据“条件-行动/互动-结果”的编码范式对副范畴进行整合得到主范畴。例如，副范畴中“雄踞产业技术前沿”“永葆市场竞争力”“长远发展需求”之间存在一种逻辑关系——“雄踞产业技术前沿→永葆市场竞争力→长远发展需求→一流企业愿景”，所以这几个副范畴可整合为主范畴“一流企业愿景”。第二条路径是把多个副范畴进行合并进一步归纳得出主范畴，例如，“研发考核强制”“研发任务强制”“研发资源共享”“科研管理规范”“创新战略指引”可整合为主范畴“政令规定”。轴心式编码结果如表 2.2 所示。

表 2.2 轴心式编码结果

副范畴	主范畴
核心技术封锁、高端人才争夺	关键资源控制
合作关系破坏、政策公正偏失	贸易壁垒构筑
社会发展需求、创新价值理念、知识产权意识	国民价值观念
大众创新风气、创新文化沁润	社会创新氛围
研发税收减免、研发用地优惠、科技声誉激励、知识资产激励、研发资金支持、人才引入培育、研发风险分散、政策执行力度	政策激励
研发考核强制、研发任务强制、研发资源共享、科研管理规范、创新战略指引	政令规定
产业发展需求、产品改进需求、新产品需求	需求选择
差异化追求、技术领先追求	同行竞争
承担科研项目、建立研发专项资金、盘活研发资源、激发研发积极性	研发能力自我培育
肩负社会责任、不惧研发失败、勇于求知探索	企业家精神
雄踞产业技术前沿、永葆市场竞争力、长远发展需求	一流企业愿景

三、选择式编码

选择式编码是在所有范畴中进一步挖掘核心范畴，并且将核心范畴与其他主要范畴进行联系的过程。

在归纳出的 11 个主范畴当中，“关键资源控制”“贸易壁垒构筑”反映出我国在高端技术产业发展过程中，来自发达国家的技术挤压，故“关键资源控制”“贸易壁垒构筑”构成核心范畴“发达国家挤压”。

“国民价值观念”“社会创新氛围”反映了目前针对企业基础研究行为的社会价值观的压力，故“国民价值观念”“社会创新氛围”构成核心范畴“社会舆论敦促”。

“政策激励”主要表现在政府方面针对企业基础研究行为的鼓励措施，而“政令规定”是指政府在大力推动企业基础研究过程中采取的强制措施。鼓励措施和强制措施共同作用于企业基础研究行为，刚柔并济地体现出国家对于建设创新强国的决心。故“政策激励”“政令规定”构成了核心范畴“强国战略要求”。

“需求选择”主要是指市场中需求方对产品改进的需求和对新产品开发的需求。“同行竞争”主要是指供给方之间差异化竞争和技术领先追求。需求方选择升级和供给方竞争加剧共同表现出市场因素对于企业持续生存带来的压力，故得出核心范畴“市场生存压力”。

“企业家精神”作为企业基础研究行为的企业内部基础牵引因素，一方面它对企业“研发能力自我培育”起到直接的推动作用，另一方面“企业家精神”通过支撑“一流企业愿景”的构建，继而对企业内部“研发能力自我培育”也起到间接促进作用。“企业家精神”“一流企业愿景”“研发能力自我培育”共同体现了企业本身为了承担社会责任，在企业基础研究行为推动过程中的自身努力，所以可得出核心范畴“企业责任担当”。选择式编码结果参见图 2.2。

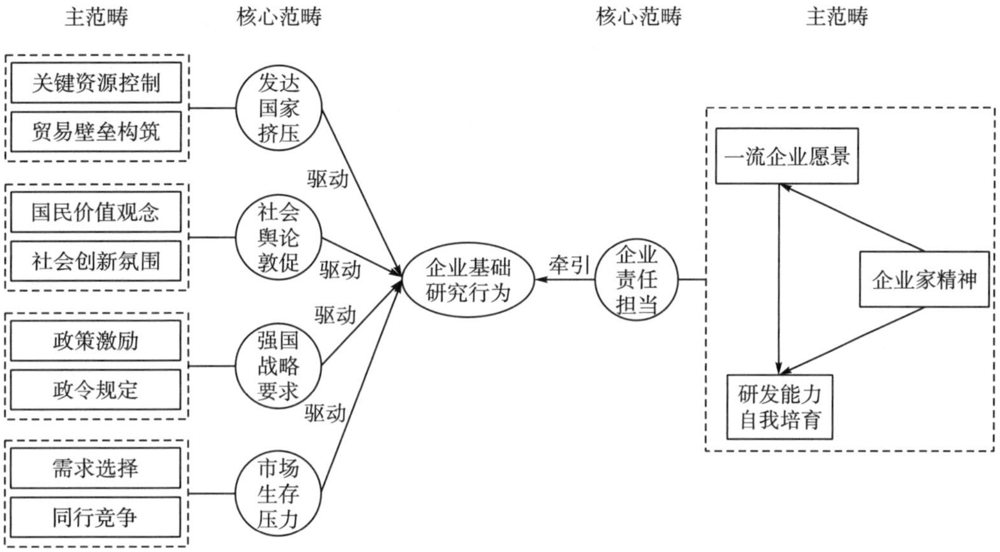

图 2.2 选择式编码结果

四、饱和式检验

为了保证在数据采集过程中的信度要求，采用多名研究人员参与等方法。为了保证数据编码过程的信度，需要进行理论的饱和度检验。理论饱和度指的是即使通过采集额外数据也不能再发展范畴的新特征，也不再产生新的理论的时刻(徐建中和曲小瑜，2014)。本研究在数据编码过程之前对 21 篇文献随机抽取 15 篇文献作为扎根原始材料，剩余 6 篇文献用于理论饱和度检验。在对这 6 篇文献的驱动因素提取过程中未形成新的范畴，每个范畴也未出现新的特征，故符合最终的编码结果(刘家国等，2015)。因此，得到的编码结果通过饱和度检验。

第二节 基础研究行为驱动因素提炼结果

通过收集和分析与企业基础研究行为驱动相关的材料，按照扎根理论的方法与步骤，在开放式编码、轴心式编码、选择式编码的研究基础上，提取归纳核心范畴。基于以上研究得出对企业基础研究行为具有驱动作用的核心范畴有五个，分别为“发达国家挤压”“社会舆论敦促”“强国战略要求”“市场生存压力”和“企业责任担当”。

一、发达国家挤压模块

作为核心范畴的“发达国家挤压”主要是指西方发达国家为了进行技术封锁，增加贸易顺差而对我国企业采取关键资源的控制和贸易壁垒的构筑等一系列不公正的贸易措施。

在“发达国家挤压”的推动下，我国企业会深刻认识到自身缺乏核心技术的危机性。为了摆脱发达国家的技术压制，我国企业就必须加大推进自主研发，实现在高新技术产业的加速追赶(图 2.3)。

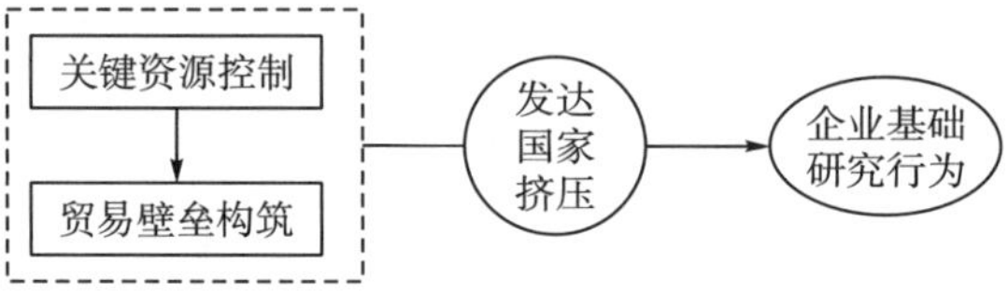

图 2.3 发达国家挤压模块

1. 关键资源控制

由于我国在高新技术产业的创新水平与发达国家相比，存在一定差距。我国企业进行的大多是跟随式创新，所以导致在国际领先技术的竞争中，长期处于劣势状态。为了扭转这种竞争弱势格局，近几年，我国几家创新型公司加大在技术研发方面的投入，力求自主创新。西方国家在感受技术追赶甚至技术超越的威胁后，对我国企业采取了技术封锁等不友好的措施，意在阻碍我国自主创新建设进程。在发达国家对我国施行技术封锁和人才争夺等措施高压下，我国企业对掌握核心技术的迫切程度变得更强，而这种迫切需要将成为我国企业从事基础研究行为的强大动力，从而加速推动我国创新进程。

2. 贸易壁垒构筑

长期以来，美国一直对中国半导体产业的发展十分警惕。美国商务部在 2018 年 4 月 16 日宣布，将禁止美国公司向中兴通讯销售零部件、商品、软件和技术 7 年，直到 2025 年 3 月 13 日。在此情形下，中国一定希望进一步优化半导体产业政策，改善中国本土的半导体芯片企业的商业环境，最重要的是在芯片设计领域产生革命性的创新，从根本上缩短中国在半导体产业领域与世界先进水平之间的差距。由此可见，当发达国家为了构筑贸易壁垒，对国际贸易合作关系进行破坏时，我国企业在核心技术上的短板很容易就会暴露。因此，在特定背景下，西方发达国家贸易壁垒的构筑对我国企业基础研究开展具有明显的驱动作用。

二、社会舆论敦促模块

企业在发达国家挤压的驱动下将重视基础研究的重要价值，在企业基础研究驱动过程中，“社会舆论敦促”作为社会环境进行烘托，也发挥着十分重要的作用(图 2.4)。

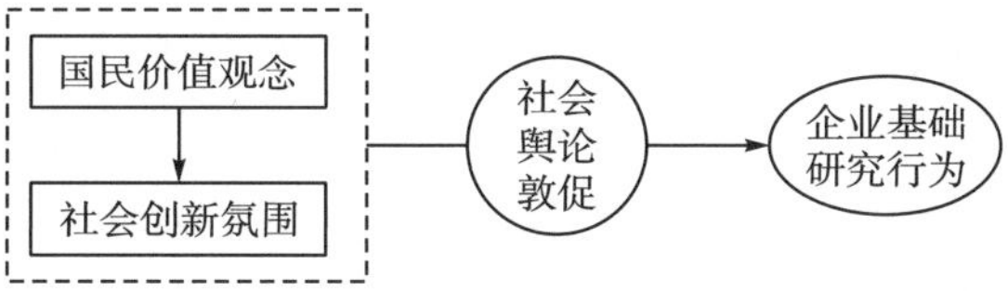

图 2.4　社会舆论敦促模块

近几年随着我国对知识产权的重视程度加强，知识产权相关的法律更加完善，人们对于创新的价值有了更加正确的理解和判断。国民价值观念的转变使得创新文化在整个社会上开始流行，社会创新氛围的烘托下，很多企业开始思考研发活动对于企业长远发展的重要性，因而驱动企业进行研发能力自我培育行为。

1. 国民价值观念

在过去几十年的“免费”模式时代，发明创造成果被抄袭和借鉴的成本很低，经过大量脑力劳动后的创新成果很难带来相应的价值。由于时代的快速发展，社会大众在价值观念上发生了很大的转变，其中逐渐认可创新价值和更重视知识产权的保护这两种表现最为突出。由“免费”到合理“付费”的模式，从“无权”到“维权”的转变，使得人们更愿意去思考，去创作新的东西。这种创新思想的汇聚为整个社会创新活动的开展积蓄了力量。

2. 社会创新氛围

浓郁的社会创新氛围对企业基础研究行为产生了文化烘托的作用。当创新活动在整个社会环境中热度很高时，社会大众对个性化、独创性和领先性越来越看重。企业家精神在这种创新氛围浓厚的社会环境中更容易被激发。因此在作为创新主体的企业当中，那些勇于拥抱创新文化，迎接挑战，敢于推陈出新的企业将更具长远发展潜力。

三、强国战略要求模块

强国战略要求是我国企业基础研究行为中坚驱动力量（图 2.5）。这一核心范畴主要体现的是我国政府为了推动创新型国家建设进程，发挥企业创新主体地位而颁布的相关激励政策和政令规定。

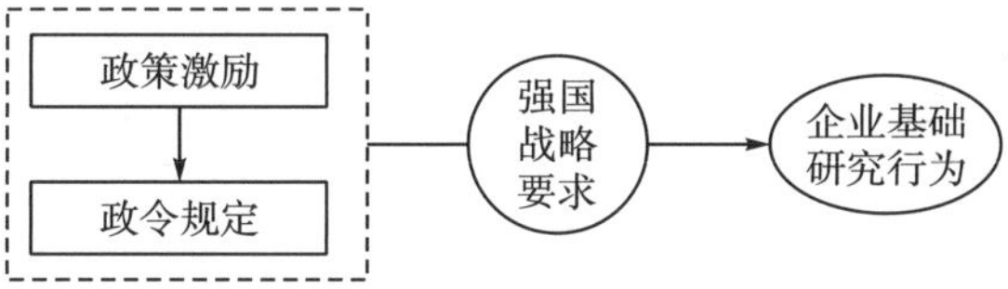

图 2.5　强国战略要求模块

经过资料查阅可知，在军工、电力电网、电信等关系国家安全和国民经济命脉的重要行业和关键领域，国有资本保持“绝对控制力”；在装备制造、汽车、电子信息、化工、科技等行业，国有资本保持“较强控制力”。结合我国国情，在我国企业结构构成中国有企业占有重要组成部分。在企业基础研究驱动进程中首先通过考核强制和任务强制手段推动大型国企参与科研项目加大研发投入，其次通过提升科技荣誉激励，完善风险保障机制激发企业从事基础研究的意愿。在政令规定和政策激励的双重作用下推动大型国有企业基础研究行为。在我国大型国有企业的引领作用下，进而推进我国大型民营企业及行业龙头企业基础研究驱动进程，最终形成企业主动参与理论研究掌握前沿技术的创新形势。

1. 政策激励

政策激励是政府驱动企业从事基础研究的重要措施。目前，我国与企业创新驱动相关的优惠政策数量很多，政策的覆盖面也较为全面。通过创新优惠政策的颁发，减免企业基础研究过程中的税收，对企业研发设施和研发用地进行优惠补贴，对企业重大研发成果给予奖励。这些激励措施对我国企业创新研发活动的开展起到了直接的推动作用。但在政策实施过程中还存在一些问题值得去思考，如创新政策的聚焦点和细化程度，企业对于激励政策的了解程度等。只有把政策设计、政策颁发、政策实施等一系列流程不断完善，才能在企业基础研究行为的驱动工作中发挥最佳效果。

2. 政令规定

与政策激励相比，政令规定在企业基础研究驱动工作中具有强制性特征。在颁发一系列激励政策的同时，政府也要针对企业基础研究行为提出强制性的要求。在企业基础研究行为驱动的前期，由于企业自身对开展基础研究活动的抵触性很强，政策激励的效果会减弱，而政令规定的颁布将会改善这一状态，迫使企业必须参与基础研发，从而使得企业逐渐迈向创新之路。

四、市场生存压力模块

需求选择的压力和同行竞争的压力构成了市场生存压力模块(图 2.6)。全新技术革命时代使得技术迭代速度越来越快，商业技术与基础研究的距离不断缩小，市场需求更加挑剔，同行间技术竞争更加激烈。在国外发达国家的技术把控下，我国企业要想在市场竞争中取得一席之地就必须潜下心来进行基础研究实现技术追赶甚至技术领先。

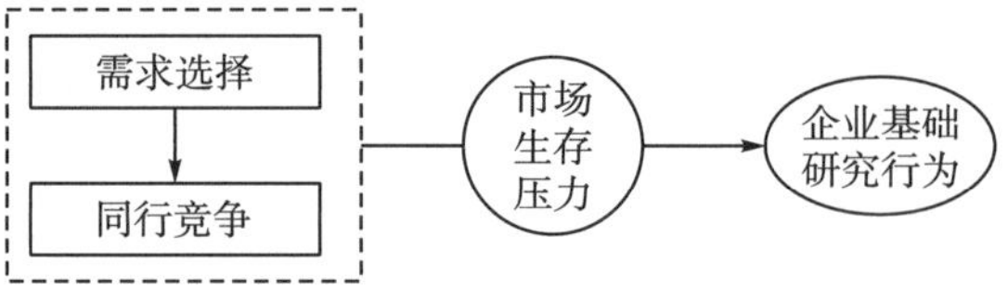

图 2.6　市场生存压力模块

1. 需求选择

在市场活动中，需求选择中的需求主要包含了两方面，一是产品改进需求，二是新产品需求。一般来说，企业开展渐进式创新能够满足市场上改进产品这一需求，但新产品的产生代表着行业需求的变化，一般的渐进式创新无法满足这一要求。所以如果企业没有掌握行业前沿技术，在行业需求发生质的改变时便会迅速地被淘汰。

2. 同行竞争

企业若想长久生存下去，就应该保持核心竞争优势。在技术加速升级的时代，企业若是只着眼于行业同类产品的差异化竞争优势，将会屈从于市场现有的需要，从而忽视最重要的、能对整个行业带来冲击的技术领先追求。如果一个企业对行业前沿技术关注度不高，对行业技术变革毫无预感，那它将很快在市场竞争中被淘汰，摩托罗拉公司由盛转衰就是最好的证明。

五、企业责任担当模块

企业责任担当作为企业基础研究行为的内部驱动模块，主要包括企业家精神的指引、一流企业愿景的追求和企业研发能力的自我培育三方面的驱动因素(图 2.7)。企业管理者考虑企业的长远发展而不会拘泥于眼前利益，在一流企业愿景的目标激励下，企业将主动进行创新能力提升。

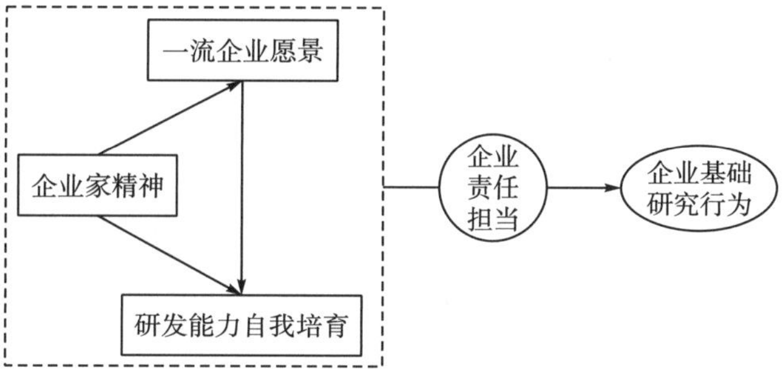

图 2.7　企业责任担当模块

1. 企业家精神

企业家精神是一流企业愿景和研发能力自我培育因素的基础。勇于探索不畏失败的企业家精神会在企业内部形成一种宽容自由向上的文化，为企业的创新行为营造有利的环境(Corsi and Prencipe，2016)。此外，企业家精神中的勇于承担社会责任，更是要求企业在寻求企业价值的同时应该注重创造社会价值。

2. 一流企业愿景

打造一流企业愿景是企业文化构筑的一部分，一流企业愿景的实现不仅要求企业能够站在行业技术前沿，掌握行业发展变革的罗盘，而且要求企业家能够拥有高瞻远瞩的能力，不拘泥于短期利益，带领企业长远生存发展。

3. 研发能力自我培育

在企业家精神的指引和一流企业愿景的目标激励下，企业主动参与科研项目，主动承担创新责任。在内部研发环境改善以及创新观念转变条件下，企业将不断提升自身创新水平。在企业知识积累达到一定程度后，企业会逐渐增加基础研究相关的研发投入。因此，企业研发能力自我培育和企业从事基础研究行为的程度之间会形成一种良性循环，前者会为后者带来源源不断的驱动力量。

第三章　企业基础研究行为驱动因素分层作用机制

第一节　解释结构模型概述

一、结构分析的概念和意义

构成系统的要素之间相互关联的方式被称为系统结构，企业是一个大规模复杂系统，具有要素及其层次众多、结构复杂和社会性突出等特点（Ertas et al.，2016）。系统结构模型化具有特定的处理步骤，首先应该厘清所研究系统的内涵和定义，这是提取系统所含要素的关键；其次在文献分析基础上对系统核心要素进行提取；最后，运用定性研究或者定量研究等研究方法对核心要素间的作用关联进行分析，从而得出核心要素间的层级结构。

二、系统结构的基本表达方式

在企业基础研究行为驱动系统中，驱动因素之间可以产生直接影响关系用 1 表示，否则用 0 表示，形成邻接矩阵 $\boldsymbol{A}$，矩阵 $\boldsymbol{A}$ 的元素为

$$a_{ij}=\begin{cases}1, S_i\text{直接影响}S_j \\ 0, S_i\text{不直接影响}S_j\end{cases}\quad (i,j=1,2\cdots,11)$$

三、解释结构模型的分析原理

解释结构模型（interpretative structural modeling，ISM）技术的基本原理为：利用矩阵、计算机技术等工具，首先提取构成系统问题的要素，然后判定要素的二元关系并形成矩阵，再对该矩阵逐步进行分析处理，依次得到可达矩阵、缩减矩阵和骨架矩阵，并根据骨架矩阵所表示的二元关系画图得到递阶结构模型，最后进行解释说明，得到对系统层次和结构更清晰的认识和理解（李娜，2012）。其工作原理如图 3.1 所示。

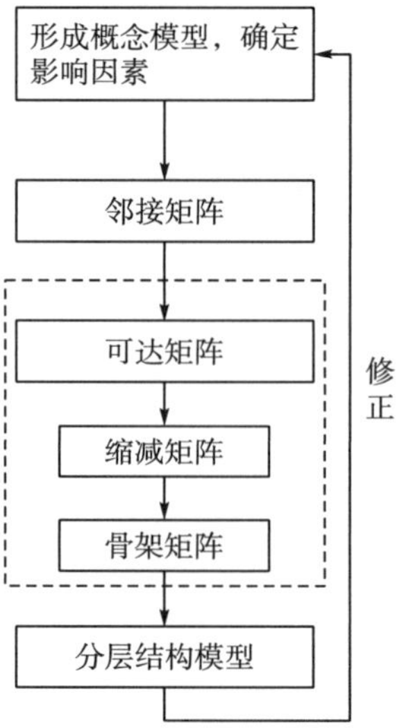

图 3.1　ISM 工作原理

从图 3.1 可以看出，从判定二元关系开始，要经过对可达矩阵 $\boldsymbol{M}$ 的处理，才能得到系统的分层结构模型，这些处理过程包括区域划分、级位划分、提取骨架矩阵。

第二节　企业基础研究行为驱动因素作用结构分层

一、企业基础研究行为驱动因素确定

本节主要研究企业基础研究行为驱动因素间的作用关系，从而进行驱动机理的分析。基于文献编码分析方法，构建了企业基础研究行为驱动框架。经过原始语句精炼、初始范畴归纳和副范畴归纳三个环节，最终得到 11 个主范畴。

将文献编码分析得到的 11 个主范畴结果作为企业基础研究行为的主要影响因素。其中属于外部驱动因素的包括关键资源控制、贸易壁垒构筑、国民价值观念、社会创新氛围、政策激励、政令规定、需求选择、同行竞争，属于企业内部驱动因素的包括研发能力自我培育、企业家精神、一流企业愿景，分别对应 $S_1,S_2,S_3,\cdots,S_{11}$（表 3.1）。

表 3.1　企业基础研究行为驱动因素分类

序号	因素类型	驱动因素	解释
S_1	外部因素	关键资源控制	发达国家对生产过程中的关键技术、人才等关键资源的控制
S_2		贸易壁垒构筑	发达国家对我国施行的合作关系破坏、政策公正偏失等态度
S_3		国民价值观念	国民对创新价值的观念转变以及对知识产权保护的意识在逐渐增强
S_4		社会创新氛围	大众创新万众创业成为社会热点，创新文化越来越被重视
S_5		政策激励	促进企业开展基础研究而实施的税收减免、科技声誉奖励、知识资产奖励、人才引育等一系列激励政策

续表

序号	因素类型	驱动因素	解释
S_6	外部因素	政令规定	政府采取的考核强制、任务强制、资源共享以及规范科研管理等强制规定
S_7		需求选择	市场对技术改进以及技术革新的需求
S_8		同行竞争	同行之间展开差异化追求和技术领先追求以形成竞争优势
S_9	内部因素	研发能力自我培育	企业为了提升自身研发能力所采取的承担科研项目、盘活研发资源、激发内部创新积极性等措施
S_{10}		企业家精神	企业管理者自身具备肩负社会责任、宽容失败、勇于求知探索等精神
S_{11}		一流企业愿景	企业能够雄踞产业技术前沿，保持市场竞争力，以及能够长远发展的夙愿

二、驱动因素矩阵表达

在企业基础研究行为驱动系统中，11 个影响因素是相互作用、相互关联的。成立项目专家组(由 7 人构成)，经过项目组专家讨论，认为研究围绕的关键问题为企业从事基础研究行为。根据专家打分法的实施原理，按照 S_i 直接影响 S_j 打 1，否则打 0 的原则，进行专家意见采集。评价专家的分组结构如表 3.2 所示。

表 3.2 评价专家的分组结构

属性	分组	人数/人	比例/%	属性	分组	人数/人	比例/%
单位	高校	3	42	最高学历	硕士	3	43
	政府部门	2	29		博士	4	57
	企业	2	29	参与的企业创新项目数量	3～5 项	2	29
工作年限	5～8 年	2	29		5 项以上	5	71
	8 年以上	5	71				

最后通过多次集中讨论，并结合相关政府人员和企业员工访谈结果，最终得到驱动因素影响关系表，见表 3.3。

表 3.3 企业基础研究行为驱动因素间影响关系表

序号	S_1	S_2	S_3	S_4	S_5	S_6	S_7	S_8	S_9	S_{10}	S_{11}
S_1	0	1	0	0	1	1	0	1	1	0	0
S_2	0	0	0	0	0	0	1	1	1	0	0
S_3	0	0	0	1	0	0	1	0	1	1	1
S_4	0	0	0	0	0	0	0	0	1	1	1
S_5	0	0	0	0	0	0	1	1	1	1	1
S_6	0	0	0	0	0	0	1	1	1	1	1
S_7	0	0	0	0	0	0	0	0	1	1	0
S_8	0	0	0	0	0	0	0	0	1	1	1
S_9	0	0	0	0	0	0	0	0	0	1	1
S_{10}	0	0	0	0	0	0	0	0	1	0	1
S_{11}	0	0	0	0	0	0	0	0	1	1	0

1. 邻接矩阵

由企业基础研究行为驱动因素间影响关系可以构建相应的邻接矩阵(表 3.4)，邻接矩阵反映指标间的直接相关关系。

表 3.4 邻接矩阵

序号	S_1	S_2	S_3	S_4	S_5	S_6	S_7	S_8	S_9	S_{10}	S_{11}
S_1	1	1	0	0	1	1	0	1	1	0	0
S_2	0	1	0	0	0	0	1	1	1	0	0
S_3	0	0	1	1	0	0	1	0	1	1	1
S_4	0	0	0	1	0	0	0	0	1	1	1
S_5	0	0	0	0	1	0	1	1	1	1	1
S_6	0	1	0	0	0	1	1	1	1	1	1
S_7	0	0	0	0	0	0	1	0	1	1	0
S_8	0	0	0	0	0	0	0	1	1	1	1
S_9	0	0	0	0	0	0	0	0	1	1	1
S_{10}	0	0	0	0	0	0	0	0	1	1	1
S_{11}	0	0	0	0	0	0	0	0	1	1	1

三、可达矩阵求解分析

由于企业基础研究驱动系统十分复杂，影响因素之间并不是只拥有单一清晰的作用关系(刘忠艳，2017)。影响企业基础研究的众多因素之间多存在直接或间接的关联性，为了进一步厘清因素间的内在联系，在借助计算机工具进行求解的基础上，可以得到可达矩阵，见表 3.5。

表 3.5 可达矩阵

序号	S_1	S_2	S_3	S_4	S_5	S_6	S_7	S_8	S_9	S_{10}	S_{11}
S_1	1	1	0	0	1	1	1	1	1	1	1
S_2	0	1	0	0	0	0	1	1	1	1	1
S_3	0	0	1	1	0	0	1	0	1	1	1
S_4	0	0	0	1	0	0	0	0	1	1	1
S_5	0	0	0	0	1	0	1	1	1	1	1
S_6	0	1	0	0	0	1	1	1	1	1	1
S_7	0	0	0	0	0	0	1	0	1	1	1
S_8	0	0	0	0	0	0	0	1	1	1	1
S_9	0	0	0	0	0	0	0	0	1	1	1
S_{10}	0	0	0	0	0	0	0	0	1	1	1
S_{11}	0	0	0	0	0	0	0	0	1	1	1

根据求解的可达矩阵，经过整理分析要素 S_i 的可达集 $\boldsymbol{R}(S_i)$、先行集 $\boldsymbol{A}(S_i)$ 和共同集 $\boldsymbol{C}(S_i)$。其中可达集 $\boldsymbol{R}(S_i)$ 是指企业基础研究行为驱动因素 S_i 能直接影响到的所有因素的集合，先行集 $\boldsymbol{A}(S_i)$ 是指驱动因素中能直接影响 S_i 因素的集合，共同集

$\boldsymbol{C}(\mathrm{S}_i)=\boldsymbol{R}(\mathrm{S}_i)\cap\boldsymbol{A}(\mathrm{S}_i)$。采用原因优先的运算原则，筛选符合$\boldsymbol{C}(\mathrm{S}_i)=\boldsymbol{A}(\mathrm{S}_i)$条件的因素，经运算后将符合条件的驱动因素抽取出来成为最低等级的要素。

1. 第一次迭代过程

第一次迭代运算表见表 3.6。

表 3.6　第一次迭代运算表

影响因素	S_i	$\boldsymbol{R}(\mathrm{S}_i)$	$\boldsymbol{A}(\mathrm{S}_i)$	$\boldsymbol{C}(\mathrm{S}_i)$	$\boldsymbol{C}(\mathrm{S}_i)=\boldsymbol{A}(\mathrm{S}_i)$	
关键资源控制	1	1，2，5，6，7，8，9，10，11	1	1	1	S_1关键资源控制 S_3国民价值观念
贸易壁垒构筑	2	2，7，8，9，10，11	1，2，6	2		
国民价值观念	3	3，4，7，8，9，10，11	3	3	3	
社会创新氛围	4	4，9，10，11	3，4	4		
政策激励	5	5，7，8，9，10，11	1，5	5		
政令规定	6	2，6，7，8，9，10，11	1，6	6		
需求选择	7	7，9，10，11	1，2，3，5，6，7	7		
同行竞争	8	8，9，10，11	1，2，5，6，8	8		
研发能力自我培育	9	9，10，11	1，2，3，4，5，6，7，8，9，10，11	9，10，11		
企业家精神	10	9，10，11	1，2，3，4，5，6，7，8，9，10，11	9，10，11		
一流企业愿景	11	9，10，11	1，2，3，4，5，6，7，8，9，10，11	9，10，11		

2. 第二次迭代过程

抽取 S_1 关键资源控制、S_3 国民价值观念两个驱动因素所在的行列，从表中删除，进行下一次迭代运算，见表 3.7。

表 3.7　第二次迭代运算表

影响因素	S_i	$\boldsymbol{R}(\mathrm{S}_i)$	$\boldsymbol{A}(\mathrm{S}_i)$	$\boldsymbol{C}(\mathrm{S}_i)$	$\boldsymbol{C}(\mathrm{S}_i)=\boldsymbol{A}(\mathrm{S}_i)$	
贸易壁垒构筑	2	2，7，8，9，10，11	2，6	2		S_4社会创新氛围 S_5政策激励 S_6政令规定
社会创新氛围	4	4，9，10，11	4	4	4	
政策激励	5	5，7，8，9，10，11	5	5	5	
政令规定	6	2，6，7，8，9，10，11	6	6	6	
需求选择	7	7，9，10，11	2，5，6，7	7		
同行竞争	8	8，9，10，11	2，5，6，8	8		
研发能力自我培育	9	9，10，11	2，4，5，6，7，8，9，10，11	9，10，11		
企业家精神	10	9，10，11	2，4，5，6，7，8，9，10，11	9，10，11		
一流企业愿景	11	9，10，11	2，4，5，6，7，8，9，10，11	9，10，11		

3. 第三次迭代过程

抽取 S_4 社会创新氛围、S_5 政策激励、S_6 政令规定三个驱动因素所在的行列，从表中删除，进行下一次迭代运算，见表 3.8。

表 3.8 第三次迭代运算表

影响因素	S_i	$R(S_i)$	$A(S_i)$	$C(S_i)$	$C(S_i)=A(S_i)$	
贸易壁垒构筑	2	2，7，8，9，10，11	2，	2	2	S_2 贸易壁垒构筑
需求选择	7	7，9，10，11	2，7	7		
同行竞争	8	8，9，10，11	2，8	8		
研发能力自我培育	9	9，10，11	2，7，8，9，10，11	9，10，11		
企业家精神	10	9，10，11	2，7，8，9，10，11	9，10，11		
一流企业愿景	11	9，10，11	2，7，8，9，10，11	9，10，11		

4. 第四次迭代过程

抽取 S_2 贸易壁垒构筑驱动因素所在的行列，从表中删除，进行下一次迭代运算，见表 3.9。

表 3.9 第四次迭代运算表

影响因素	S_i	$R(S_i)$	$A(S_i)$	$C(S_i)$	$C(S_i)=A(S_i)$	
需求选择	7	7，9，10，11	7	7	7	S_7 需求选择 S_8 同行竞争
同行竞争	8	8，9，10，11	8	8	8	
研发能力自我培育	9	9，10，11	7，8，9，10，11	9，10，11		
企业家精神	10	9，10，11	7，8，9，10，11	9，10，11		
一流企业愿景	11	9，10，11	7，8，9，10，11	9，10，11		

5. 第五次迭代过程

抽取 S_7 需求选择，S_8 同行竞争两个驱动因素所在的行列，从表中删除，进行下一次迭代运算，见表 3.10。

表 3.10 第五次迭代运算表

影响因素	S_i	$R(S_i)$	$A(S_i)$	$C(S_i)$	$C(S_i)=A(S_i)$	
研发能力自我培育	9	9，10，11	9，10，11	9，10，11	9	S_9 研发能力自我培育 S_{10} 企业家精神 S_{11} 一流企业愿景
企业家精神	10	9，10，11	9，10，11	9，10，11	10	
一流企业愿景	11	9，10，11	9，10，11	9，10，11	11	

6. 重排的可达矩阵

在五个迭代过程完成后，对影响因素重新排列可得到表 3.11。

表 3.11 重排后的可达矩阵

序号	S_9	S_{10}	S_{11}	S_7	S_8	S_2	S_4	S_5	S_6	S_1	S_3
S_9	0	1	0	0	0	0	0	0	0	0	0
S_{10}	0	0	1	0	0	0	0	0	0	0	0
S_{11}	1	0	0	0	0	0	0	0	0	0	0
S_7	1	0	1	0	0	0	0	0	0	0	0
S_8	1	0	1	0	0	0	0	0	0	0	0
S_2	0	0	0	1	1	0	0	0	0	0	0
S_4	1	0	1	0	0	0	0	0	0	0	0
S_5	0	0	0	1	1	0	0	0	0	0	0
S_6	0	0	0	0	0	1	0	0	0	0	0
S_1	0	0	0	0	0	0	0	1	1	0	0
S_3	0	0	0	1	0	0	1	0	0	0	0

对照重排后的可达矩阵对企业基础研究行为影响因素进行最终层级划分，如表 3.12 所示，11 个影响因素被划分成五层。

表 3.12 企业基础研究行为影响因素层级分解

层级	编号	驱动因素
第一层	S_9，S_{10}，S_{11}	研发能力自我培育，一流企业愿景，企业家精神
第二层	S_7，S_8	需求选择，同行竞争
第三层	S_2	贸易壁垒构筑
第四层	S_4, S_5，S_6	社会创新氛围，政策激励，政令规定
第五层	S_1，S_3	关键资源控制，国民价值观念

四、企业基础研究行为驱动因素分层作用关系

按照解释结构模型的研究方法，首先对确定的影响因素之间作用关系进行判断并将作用关系实现矩阵表达。在借助计算机工具对矩阵求解之后完成五次迭代，最终得到企业基础研究行为驱动因素的分层作用关系，见图 3.2。

从层级划分结果看，驱动企业基础研究行为的 11 个因素被划分为 5 个物理层级。每个层级之间的驱动因素互相影响。

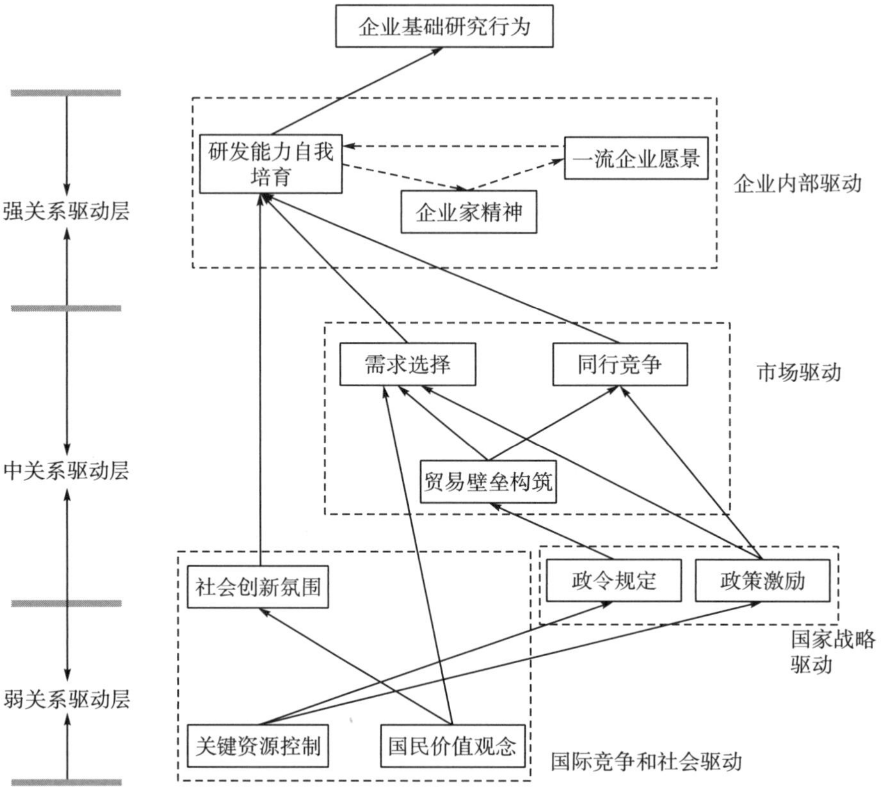

图 3.2 企业基础研究行为驱动因素结构分层

第一层驱动因素包括企业家精神、一流企业愿景和研发能力自我培育。它们作为影响企业基础研究行为最直接的驱动因素同时也属于企业内部驱动因素。在企业基础研究行为驱动过程中，企业内部影响因素的作用十分重要。企业家精神中的宽容失败、勇于探索等精神是创新文化建设的基础支撑。一流企业愿景和自我培育是企业自主开展基础研究的直接动力。

第二层驱动因素包括需求选择和同行竞争，这两个因素可归结于市场驱动。市场中更高层次的需求和技术领先追求迫使企业要想在行业中雄踞前沿，就必须进行基础研究。所以需求选择和同行竞争通过直接作用企业研发能力自我培育这一因素进而驱动企业基础研究行为的开展。

第三层驱动因素为贸易壁垒构筑，发达国家在贸易政策上对我国企业实行的不公正对待会加大我国企业的市场竞争压力，使得我国企业要想长远发展就必须迎难而上，掌握核心技术。

第四层驱动因素包括社会创新氛围、政令规定和政策激励。在发达国家关键资源控制和我国国民创新观念转变的双重力量影响下，我国政府发布了一系列的强制政策和激励政策大力推动企业开展基础研究，社会上掀起万众创新文化高潮，很多企业已经意识到创新活动的重要意义。市场因素和国家创新战略的指引会对企业提出更高的要求，从而体现了国家创新战略和社会创新氛围对企业基础研究行为的驱动作用。

第五层驱动因素包括关键资源控制和国民价值观念。我国企业与发达国家的企业相比，创新能力不足，核心技术较为缺乏，面临发达国家的随意制裁，如同被别人卡住脖子。这一现状的出现迫使我国企业必须加快进行技术研发活动，提升企业自身的研发能力和创新水平。随着我国对知识产权保护的重视，人们对创新活动的价值有了更深层次的理解。国民价值观念的转变对创新政策的实施起到一定的推动作用。

图 3.2 中，可以将企业基础研究行为驱动划分为企业内部驱动、市场驱动、国家战略驱动、国际竞争和社会驱动。根据 ISM 分析结果看出，与企业基础研究行为关系最密切的是企业自身因素，其次为市场和国家战略因素，最后为国际竞争和社会因素。因此从关系相关程度划分可分为强关系驱动层、中关系驱动层和弱关系驱动层（吴伟，2012）。从 ISM 的分层结果看出，弱关系驱动因素对企业基础研究起到的作用十分重要，影响范围最为广泛。因此关系的密切性跟所发挥的驱动力度不是正相关的。

第三节　企业基础研究行为的驱动模型构建

一、企业基础研究行为的静态驱动模型

基于扎根理论研究和解释结构模型分析结果，“发达国家挤压”“社会舆论敦促”“强国战略要求”“市场生存压力”“企业责任担当”这五个驱动因素由外到内对企业基础研究行为存在辐射状的影响关系，其中，“发达国家挤压”指发达国家针对我国施行的人才争夺、技术封锁、关系破坏等措施，企图达到对关键资源的控制，从而阻碍我国创新进程；“社会舆论敦促”指社会创新文化的传播带给企业的舆论压力，文化价值对企业基础研究行为具有规范和导向作用；“强国战略要求”指国家为加快企业基础研究步伐而制定的激励性和强制性的推动措施；“市场生存压力”指企业在力求长远生存发展目标下，高标准的需求和激烈的市场压力给企业带来的巨大挑战；“企业责任担当”指企业在宽容失败、勇于探索的企业家精神带领下，坚信技术造福人类的理念，主动从事基础研究活动的责任感和使命感。据此，构建企业基础研究行为静态驱动模型（图 3.3）。

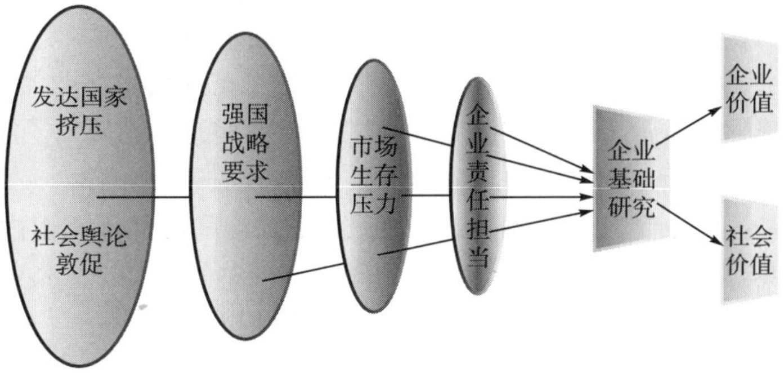

图 3.3　企业基础研究行为的静态驱动模型

(1)企业自身作为基础研究的本体，管理者的创新理念、宏大的企业愿景对企业基础研究行为起到至关重要的作用(Davis and Eisenhardt，2011)。勇于探索不畏失败的企业家精神会在企业内部形成一种宽容自由向上的文化，为企业的创新行为营造有利的环境(刘家国等，2015)。管理者认可基础研究价值，并使之成为企业创新文化的一部分。一流企业愿景的实现要求企业能够站在行业技术前沿，掌握行业发展变革的罗盘。企业家精神和一流企业愿景促使企业自发进行研发能力提升，最终积极从事基础研究活动。

(2)市场对企业基础研究的驱动作用主要表现在需求施压和竞争施压两个方面。在市场需求的施压下，企业只有从事基础研究，把握科技前沿，实现突破式创新，才能挖掘市场潜在需求，并掀起行业新一轮的发展高潮。在同行竞争的施压下，企业要想摆脱竞争劣势局面，就必须从事基础研究活动，参与甚至主导产业前沿技术的研究，只有掌握最新的发展动态，才能在技术变革来临之前做足准备，立于不败之地。

(3)除了市场驱动，作为第二大外部驱动主体的政府因素发挥的作用不容忽视。在企业基础研究推动进程中，政府主要通过价值引导、资金支持、政策激励以及政令强制等措施来发挥驱动作用。针对企业基础研究开展的不同阶段、发育的不同程度，政府主体施加的推力也在发生变化。在企业基础研究尝试期，政府驱动力更多表现在研发资金补贴和政令强制作用上。在企业基础研究发展期以及成熟期，其自身认可基础研究价值，从而企业自我开展基础研究意愿变强，政府驱动力相应变弱，主要表现在引导和调节关系方面。

(4)社会大环境中创新文化的兴起带给企业舆论压力，创新文化的渗透对企业基础研究具有潜移默化的影响。作为环境要素，社会主体对其他驱动主体存在直接或间接的影响。社会大众对于知识产权的重视，使得知识产权保护相关的法律更加完善。社会大众对于个性化、创新力的追求，使得创新理念慢慢深入人心。社会主流价值观认可创新的重要意义，人们普遍认为模仿行为是没有魅力和不具发展潜力的。社会创新氛围的渲染使得企业家们逐渐思考企业的长远发展之策，只有从事基础研究才能站在行业前沿，只有持续创新才能把握行业发展动向，永葆企业魅力。

(5)国际环境对我国基础研究进程具有加速催化作用。近几年随着我国对技术研发的重视，在一些领域已经占据领先地位。发达国家感到技术追赶甚至技术超越的威胁后，对我国企业采取了技术封锁等不友好的措施，意在阻碍我国自主创新进程。在发达国家挤压这一情形下，我国企业应该深刻认识到自身缺乏核心技术的危机性，为了摆脱发达国家的技术压制，我国企业就必须加大推进自主研发，实现在高新技术产业的加速追赶。因此，在特定背景下，国际环境带来的不利因素对我国创新进程的推进带来了巨大挑战，但同时又对我国企业基础研究开展产生了明显的驱动作用。

从静态模型中可以看到企业本身、市场、政府、社会和国际环境由内而外对企业基础研究行为产生辐射状的驱动作用。在这五个驱动主体的共同推动下，企业逐步尝试基础研究活动，优化内部创新环境，发扬企业家精神，勇于承担社会责任，力求企业在实现企业价值的同时更要注重社会价值的创造。

二、企业基础研究行为的动态演进模型

企业的研发行为与企业所处发展阶段高度相关。从我国企业研发行为的发展历程看，可将其划分为以下三个阶段：模仿阶段、商业研发阶段和企业基础研究阶段。在不同的阶段，社会环境不同，市场聚焦点不同，政府政策的着力点也不同，因此，企业的发展目标不同，最终导致企业研发行为不同。据此，构建我国企业基础研究行为的动态演进驱动模型，见图 3.4。

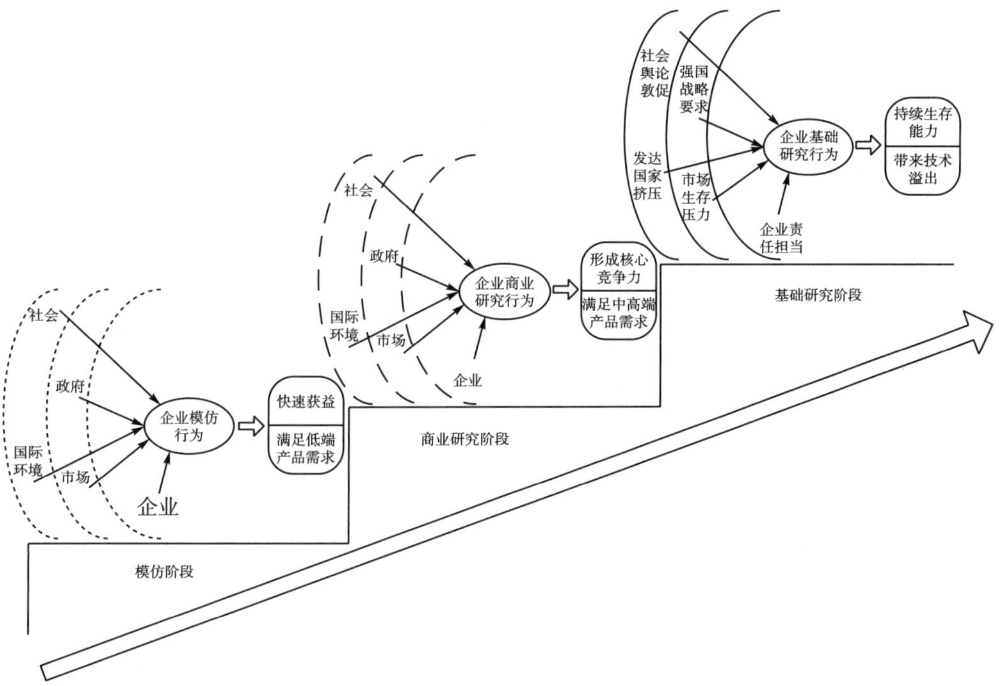

图 3.4 企业基础研究行为的动态演进驱动模型

1. 企业研发行为的演进阶段划分

(1)阶段划分依据。企业研发行为演进阶段划分主要参考依据有：第一，查找相关研究文献；第二，查找国家重大战略文件；第三，专家讨论意见。

(2)时间节点选择流程。时间节点的选择过程主要分成四个步骤：资料查找、时间节点初步获取、专家集中讨论、时间节点确定(图 3.5)。

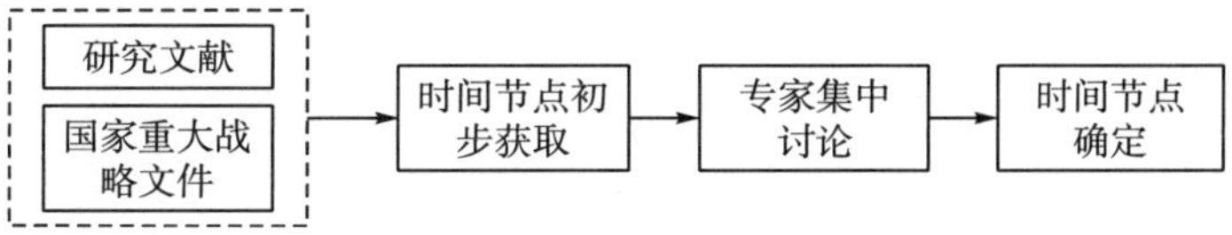

图 3.5 时间节点选择流程

第一阶段资料查找，主要对已有的文献和国家重大战略文件进行查阅。第二阶段时间节点初步获取，根据高锡荣和罗琳(2015)的研究，以及十九大报告提出的关键时间节点，选定2007年、2020年、2035年三个节点。第三阶段专家讨论，最终确定企业基础研究行为动态演进的四个时间段，即2007年以前、2007～2020年、2020～2035年、2035年以后。

2. 企业研发行为的动态演进驱动机理分析

(1)模仿阶段(2007年以前)。1978年3月全国科学大会的成功召开代表着我国科技发展将进入一个新的阶段。“科学技术是生产力”的口号热度很高。为了转变原有的计划式科学体系，政府政策开始向科技领域倾斜。同时，社会上也涌现出了一批新思想。“贫穷不是社会主义”“先富带动后富”等口号的诞生，体现出当时社会的主要思想核心在于快速发展经济，快速提升人民生活水平。社会主流思想中基本看不到与创新有关的文字，在模仿的基础上加以改进才是快速发展的重要途径。此外，因为当时我国物质基础薄弱，整个经济发展水平较低，与发达国家相比具有较大差距，国民勉强维持生计，市场上一般商品的数量都较为缺乏，由于供应远小于需求，加上市场竞争缺乏，因此该阶段经济市场属于绝对卖方市场。在社会、政府、市场三种力量的共同作用下，企业把扩大生产规模和快速获取收益作为重要目标，企业的社会价值表现为扩大生产以满足社会对一般产品的需要。在短期收益的刺激下，企业缺乏对未来发展的思考并简单地认为企业从事研发活动成本巨大而且失败风险极高。通过模仿改进以及学习吸收国外领先技术才是利于企业发展的最有效途径。在企业模仿行为阶段，国际环境、社会、政府和市场对企业的驱动作用基本聚焦于企业的快速发展和壮大规模上，而对基础研究行为尚未涉及。所以在动态演进模型中的模仿阶段，我们用散点状虚线代表这四大主体对企业基础研究行为的驱动作用。

(2)商业研究阶段(2007～2020年)。2007年，党的十七大胜利召开，在十七大报告中明确提出：提高自主创新能力，建设创新型国家，是国家发展战略的核心。在经历过去几十年以模仿改进为主的发展阶段，中国发展战略开始发生变化，开始逐渐意识到创新的重要性。但由于过去我国产学研长时间处于分离的状态，绝大多数企业已经习惯了模仿式创新的模式，并未意识到创新研发的重要性，所以对研发活动投入很少甚至为零。2008年全球经济危机的爆发使得全球经济开始不景气，发展颓势短期难以改变。就我国而言，尽快扭转经济形势拉动内需，推动企业进行自主创新加快产业升级改造成为政府工作的重点。十八大会议精神中再次指出了创新发展战略的重要意义，国家领导人提出“以科技创新为核心的全面创新”。为了激励企业加快创新进程，国家颁布了许多与企业创新研发相关的激励政策，同时发布了一系列强制驱动措施，旨在引导企业重视创新活动，快速提升创新水平。此外，随着“实现中华民族伟大复兴”、“大众创业、万众创新”和“中国梦”等口号广为流传，并成为社会创新文化的主旋律，国民大众特别是大型企业的领导者开始重新认识创新活动，并深入思考创新活动带给企业的重要价值。在创新文化的渲染下，人们更加注重个人劳动创造，知识产权意识逐渐增强，有关知识产权的立法也在逐渐完善。市场方面，由于我国过去几十年的经济追赶，市场上普通商品供给充足，消费者在日常生活得到满足的基础上，更加追求产品的优质性，渴望产品拥有更高的性价比。因为市场准入门槛较低，同类产品竞争加剧，市场需求的升级使得市场买卖关系自然转变成买方市场。怎样在同类产品中脱颖而出，成为行业内的领跑者是企业越来越关注的问题，也是很大的挑战。在企业商业研究阶段，企业自身对创新价值有了一定的认知基础，在国际环境、社会、政府、市场及企业自身各个主体的推动下，逐渐意识到作为创新主体应该承担的责任。基于此，企业开始从事创新活动，但由于基础研究的巨大风险性，许多企业的创新投入倾向于技术改进和一般商业研发，在工程应用研究和理论研究上的投入几乎为零，很多企业领导者尚未正确认识工程技术研究和基础研究的价值。此阶段，企业围绕商业开发所做出的努力旨在提升自身生产水平，优化生产成本，最终在行业内形成差距性的竞争优势。企业的商业研发阶段，因为普通商品已经呈现较高的饱和度，企业在市场需求的驱使下，会提供中高端的商品，所以企业发挥的社会价值由满足低端商品需求变为满足中高端商品需求。在企业商业研究阶段，国际环境、社会、政府、市场和企业自身发挥的驱动作用基本围绕企业商业研发行为，未真正涉及企业基础研究行为，即用虚线段来表示对基础研究行为的推动作用。

(3)基础研究阶段前期(2020～2035 年)。经过几十年的飞速发展，作为第二大经济实体，我国经济实力发生质的飞跃，在国际市场中拥有更大的话语权。民族文化的弘扬，使得作为华夏儿女的光荣自豪感油然而起，怀抱着民族使命的每一个国民渴望祖国变得更加文明、自由和富有创造力。突破式创新思想慢慢成为社会创新文化中的主流思想。然而在这一重要节点，西方发达国家因为感受到我国在经济上的赶超威胁。对我国企业采取了技术封锁、合作关系破坏等不友好的手段，意在阻碍我国自主创新进程。在发达国家对我国施行技术封锁和人才争夺等措施高压下，我国企业对掌握核心技术的意愿变得更加强烈，而这种迫切需要将成为我国企业从事基础研究行为的强大动力。2017 年，十九大胜利召开。习近平总书记提出要加快建设创新国家，要瞄准世界科技前沿，强化基础研究，实现前瞻性基础研究、引领性原创成果重大突破，到 2035 年跻身于创新型国家前列；21 世纪中叶成为创新强国。在此情形下，驱动企业创新的相关激励政策和政令规定更加聚焦，着重强调了企业从事基础研究的重要意义。在国家战略的指引下企业应该主动承担创新国家建设的国家责任和民族复兴的社会责任。由于国民物质生活的极大满足，人们更加追求产品的个性化、差异化和品质化。由于消费者更加“挑剔”的需求，企业对产品进行优化改造的应对措施已经不能为企业带来竞争优势。需求影响供给的模式会让企业一直处于跟随的状态，无法引领行业发展方向。因此，企业要想长远生存发展下去，必须站在行业技术前沿，实现突破式创新，领先于竞争者找到行业新的发展点。企业家应快速转变观念，从采取扩大规模策略转向加大基础研发策略，重视企业理论知识积累。只有企业真正做到核心技术自主研发，才能争得在贸易关系中的自主权和主动权。

(4)基础研究阶段后期(2035 年以后)。本研究将 2035 年作为基础研究前期的转折点，亦是我国成为创新型强国的开端。在上一阶段，企业大多将销售收入按一定比例提取作为商业研发投入，企业内部知识存量和技术积累程度较高，研发环境也得到了大幅改善。在基础研究后期，企业积极承担社会责任，企业责任担当对自身基础研究行为的驱动力度最为强大。相反，外界环境如社会、市场、政府等主体带来的驱动作用成为辅助推动力量。由于市场需求向更高层次变化，只有把握技术前沿，才能开辟出新的商业领域。此外竞争机制也逐步完善，知识产权保护法成为创新成果强有力的保护。在外界环境的共同推动下，与商业行为阶段相比，企业的核心价值由形成竞争优势变为引领技术变革，以寻求长远生存发展。企业的社会价值也由提供中高端产品变为引导理论，带来技术溢出。在基础研究阶段后期，五个主体产生的驱动作用均聚焦于基础研究活动，对企业基础研究行为产生了实实在在的驱动作用，所以用实线来展示。

第四章　企业基础研究行为典型案例的驱动图谱变异比较

第一节　企业基础研究行为典型案例选择

选取的企业在创新活动中应该具有先进性。中国中车股份有限公司(简称中国中车)始终以创新为理念，在轨道交通行业具有较高的技术创新水平，其在行业领域的权威性和对前沿技术的掌握为未来从事相关理论研究奠定了基础。华为技术有限公司(简称华为)在任正非企业家精神的引导下，其商业研究和应用研究领先于国内企业，在逐步进入行业无人区的状况下，华为将继续探索，从事理论研究。谷歌公司作为闻名全球的科技公司，对基础研究的投入更是行业的先行者。对于谷歌公司基础研究行为内在机理的研究能够展现进入创新领域的独特魅力，给予我国同类型企业一定的启发。对这三个案例的分析结果将对我国在企业基础研究行为驱动过程中，驱动战略的制定给予一定的启示和建议。

选取的企业应当具有代表性，对现实问题的解决具有启示作用。对于企业基础研究行为驱动机理的深入分析，主要是为了探索推动我国企业从事基础研究的实施路径，从而提出与我国企业背景相适应的结论与建议。所以选取了国内在创新领域较为出色的中国中车和华为公司。对于这两个典型企业的研究，将为我国企业基础研究行为推进工作的具体开展带来一定的启示。谷歌公司作为国外公司，其对企业基础研究的重视全球瞩目，对这家创新公司进行分析研究，洞悉创新价值，也为我国漫长创新之路的建设提供参考价值。

第二节　企业基础研究行为典型案例材料收集

此部分主要采用案例分析的研究方法，分析材料主要从以下三方面收集：通过 CNKI 收集典型企业相关的学术期刊论文；通过图书馆查找典型企业相关的书籍；通过网络搜索典型企业相关的网络新闻材料。采用多人收集的方式，即由三人分别独立进行资料查找和整理，然后对收集的资料进行筛选，将重复与不必要的资料进行剔除，从而提高研究的客观性。

对于中国中车基础研究行为分析材料主要来源于 CNKI 收集的有关中国中车的学术期刊论文以及网络新闻材料。对于华为公司基础研究行为分析材料主要来源为《华为创新》书籍。对于谷歌公司基础研究行为分析材料主要来源为《How Google Works》书籍。在对案例素材进行整理收集后，根据文献编码分析步骤，对其驱动因素进行提炼归纳。

第三节　中国中车基础研究行为的驱动图谱

一、中国中车基础研究行为驱动因素提炼

2015年6月1日，在国务院国资委的批准下，中国南车股份有限公司与中国北车股份有限公司进行合并，成立中国中车股份有限公司(马欢，2017)。中国中车的建立有效降低了我国高铁的成本，两大研发团队的合并使得我国高铁研发团队实力大增，对研发出我国自主知识产权的高铁具有重要作用。中国中车依托于国家背景，响应国家创新发展战略，始终坚持自主创新、开放创新和协同创新，持续完善技术创新体系，不断提升技术创新能力。2016年9月，中国中车与德国TUV NORO集团联合举办“交流合作、分享共赢——中车柏林轨道论坛”，让“中国制造”与德国“工业4.0”碰撞火花。同年年底，在国资委的推动下中国中车承担了国家重点研发计划，“先进轨道交通”重点专项“时速400公里及以上高速客运装备关键技术”项目正式启动，这标志着我国高铁行业新一轮研发工作的推进。在创新研发过程中，中国中车有两点创新秘诀，首先是心怀社会，勇敢担起振兴国家事业的重担；其次，保证开展基础研究充足的研发资金、物质投入和人才投入。

中国中车不仅建立了世界领先的轨道交通装备产品技术平台和制造基地，还在轨道交通装备技术标准体系建设中积极发挥作用，初步形成了国际先进的轨道交通装备产品技术标准体系。三年来，中国中车主持或参与起草或制修订70余项国际标准，主持或参与起草国家标准200余项，行业标准近1000项(严学锋和谷学禹，2018)。中国中车在创新探索的道路上不断前行，经过一次次的技术锤炼，大大提升了在轨道交通行业的国际竞争力。

2018年，在科技部、国资委共同推动下建立了“国家高速列车技术创新中心”，这是全国首个国家技术创新中心，它将成为轨道交通领域重大关键技术的创新源头，是面向全球抢占行业前沿技术制高点的中坚力量。

二、中国中车基础研究行为驱动图谱刻画

在对中国中车基础研究驱动因素的查找提炼后，可以发现中国中车基础研究驱动力量主要来源于国家战略类驱动(表4.1)。在中国中车自主创新的道路上，国家在研发资金投入和创新人才培育方面给予大力支持。因为肩负振兴国家事业的责任，中国中车积极响应国家创新发展战略艰苦奋斗，力争在国际轨道交通事业中勇为先锋。从图4.1中看到企业内部驱动、国际竞争和社会驱动也对中国中车的基础研发行为具有重要的推动作用。

表 4.1　中国中车基础研究行为驱动因素提炼

关键词	归并主范畴	频次	频率	分类汇总
政府政策支持、政府资金支持、研发项目补助 品牌价值激励、荣誉激励 研发资金投入、创新中心建设、关键技术供给 重视创新人才、人才补贴、创新人才引入	政策激励	23	27.06%	国家战略驱动（65.88%）
建立管理体系 国家重点专项、技术研发项目、参与标准制定、搭建创新体系、国际标准 研发平台建设、国家实验室建设、组建海外研发机构、形成战略联盟、聚合创新资源、先进的研发设备 构建创新组织架构 肩负国家责任、贯彻国家战略、抓住机遇	政令规定	33	38.82%	国家战略驱动（65.88%）
产业发展机遇、需求驱动、市场选择	需求选择	5	5.88%	市场驱动（8.24%）
国际竞争力、产业引领优势	同行竞争	2	2.35%	市场驱动（8.24%）
回报社会理念、民族脊梁 迎接挑战、继承文化、善于学习	企业家精神	4	4.71%	企业内部因素驱动（15.29%）
企业长远发展、企业竞争力	一流企业愿景	2	2.35%	企业内部因素驱动（15.29%）
研发资金投入、研发专项建立 建立技术平台、凝聚全球资源 重视专利申请、打造创新领军人物、重视前沿技术、研发环境、高精尖人才培养、自主创新	研发能力自我培育	7	8.24%	企业内部因素驱动（15.29%）
知识产权保护、创新价值	国民价值观念	3	3.53%	国际竞争和社会驱动（10.59%）
掌握核心技术、打破技术封锁、建立行业标准	关键资源控制	6	7.06%	国际竞争和社会驱动（10.59%）

注：词频总计为 85 次。

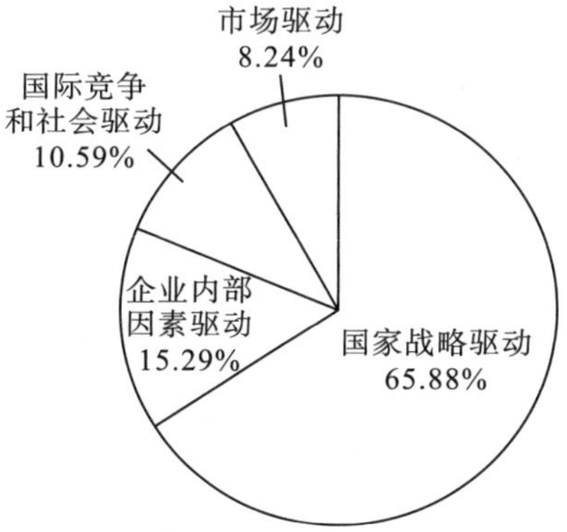

图 4.1　中国中车基础研究行为驱动因素作用图谱

第四节　华为公司基础研究行为的驱动图谱

一、华为公司基础研究行为驱动因素提炼

华为公司在1987年创立于深圳，在30余年的发展进程中，从一个毫不起眼的代理商成功超越爱立信摘取了全球信息通信行业的桂冠，逆袭成为行业的领头羊(朱瑞博等，2011)。2016年5月，在全国科技创新大会上，华为总裁任正非代表中国企业汇报华为的创新经验“以创新为核心竞争力　为祖国百年科技振兴而奋斗”。从报告的题目可以折射出，形成核心竞争力和承担社会责任这两大信条是华为创新的强大支撑。反观华为公司的发展史，其中融合了华为创新的理念和逻辑、光荣和梦想、经验和教训、故事和传奇。在华为的创新体系中，任正非的企业家精神是华为创新思想之魂，“以客户为中心”是动力之源，全体奋斗者是创新成功之本(周留征，2017)。华为公司认识到企业要保持创新与转型的生命力，应该有三个要素，即核心技术优势、鼓励创新的内在机制、适合创新的土壤和开放的生态圈，也就是我们熟知的互联网时代TOE创新理论。

任正非在汇报发言中提到，华为创新的前提是要自知，他勇敢地指出华为现在的研发工作尚未进入到基础理论研究，只涉及工程科学的研究层面，随着与理论研究的距离越来越近，华为感到有些迷茫。但是任正非表示华为只有坚持科技创新，追求重大创新才能解决现在的迷茫。在逐步进入行业无人区的状况下，华为将承担起引导理论的责任，这将导致华为之后的创新探索进程更加艰难和缓慢。但是华为坚信从事基础科学研究就要经得起寂寞。

目前在创新资源方面，华为将每年研发经费的30%左右用于基础理论研究，在未来几年华为将继续加大研发投入，争取每年的研发经费能够达到100～200亿美元。科技的快速发展，技术的快速更迭，这个时代带来的是更多的不确定性，华为坚持加大对这种不确定性的投入，积极追赶时代的脚步。

二、华为公司基础研究行为驱动图谱刻画

在对华为公司基础研究驱动因素的查找提炼中，可以发现华为公司基础研究行为驱动力量主要来源于企业内部和国际竞争因素(表4.2)。任正非的企业家精神是华为创新之魂。任正非用他的企业家魅力为华为营造了一种开放宽容、务实向上的企业文化。正是这种创新文化引导着华为公司自我提升创新能力，专注技术更新，把握行业前沿。当企业与前沿技术距离越来越近时，为了保持国际竞争力，企业将加大基础研究进行的深度和广度。因此国际竞争压力会驱动企业继续加大研发，保持基础研究开展活力。稳定的政治环境是企业健康发展的基础，国家战略驱动主要体现在政府对于企业创新的政策支持。国家对于华为公司的重视是华为创新坚实后盾。其次，市场类因素对企业基础研究行为同样发挥了一定的积极作用(图4.2)。

表 4.2　华为公司基础研究行为驱动因素提炼

关键词	归并主范畴	频次	频率	分类汇总
政府颁奖、政策支持、国家研发经费补贴、政治环境稳定、政策的统一性、政府关注度	政策激励	10	4.46%	国家战略驱动（10.71%）
完善创新机制、创新改革决心、建立创新规则、突破制约、强调创新价值	创新战略指引	14	6.25%	
以客户为中心、重视客户需求、围绕需求的核心价值	需求选择	12	5.36%	市场驱动（12.95%）
技术快速更新、关注时代变化、应对市场竞争、残酷的淘汰、市场变化	同行竞争	17	7.59%	
企业家魅力、正确认识创新 勇于承担社会责任、引导理论的责任、怀抱世界 正视失败意义、宽容失败、认可创新价值 敢于自我否定、坚持精益求精、敢于冒险尝试、不畏寂寞艰苦、保持危机感	企业家精神	62	27.68%	企业内部因素驱动（52.68%）
崇尚技术、引领未来、自知识产权 目光长远、突破瓶颈、活下去信念	一流企业愿景	23	10.27%	
加大研发投入、不盲目创新 集中创新资源、优化管理水平、鼓励合作、开放环境、 正确认识创新、鼓励创新思维、改善创新环境、建立激励机制、集体决策、重视学习、重视人才、重视企业文化、信息分享	研发能力自我培育	33	14.73%	
时代进步、科技进步 社会价值观、改善浮躁现状、重建信仰、重树理性	国民价值观念	7	3.13%	国际竞争和社会驱动（23.66%）
重视知识产权	知识产权意识	5	2.23%	
宽容的社会文化、学习西方优秀的精神信仰	社会创新氛围	7	3.13%	
产业价值链末端、国外政府随意制裁、掌握核心资源、缺失核心技术被压榨	关键资源控制	34	15.18%	

注：词频总计为 224 次。

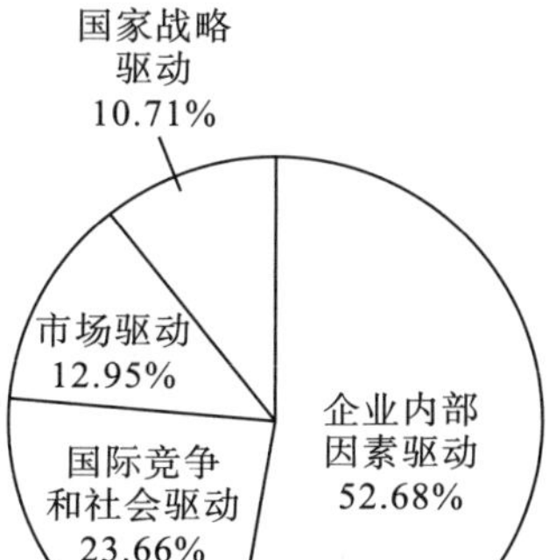

图 4.2　华为公司基础研究行为驱动因素作用图谱

第五节 谷歌公司基础研究行为的驱动图谱

一、谷歌公司基础研究行为驱动因素提炼

谷歌公司是由拉里·佩奇和谢尔盖·布林在1998年9月建立的科技公司(陈忠卫和史振兴，2010)。毋庸置疑，谷歌公司是当今信息产业的翘楚。谷歌在成立之初开发的PageRank算法解决了搜索过程中网页排名的问题，在一定程度上为现代信息搜索产业奠定了技术基础。2000年，谷歌推出AdWords产品，企业可以购买广告和搜索词。这时谷歌已经发展成为备受欢迎的搜索引擎，保持稳定的收入，并推出了企业非正式的口号——不作恶。2010年，谷歌在搜索业务已经奠定了自己的稳固地位，继而转向无人驾驶汽车的研发。在以后的十几年里，谷歌带给世界一次又一次的惊艳产品。近几年较为热门的大数据、云计算应用的成功开发很多都是以谷歌的研发成果为基础进行的。

在《How Google Works》一书中，谷歌公司的两位高管乔纳森·罗森伯格和埃里克·施密特详细介绍了谷歌公司的企业文化和创新秘密(Schmidt and Rosenberg，2017)。①相信自己的口号。谷歌为了拉近内部员工的距离，建立彼此信任，打造了一种特殊的拥挤环境，他们认为办公环境是创意产生的温床，人与人之间最大化的思维碰撞会激发灵感。②重视不同的声音。谷歌公司认为要想达成最有利于公司的决策，就需要有异议存在。大家必须抛开职位差异，每个人发表自己的观点，在开放自由的环境里思考并阐述自己的观点，相互辩驳。③关注竞争者，但不能盲目追随。如果在竞争对手身上耗费太多精力，将本末倒置，无法产生突破式创新。应对竞争，一定要以技术洞见作为核心目标，眼光要放长远，打造“惊喜”的产品是谷歌技术研发的第一要义。④共识的真正含义。谷歌做出的每一个决策并不是要求人人都必须同意，而是围绕同一个目标，那就是对公司最有利，符合公司长远发展的愿景。⑤当最牛的路由器。充当信息发散的路由器是谷歌公司的沟通理念，尽量保障无障碍的沟通，消除信息权利是创意激发的重要前提。⑥70/20/10原则。谷歌确保70%的资源能够用在公司的核心业务部分，以保障公司的稳定发展。另外20%的资源主要用在具有发展势头的新兴业务上，使得公司增加新的发展活力。最后剩下10%的资金用于支持精英们的疯狂构想，这些构想一旦得到验证将会给公司带来巨大的发展契机。⑦缔造原始的混沌。在谷歌的定义中，创新的价值在于产生价值，创新的东西不是一定要新潮但要十分实用。给予员工无限的想象空间，充分宽容失败的创新将军，让首席执行官成为创新事业的推动者等将会对企业基础研究活动产生显著的影响。

二、谷歌公司基础研究行为驱动图谱刻画

经过对谷歌公司基础研究驱动因素的查找提炼，见表4.3，发现谷歌公司基础研究行为驱动力量主要来源于企业内部和市场类驱动因素，社会类驱动因素在企业家精神培育和

企业愿景展望上发挥了重要作用，政府类以及国际环境类驱动因素对早期美国创新文化积淀产生了推动作用（图 4.3）。

表 4.3　谷歌公司基础研究行为驱动因素提炼

关键词	归并主范畴	频次	频率	频率汇总
社会责任、宽容失败、快速失败、探索精神、冲破传统思维、理想远大、支持创新、保持热情、信仰与情怀	企业家精神	43	17.62%	企业内部因素驱动（63.93%）
重视技术洞见、考虑长远利益、认同企业文化	一流企业愿景	24	9.84%	
任人唯贤、引入顶尖人才、给予员工自由、激发创意精英潜力、给予员工回报、考核透明、尊重员工兴趣	研发能力自我培育	89	36.48%	
营造学习环境、加强团队合作、相互信赖、弱化层级、无障碍交流、鼓励言论自由、分享信息、开放的环境				
匹配强大的研发、合理分配资源、开拓创意渠道、快速迭代、善于筛选创意				
聚焦用户、坚守原则、寻找潜在需求、科技狂潮、专注产品优质化、重视市场检验	需求选择	30	22.13%	市场驱动（22.13%）
强力应对竞争、弱化市场调查、开放竞争环境、快速扩张	同行竞争	24	9.84%	
技术迭代的速度、科技力量、自由开放的社会环境	社会创新氛围	28	11.48%	国际竞争和社会驱动（11.48%）
美国梦、政府鼓励创新、失败教育	政府激励	6	2.46%	国家驱动（2.46%）

注：词频总计为 244 次。

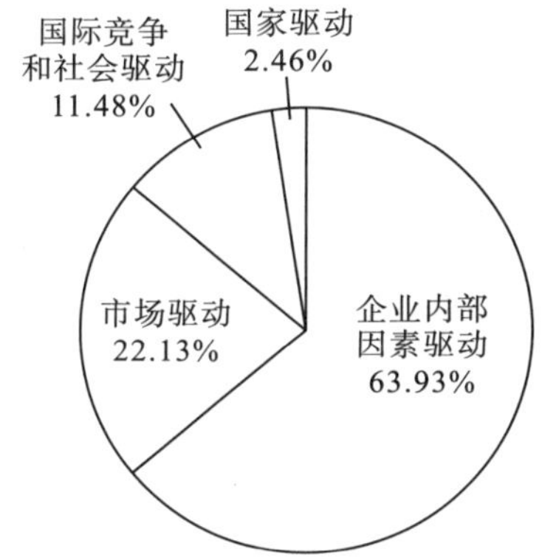

图 4.3　谷歌公司基础研究行为驱动因素作用图谱

第六节　典型企业基础研究行为驱动图谱比较

分别以中国中车、华为公司、谷歌公司作为企业基础研究行为的典型代表，结合三个案例的研究结果，将企业从事基础研究行为的不同驱动作用特征进行汇总展示，见图 4.4。

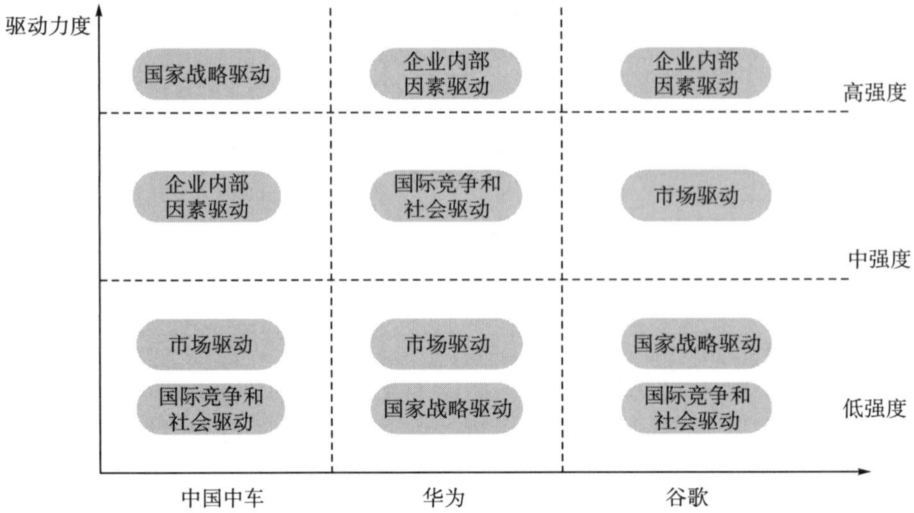

图 4.4 企业基础研究行为驱动因素分层作用图谱的变异对比

在解释结构模型研究基础上，通过案例分析对企业基础研究驱动机理进行完善和修缮后发现：对于中国中车基础研究行为来说，驱动力度较强的为国家战略类驱动，驱动力度一般的为企业内部因素类驱动，驱动力度较弱的是国际竞争、社会类和市场类驱动；对于华为公司基础研究行为来说，驱动力度较强的为企业内部因素类驱动，接着依次为国家国际竞争类、社会类、市场类驱动和国家战略类驱动；对于谷歌公司基础研究行为来说，驱动力量主要来源于企业内部因素和市场竞争，驱动力度较弱的是国际竞争、社会类和国家战略类驱动。

第二篇

科技主体跨界进入经济领域：创业型大学产教融合的驱动机制

第五章　创业型大学产教融合的研究概述

第一节　现代化经济体系下高校发展要求

一、现代化经济体系时代内涵

现代化经济体系，要求中国的经济进行转型升级，包括经济发展格局从高速增长转向高质量发展，其主要特征是转变发展方式、优化经济结构、转换增长动力。而建设现代化经济体系，既要进行科技创新，又要进行经济体制和经济管理创新。就科技创新而言，它本身就是现代产业体系的重要内容，同时它也是实体经济发展的技术支撑。加快科技创新，关键是要深化科技体制改革，建立以企业为主体、市场为导向、产学研深度融合的技术创新体系。在这个目标下，我国高校传统内涵式发展方式无法达到产学研深度融合的技术创新体系，因而无法适应现代化经济体系要求，需要迫切进行转型来适应时代要求。

二、现代化经济体系下创业型大学建设意义

建设创业型大学是现代化经济体系的题中之义。在十九大报告中，习近平指出要建设现代化经济体系，把提高供给体系质量作为主攻方向。当前供给体系中存在的问题之一是科技创新对实体经济转型支撑不足，一方面是由于企业科技创新力量薄弱，难以支撑实体经济转型；另一方面高校科技创新力量强劲，却未能为实体经济发展做出应有贡献。而创业型大学直接参与研究成果商业化活动，面向国民经济主战场，通过创新驱动国民经济的发展，能有力支撑实体经济转型。同时，习近平也提出激发和保护企业家精神，鼓励更多社会主体投身创新创业。高校以其创新源泉的身份在国家创新体系中占据着重要地位，相较于其他社会主体，高校更应当在建立现代化经济体系中肩负起应有的责任，坚持市场导向，强化创业发展取向，走创业型大学发展道路。

创业型大学是高校发展的趋势。随着知识经济的到来，大学创业活动对经济社会发展的推动作用日益明显，进而使得大学的经济属性不断凸显。目前，国外许多大学已经开始转变为创业型大学，凭借着自身科研实力，创造更多的就业机会、教育机会和经济资源，例如，华威大学(University of Warwick)就计划在未来为当地经济发展的贡献达到10亿英镑。显然，目前我国高校办学理念的“知识型”传统取向和科研创新的“内循环式”发展模式不能适应和满足时代的要求(蒋华林和邓绪琳，2016)。与国外大学相比，我国高校也严重依赖政府财政拨款，2015年高校总体收入中财政拨款就占到62.4%，虽然财政性教育经费总额在递增，

但其所占的比重却在继续逐年下降(康玉珠和沈菊琴，2008)，高校研发经费短缺将是高校必须面对的事情，而创业型大学凭借独特的资源获取能力，可以有效缓解研发经费短缺压力。

创业型大学能有效释放高校经济潜力，破解科技成果转化难问题。我国高校科技成果转化的总体状况不容乐观，呈现为成果多而转化少的矛盾局面，与欧美等发达国家近80%的转化率相比，我国高校完成的科技成果中，能签约转化的成果不到30%，真正实现产业化的科研成果仅占应用型科研成果的10%左右，能在短期内取得良好经济效益的不到5%(赵哲，2016)。而导致我国科技成果转化难的原因之一就是高校科技研发并不是面向市场，科技成果与市场严重脱节。创业型大学能有效破解大学与市场之间的鸿沟，让高校置身于市场之中进行研发，达到科技成果转化的目的。

三、现代化经济体系要求高校进行创业人才培养

现代化经济体系需要坚实的人力资源支撑。在十九大报告中，习近平指出要建立现代化经济体系，要求我国经济发展从高速增长转向高质量的发展，建立实体经济、科技创新、现代金融、人力资源协同发展的产业体系。建立“四个协同”的产业体系关键点在于人力资源，人力资源是建设现代化经济体系中各行各业都需要的第一生产力，一方面，实体经济的发展离不开高技能型人才的支撑；另一方面，科技创新离不开创造型人才的贡献，只有坚实的人力资源支撑，才有可能实现现代化经济体系。

传统高校人才培养与市场脱节。从我国人才培养环节来看，主要渠道有两个，一个是通过社会实践培养人才，另一个是通过学校教育培养人才。通过社会实践培养人才方式来看，主要是针对企业和市场需求，以实用性为导向，与市场贴合紧密，能创造较大价值。而对于学校教育培养人才来说，主要分为两类，一类是职高，一类是大学。职高培养人才是以技能为导向，培养应用型人才，符合市场需求，而大学培养人才是以知识为导向，培养知识型人才。国内高校普遍强调“通才”教育，重学科与理论教育，忽视对学生技能、技术方面的教育，导致知识型人才与市场需求脱节，难以形成强力的人力资源。

创业型大学培养创新创业人才，有效支撑现代化经济体系。通过上述分析可以看出，普通本科高校知识型人才培养与产业脱节，因而与现代化经济体系脱节。重点表现在高校不懂市场需求，不重视应用知识培养，忽视创业教育，而破解这一难题的办法是建立创业型大学。创业型大学置身于市场之中，了解市场需求，在科研的基础上提倡创业职能，着重培养创新创业人才，能有效支撑现代化经济体系。

第二节　研究意义、内容及创新点

一、研究意义

近年来，在国家政策引导下，我国不少高校开始进行产教融合实践活动，普遍采取衍生企业、创办科学园区、技术商业化等形式打破传统组织边界，与企业进行紧密合作。然

而，由于长期产学研分离，高校主要集中在科学技术研究，甚少关注企业需求，从而导致高校科研技术供给与市场需求难以进行无缝对接。这种状况显然不利于我国高校实现产教融合。

事实上，国外高校实现产教融合的例子并不少见，例如，美国斯坦福大学、英国华威大学、德国慕尼黑工业大学等，这些大学凭借强大的科技实力和人力资本，在市场中进行创新创业，并不断获取经济资源从而支持其进行商业技术开发，逐渐形成独特的校企协同模式，为当地产业发展做出巨大贡献，而这类高校亦称为创业型大学。创业型大学强调实用主义，鼓励高校置身于市场之中进行研发，挖掘市场需求，将学术与创业进行协调统一，同时重点培养创新创业型人才，建立良好的创业生态，发挥其经济职能，能有力推动高校产教融合。

目前，我国提出要建立现代化经济体系，就需要科技与产业进行融合，而科技与产业进行深度融合的核心是需要一批创业型大学推动产教融合。因此，为更好借鉴国外产教融合的成功经验，推动我国高校面向现代化经济体系建设开展深层次的产教融合，故提出本研究课题。本课题的研究意义具体表现在以下两方面。

(1)理论意义。现有文献大多从单一、片面角度研究创业型大学发展的驱动因素，未能深入研究创业型大学发展全过程中的驱动力量。本章以华威大学发展全过程为研究对象，深入分析政府、市场、社会以及高校本身如何推动创业型大学发展，弥补现有文献研究不足。

(2)实践意义。本章深入分析华威大学发展过程，提出创业型大学产教融合的影响因素体系，并提炼出关键影响因素，以期能推动我国高校向创业型大学产教融合进行转型，对我国高校深度产教融合提供一定的现实指导意义。

二、研究内容

在深入了解创业型大学研究基础上，本章将创业型大学产教融合发展的驱动机制和关键影响因素作为研究目标。首先，以华威大学为典型案例，并采用扎根理论的方式提炼出创业型大学产教融合过程中的影响因素；其次，统计影响因素的词频和分析影响因素在产教融合过程中的中心度，通过两者衡量影响因素在创业型大学产教融合中的权重，从而来识别创业型大学产教融合过程中的关键影响因素；最后，通过回顾华威大学发展历程，分析创业型大学产教融合影响因素的驱动机制，从而构建创业型大学产教融合演进模型。

三、创新点

基于上述研究内容，本研究的创新点主要体现在：①通过对典型创业型大学案例扎根分析，提炼出创业型大学产教融合过程中影响因素，并构建出创业型大学产教融合影响因素体系。②采用实证分析方法，对影响因素进行词频统计分析以及分析其在影响因素体系中的中心度，结合两者来衡量影响因素在创业型大学产教融合过程中的权重，从而识别关键影响因素。③通过对华威大学发展历程进行梳理，分析创业型大学产教融合的驱动机制，从而构建创业型大学产教融合演进模型。

第三节　研究方法与技术路线

一、研究方法

针对研究内容，本章通过文献回顾整理现有关于创业型大学和产教融合的研究，对相关核心概念进行界定；运用扎根理论的研究方法提炼出影响创业型大学产教融合的因素，从而构建创业型大学产教融合影响因素体系；采用词频统计分析和模糊集-DEMATEL 方法分析创业型大学产教融合过程中的关键影响因素；回顾华威大学发展历程，分析创业型大学产教融合的驱动机制，最后构建创业型大学产教融合演进模型。

(1) 文献综述法。通过阅读相关文献，归纳总结本章核心概念，并总结现有文献对创业型大学的相关研究，指出目前研究的不足。

(2) 扎根理论方法。通过以华威大学为主题词进行检索，收集华威大学产教融合中的相关文献、官网资料以及网络材料，以创业型大学产教融合的影响因素为主题，对所选的案例素材进行数据编码和逐级归纳，最后形成创业型大学产教融合影响因素体系。

(3) 词频统计分析。统计案例素材中影响因素出现频数，并计算其出现频率，从而识别不同阶段中的核心影响因素。通过词频统计分析，从而归纳华威大学产教融合中的成功经验。

(4) 模糊集-DEMATEL 方法。利用专家经验判断影响因素之间的影响程度，利用模糊集方法将专家打分进行模糊化处理，从而得到因素之间的直接影响矩阵，之后运用 DEMATEL 方法得到综合影响矩阵，最终进行汇总得到不同影响因素的中心度和原因度。

(5) 案例分析。回顾华威大学发展历程，分析华威大学关键事件，从而将核心范畴进行逻辑构建，最终构建创业型大学产教融合演进模型。

二、技术路线

本章的总体研究思路：首先，选取典型案例，广泛收集案例素材并按照事件时间轴进行归类整理，运用典型案例扎根方法，识别创业型大学产教融合过程中的影响因素，并构建创业型大学产教融合影响因素体系。其次，通过词频统计和模糊集-DEMATEL 方法分别分析影响因素在创业型大学产教融合中的频率和中心度，结合两者来识别关键影响因素。最后，通过对华威大学发展历程回顾，分析创业型大学产教融合的驱动机制，从而构建创业型大学产教融合演进模型，并给出创业型大学产教融合建设的政策启示。本章的技术路线如图 5.1 所示。

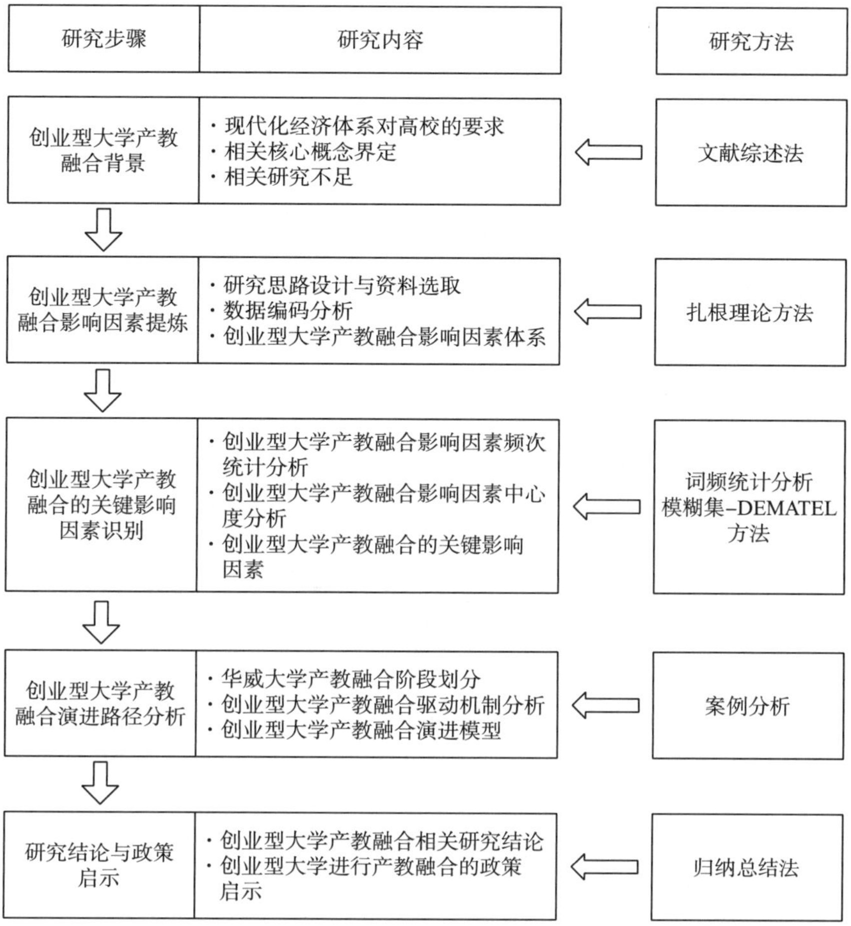

图 5.1　技术路线图

第四节　相关概念及研究现状

一、相关概念

（一）创业型大学

在 1993 年，创业型大学最早定义为直接参与研究成果商业化的行为的大学（Smilor，1993），其后学者对创业型大学内涵不断进行补充，Etzkowitz（2002）认为创业型大学需要具备几个特征：与产业界、政府建立新型的关系；建立各种边界跨组织；更直接地参与研究成果商业化活动；争取多样的资金来源；教学和研究更关注实际问题。Clark（2003）通过对欧洲五所创业型大学进行分析，认为创业型大学需要具备强有力的领导核心、加强与外界联系、多元化的资金来源、强有力的学术核心、创业型的校园文化。这两位学者的观点已经成为学术界的共识，其后学者将创业型大学内涵的研究更加具体深入。付八军

(2012，2018)认为创业型大学就是将知识的生产、传承与应用融于一体的大学，就是在教学科研的基础上倡导创业职能、积极推动学术资本转化的大学，而学术资本转化，不仅包括学术资本向现实生产力的转化，还包括学术资本向人力资本的转化。

创业型大学代表了高等教育变革的重要发展趋势，其建设意义在于通过学术创业来摆脱高校现有的依附地位(付八军，2018)。因此本研究认为，创业型大学是为顺应社会经济发展新要求而衍生出的一种大学发展模式，该模式强调大学需面向市场需求开展知识生产活动，并积极推动知识的应用转化和知识价值的实现，从而达成独立自主、可持续发展的目标。

(二)产教融合

2013 年“产教融合”首次出现在政府工作报告中，随后学者不断对“产教融合”内涵进行探析，具体分为广义与狭义两类。狭义的“产教融合”是指“产业”与“教育”的融合，以整合资源为基本目标，满足培养人才的社会目的，适应学生自身就业和经济社会发展需求(陈志杰，2018；滕飞，2017)；广义的“产教融合”是指产教双方融为一体，将两类具有高度互补性资源进行全要素、全方位的集成整合和一体化合作，从而形成一个良性的全新生态(王丹中，2014)。本章采用广义的“产教融合”定义。其中，刘志敏(2018)指出“产教融合”是一个逐步演化和递进的过程，具有阶段性特征，具体可以分为三个水平：融入到融通再到融合。

本研究认为，高校向创业型大学转型过程是想把市场资源与高校知识资源进行全要素的整合，并相互支撑、相互整合和一体化合作，从而形成一个良性的生态，其实质是进行产教融合。

(三)创业型大学产教融合

通过对“创业型大学”“产教融合”概念的相关研究，发现创业型大学在建设过程中也体现出产教融合的相关特征，即资源融合、需求融合、组织融合、制度融合。具体而言：①资源融合体现创业型大学对于外界资源的诉求，亦是创业型大学建设的直接动因。将高校科研资源与市场经济资源紧密融合，两类互补性资源协同发展是创业型大学长久生存之道。②需求融合体现在创业型大学是面向市场需求进行研发活动，能紧密贴近市场进行应用型导向的研发工作，而且，高校科学理论知识来源于产业实践，脱离产业办学，就好比无源之水，无本之木。因此，将产业需求与高校科技研发结合才能体现创业型大学真正的价值。③组织融合体现在创业型大学内部组织的包容性上。创业型大学内部需要实现“教学—科研—生产应用—教学”的循环式链条，其内部组织需要包含产业组织和教学组织，因此，需要设计良好的组织制度保证知识生产链条的有序进行。④制度融合是创业型大学发展的制度保障，从制度设计上将教育优先和人才先行融入各项校内政策，通过打破教育相对独立封闭的发展路径，使得高等教育充分融入经济增长过程中，内化到产业链发展过程中，进而实现向创业型大学的转型。

因此，本章提出“创业型大学产教融合”的概念，用以研究创业型大学如何实现资源融合、需求融合、组织融合和制度融合。结合两者相关概念，对创业型大学产教融合做出如下定义：以知识应用为导向的高校，在积极推动知识的应用转化和知识价值的实现过程中，实现资源融合、需求融合、组织融合以及制度融合，进而形成教育与产业交叉共融，从而实现独立自主的目标。

二、创业型大学相关研究

（一）创业型大学发展动因研究

创业型大学产生于西方国家，其兴起主要有两方面原因。从宏观层面来看，科学技术飞速发展对社会经济影响日益突出，作为科研创新主体，高校成为经济引擎观念深入人心；从微观来看，高等教育财政困境、创业型人才培养以及技术市场需求都对大学传统封闭的教学模式形成强大冲击，高校无法独善于“象牙塔”之中。学者认为其发展动因主要可以归为以下方面。

1. 知识价值层面

顾永红（2014）指出知识生产模式转型是促进大学学术组织变迁的重要因素。刘鹤和郭凤志（2018）指出学术资本化是创业型大学实现的内部动力。陆珂珂和龚放（2018）指出创业型大学是在知识经济社会应运而生的一种新型大学，它顺应了经济变革、区域发展和社会需求的变化，也体现了知识生产新模式的诸多特点。王建华（2018）指出在创新驱动发展的大背景下，以高深知识向应用转化为进路，大学的创新创业行动实现了从量变到质变的转化。

2. 大学职能层面

刘永芳和龚放（2014）指出大学职能变迁和知识生产方式转变，是创业型大学治理变革的根本动因。高福安和铁俊（2014）强调企业家精神和创业活动的新范式成为创业型大学的新职能，建立完善的创业教育体系成为创业型大学的发展起点。随后，曾尔雷（2015）、霍月红（2016）、Natalia（2018）都指出相较于其他类型的大学，创业型大学成为现代经济社会发展的内核和智能发动机，并致力于创造经济增长点，对地方、区域和国家经济产生影响，其经济创造职能得到凸显。Raffaele（2018）通过实证分析，证实创业型大学对于当地经济增长起到调节作用，通过提高当地智力资本，从而使区域经济增长成为可能。

3. 教师角色转变

朱书卉和眭国荣（2018）指出高校教师从教学、科研和知识分子角色向学术创业角色的转变是关键趋势之一。付八军和毛慧芳（2013）指出教师是创业型大学转型与建设的核心力量，只有教师的转型才能顺利推动大学的转型。Barbara（2015）、Gheorghe（2014）的研究都表明大学部门具有高或低的创业倾向，会对教师是否从事一些更具创业性的活动产生显著影响。

4. 内外部环境变化

在外部环境研究中，解水青和秦惠民(2016)指出创业型大学是大学对外部环境的资源依赖进行应对的产物。华根球(2011)指出在外部需求、竞争压力及政策指向等外部力量推动下，高校变革主体对外部环境变化进行积极反应，从而对学校发展战略进行重新选择，通过价值观转变、制度创新和主体追求等内源动力因素，在互动过程中不断积聚和强化，推动高校向创业型大学转型。苏晓华等(2011)进一步研究表明政府主动授权、市场力量逐步渗入和增强、学术与市场力量开始互动，市场化生存成为创业型大学在新生态环境下的一种重要发展方式。内部环境变化研究中，龙春阳和贺志民(2014)指出创业文化对创建创业型大学起着激励、导向、凝聚和协调的功能，并推动高校向创业型大学转型。Ahmad(2018)指出高校企业家精神的觉醒是发展中国家进行创业型大学转型的主要因素。

(二)创业型大学实现障碍研究

关于创业型大学实现障碍研究中，学者集中讨论高校外部因素和内部因素。在外部因素探讨中，学者主要从学术资本转化的角度和高校学术传统地位来进行探讨创业型大学实现障碍。王坤和蒋国平(2010)指出在学术资本化的趋势下，大学身份障碍、政府职能障碍、员工认知障碍已成为中国高校向创业型大学进行组织转型的三大难题。陈良雨和汤志伟(2017)指出我国创业型大学学术资本转化过程中面临评价机制、中介组织以及二次创新等压力因素的制约，从而形成学术资本“增长陷阱”与学术资本模式趋同等状态。付八军(2017)认为创业型大学本土化的实践至今没有取得预期进展，根本原因在于大学在市场中的主体地位没有确立。

关于内部因素研究中，学者重点探讨高校教师转型障碍、校内创业氛围以及办学理念更新存在的问题。付八军(2017，2016)认为创业型大学教师转型之所以这么艰难，与教师们自身的价值取向、学术能力等主观因素有关，更与评价机制、平台建设、大学文化等外在的客观因素有关，同时也指出保守的思想观念、低劣的研究成果以及繁重的各种压力，是教师转型困难的三大主观因素。高明(2014)、蒋华林等(2011)指出我国高校的创业型取向发展面临着创业氛围不浓、政策支持不够、大学理念更新受阻、自主办学权有限、内部治理结构不顺、科技研发需求导向薄弱等问题与挑战。而侯曦煜和黄志兵(2017)认为学术传统的惯性是制约创业型大学发展的主要障碍。

(三)创业型大学发展模式研究

在对创业型大学发展模式研究中，学者主要从学术资本主义和“三螺旋”视角进行研究。张秀萍等(2010)指出三螺旋理论下创业型大学的管理模式需要不断创新，包括创业型大学的目标定位及价值重构、组织结构优化与制度创新和管理机制创新，作为三螺旋之外的第四方，社会中介组织可能作为第四螺旋起着越来越重要的作用。学术资本主义理论视角下，付八军(2016)指出创业型大学的组织特性，不是学术资本主义，而是学术资本转化，这是创业型大学的灵魂所在，在推进创业型大学学术资本转化过程中，需要重点关注三大领域：一是科技成果的应用与推广；二是针对校外学习者的教学服务；三是针对校内学习者的教学服务。在两种理论探讨下，国内学者刘叶(2010)、王雁(2011)和国外学者Abdelkafi(2018)、Guerrero(2018)开始关注于高校创业属性，并指出创业型大学是介于传统大学和公司之间的一种特殊高等教育机构，它既保留了传统学术管理的精华，也吸收了现代企业管理的理念，是一种集学术和创业于一体的混合模式，并承担起发展国家和区域经济、创造新的工作机会的责任。

学者也对创业型大学模式类型进行了探讨，在静态视角下，陈霞玲(2015)指出我国创业型大学建设主要有五种模式：服务社会发展模式、学术创业模式、专业创业模式、创业教育模式和企业经营模式。付八军(2018)将创业型大学分为教学服务类与学术应用类两类，每类又分成营利型与公益型两种。在动态视角下，Markuerkiaga(2018)基于聚类分析，将创业型大学发展过程分为三个阶段，第一阶段是高校还未获得较多的科研成果；第二阶段高校获得一定的科研成果，并在学术创业活动中取得一定成绩；第三阶段是高校开始进行较多的创业行为，紧密贴近市场。高校在发展过程中可以由一个阶段演进为另一阶段。

（四）创业型大学建设路径研究

在创业型大学建设路径研究中，学者主要集中对国外创业型大学发展路径进行研究，从而归纳其成功经验。具体集中在创业型大学建设方式研究、创业型大学成功经验研究、创业型大学建设对策研究等方面。

关于创业型大学建设方式研究，高明(2017)指出特文特大学通过加强校部领导、明确发展理念、改革预算制度、加强外部联系、深化组织改革和鼓励学术融合，实现了“高职院校—综合性大学—研究型大学”的跳跃式发展。张展生等(2017)通过对比分析台湾朝阳科技大学和高雄第一科技大学开展创新创业活动的推进措施，从统一战略联盟、多元化创业教学、融合科研创业理念、实行强有力治理机制和扩宽组织结构等方面归纳总结其创业型大学的建设模式。梁永丽和张冬(2014)通过对美国创业型成功经验的总结，得出创业型大学必须坚定地走产学研结合的办学之路、优化师资结构、积极吸引优秀人才、建立专业化的技术转化平台、大力培植高校的创业文化的结论。胡兴志等(2018)认为慕尼黑工业大学构建创业型组织，依赖于以下四大支柱：学术拆分、创业网络、创业研究和创业精神文化。

关于创业型大学成功经验研究，Mariza(2016)对巴西里约热内卢联邦大学进行案例研究，指出技术商业化能力和知识利用能力是其转型为创业型大学的关键因素。Bhavani(2015)通过对阿联酋五所大学进行半结构化访谈，发现培育企业家精神、加强管理能力、关注市场需求、适应外部环境变化能力是其转型为创业型大学的成功经验。马香媛等(2016)指出创业型大学导向、跨学科教育变革策略和紧密服务区域经济社会发展是芬兰阿尔托大学成功转型的重要原因。

关于创业型大学建设对策研究。王凯等(2017)从“跨组织边界”以及知识网络与社会网络嵌入视角提出“创新创业型大学”发展的现实路径。王文礼(2017)指出非世界一流大学向创业型大学转变应该根据自身所特有的资源优势，扬长避短，错位发展，通过专业化经营来获取收益。金航飞(2018)、李欣怡(2015)基于高校内部结构变革的视角，从办学理念与思路、目标受众、课程建设、学科建设、办学质量的评估与考核等维度，提出创业型大学建设的相关路径。

三、对现有研究评价

通过阅读现有文献，发现对于创业型大学研究大多停留在经验借鉴、影响因素研究、本土市场化研究、组织特征探讨上。对于创业型大学发展整体驱动因素研究较少，尽管目前有学者指出创业型大学发展是由社会、市场、政府、高校本身作用的，但并未全面研究不同主体的驱动力量如何影响创业型大学发展。其研究不足主要有以下几点。

(1) 现有研究对于创业型大学建设路径构建大多是对国外创业型大学现状的经验之谈，没有细致分析创业型大学产教融合发展过程中的演进方式，从而无法完整提炼创业型大学产教融合中的影响因素。

(2) 现有研究者缺乏对案例大学进行细致全面的分析，并未指出不同时期，驱动主体如何驱动高校向创业型大学进行转型，即现有文献很少以动态视角来分析创业型大学发展受到的驱动力量。

(3) 现有研究大多采用定性研究方式研究创业型大学，难以给出具有说服力的政策建议。因此，需要通过定量分析的手段来识别创业型大学驱动因素中的关键影响因素，并指出具体切实可行的政策建议。

第六章　创业型大学产教融合影响因素提炼

第一节　研究方法与资料收集

一、研究思路

本章拟对创业型大学产教融合中的驱动机制与关键影响因素进行探索性研究。根据这一目的，采用单案例研究方法，主要目的在于：①需要对创业型大学产教融合建设过程中关键因素进行逻辑探讨，而关键因素往往隐藏在现象之后，案例研究是对发展过程进行简单梳理，能有效发现事物发展规律，便于揭示现象背后的隐藏机制（黄江明等，2011）；②对创业型大学产教融合建设过程进行分析，在展示过程方面，案例研究有着独特的优势；③相较于多案例研究，单案例研究更适合对高校纵向发展进行深入分析，便于提炼出相应关键影响因素（Yin，2003）。在具体执行研究过程中，本章应用数据编码方法对案例素材开展编码和归纳分析，将案例中的现象概念化、系统化与连贯化，从而构建理论框架，最终将研究问题、理论框架和结论进行有效衔接。研究思路如图 6.1 所示。

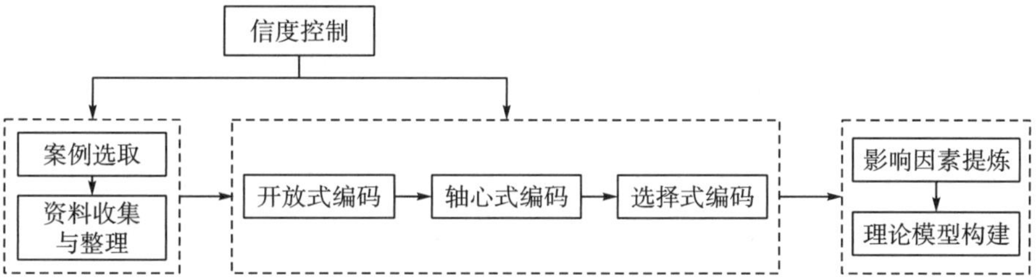

图 6.1　案例研究思路构架

二、案例选择

在选择案例方面主要考察以下几个方面：第一，高校必须成功成为产教融合的创业型大学，并发挥其经济职能；第二，高校发展过程资料尽可能翔实、完整，便于提炼影响因素；第三，案例具有典型性，具备推广和学习的必要。基于以上前提，采用理论抽样的方式，选择华威大学（也称沃里克大学）为研究对象。首先，华威大学一直秉承追求卓越的理念，逐步迈入经济领域，利用外界经济资源与自身学术资源良性互动，最终在欧洲乃至全球建立起卓越的商誉和学术声誉，享有“华威公司”的美称，并为当地发展做出不可磨灭的贡献；其次，华威大学独特的“华威模式”，学者们留下大量文献资料，对资料收集和整理提供了便利；

最后，华威大学仅仅建校 50 多年就成为全球一流名校，其成功是偶然性与必然性的结合，具备较高的研究价值。基于此，华威大学与本章研究内容具有较高的契合度。

三、数据收集

针对研究内容，需要对华威大学的发展过程进行梳理，而目前甚少有文献对华威大学发展历程进行详细描述，只是集中在华威大学发展某个时期或对华威大学发展历程进行粗略描述，较为零散和碎片化，未能形成一个整体框架。因此广泛收集华威大学素材资料，力图保证华威大学发展过程的完整性和系统性，并按照华威大学发展阶段进行归类。

本章研究数据获取方式主要包括：在华威大学官网上查找获得最新历史资料、在 CNKI 中文数据库按照“华威大学”和“沃里克大学”为“篇名”或“关键词”进行检索获得案例素材、在 EBSCO 数据库中以“the university of Warwick”为“篇名”或“关键词”进行检索获得案例素材、借助互联网工具以“华威大学”“沃里克大学”为“关键词”进行检索来补充完善资料，并作为补充资料对收集的素材进行三角验证。其中对资料进行阅读，以“华威大学是否进行产教融合”为主题进行资料的筛选，相关资料予以保留，不相关资料进行删除，最终累计搜寻期刊论文 112 篇、学术论文 6 篇、网络资料整理累计 2.5 万字，并按照华威大学发展阶段进行归类整理。

在保证案例素材的可靠性方面。首先，选择不同方式、从多种渠道获得数据，从而保证研究结果的建构效度。其次，采取团队模式进行数据采集，分为三人小组，分别以不同设备终端、独立进行数据采集工作，最后将收集的资料进行汇总，若三人都认可的资料则记录在文本中，不一致的资料进行讨论或予以删除，保证资料收集的完整性。

四、数据编码方法

数据编码方法主要分为开放式编码、轴心式编码和选择式编码。开放式编码是对原始材料进行分解，并逐条提炼将其概念化的过程(Glaser，1987)。轴心式编码是发现和建立开放式编码之间的各种联系，并将开放式编码的结果按照潜在脉络或因果关系进行聚类(孙新波和齐会杰，2012)。选择式编码是通过经典理论或现象之间的故事线来提炼核心范畴，并提炼出理论框架(Strauss and Corbin，1990)。具体流程见图 6.2。

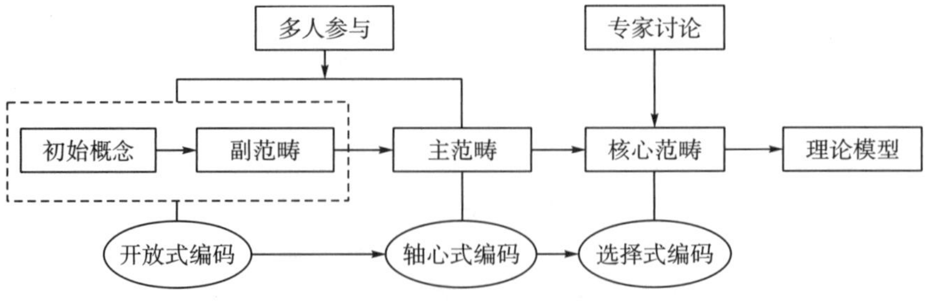

图 6.2　具体编码流程

在保证编码结果的信度方面，采用多人参与、专家讨论等信度控制方法。其中，多人参与是指在进行一级编码、二级编码和三级编码过程中由多名研究人员共同参与编码，在编码过程中研究人员采取背靠背的编码方式，分别独立进行编码；其次，编码结果由研究人员共同商讨决定，若有不同意见则需经多次协商并最终遵循“少数服从多数”准则(高锡荣等，2016)。专家讨论是通过邀请同行专家对编码的结果进行讨论批判，以确定编码结果是否恰当和准确。通过这两种方式保证编码结果可信，避免个人偏见对理论模型的影响。

第二节　数据编码过程与结果

一、开放式编码

将收集资料的相关内容进行概念化和范畴化，包括初始概念提取、副范畴归纳两个环节。

(1)初始概念提取：将收集的材料进行深度分析与分解，并以公正、客观的角度提出华威大学在产教融合过程中的影响因素，得到 855 个开放式编码点。这些开放式编码点中有些是重复或意思表示一致的内容，因而将其进行进一步归纳提炼合并，最终获得 137 个初始概念，并以“a+序号”的形式进行编号。

(2)副范畴归纳：把提炼出来的初始概念进行进一步的归纳聚合，将初始概念中意思表示相近或逻辑上相关的概念进行合并整理，最终得到 41 个副范畴，并以“A+序号”的形式进行编号。参见表 6.1。

表 6.1　开放式编码示例

原始案例材料	初始概念	副范畴
二战后，人们对教育的期望达到了顶峰……两次世界大战逐渐使英国人开始反思自己的传统思想，开始认识到教育、工业、国家三者之间的有利关系，开始改变由来已久的“多尼思想”。	传统思想改变 a1	科技人才缺失 A1 (a2，a17，a21)
1955～1960 年间出现空前未有的消费繁荣……从以上数据可以看出，英国战后社会恢复到战前水平，但是科技人才数量不足的现实情况阻碍着社会的发展。	科技人才 数量不足 a2	传统教育理念的 转变 A2(a1，a3)
英国高等教育理念的更新为华威大学的成长创造了宽松的外部环境，冲破了经营大学的思想束缚。	教育理念的更新 a3 宽松的外部环境 a4	领导人办学理念 A3 (a5，a6，a12)
巴特沃斯倡导以科学研究为中心，学校在办学起初就成立了工业经济和商务专业研究中心。	以科学研究为中心 a5 领导人的办校方针 a6	领导创业精神 A4 (a7，a24，a33)
华威从最初就将“追求卓越”作为自己的办学价值观，向剑桥、牛津等世界一流大学看齐……将华威定位于“走规模不断拓展的研究型大学的发展之路”，这在当时被认为是不可能的事。	领导人的冒险精神 a7 向一流大学看齐 a8	科研创收 A5 (a11，a16)
沃里克在学术和创业管理上是高度分权的，教授拥有在学术领域内的尽可能多的学术决策权。每一个学科和专业在致力于创业时，都是自己管自己，自负盈亏。	学术和创业分权管理 a9 教授学术决策权 a10 学科进行创业 a11	
他提出适应时代发展要求的大学的办学理念，使华威能够及早走出英国大学敌视工业的态度，走亲工业化道路；他不惜一切代价引进学术大师，尊师重教，给予教授宽松的学术环境，激发他们的创新热情，为华威大学走出一条创业型大学道路奠定文化基础。	适应时代的办学理念 a12 走出敌视工业的态度 a13 引进学术大师 a14 宽松的学术环境 a15 激发创新热情 a16	
……	……	……
合计	137 个初始概念	41 个副范畴

二、轴心式编码

该过程是发现和建立副范畴间的联系，按照两条路径开展。①路径一，基于“条件→行动/互动策略→结果”编码范式(Corbin，1990)，将开放式编码得到的副范畴联结在一起，得到主范畴。如，副范畴“商业思想交流”、“跨学科商业技术开发”与“商业化运营”可以在范式模型下形成一条轴线“商业思想交流→跨学科商业技术开发→商业化运营→商业能力培养”，由此将上述3个副范畴进一步整合为主范畴“商业能力培养”。②路径二，将两个及以上的副范畴直接合并为一个主范畴。如，副范畴“创造经济增长”、“解决全球问题”和“引领产业发展”可以合并为“商业价值彰显”。以此方法类推，最终将41个副范畴归并为14个主范畴。参见表6.2。

表6.2 轴心式编码结果

副范畴	主范畴
科技创业人才缺失、高校经济价值	高校政策定位
重视科研与教学、学术创新、科研创收	一流大学愿景
亲工业化的态度、领导人创业精神、领导人办学理念	高层创业态度
办学经费不足、教育经费削减	办学筹资压力
创业绩效、科技成果转化期望	创业收益预期
扁平组织结构、教授治校、学术自由、减轻行政工作、创业文化形成	创业氛围打造
重实效的工作制度、创业管理体制	创业制度构建
建立科学园区、技术转化平台搭建、创办企业	创业运营实作
商业资本积累、人力资本积累、关系资本积累	商业禀赋形成
商业思想交流、跨学科商业技术开发、商业化运营	商业能力培养
创造经济增长、解决全球问题、引领产业发展	商业价值彰显
传统教育理念的转变、重视智力资源、宽松的社会环境、产学研合作观念	社会观念转变
政策创业支持、政策创业资助、知识产权保护	创业政策激励
市场需求旺盛、地处工业化中心、经济快速发展	技术市场需求

三、选择式编码

分析轴心式编码结果，将14个主范畴与现有理论进行对接和互动比较，归纳出核心范畴。

在归纳出的14个主范畴中，“高校政策定位”和“一流大学愿景”代表高校自身的使命与目标，即产教融合对高校的吸引度；“高层创业态度”代表学校领导人对于产教融合的偏好；“办学筹资压力”和“创业收益预期”代表高校进行产教融合的目的与动机。基于创业事件模型与计划行为理论模型可知，意愿的形成主要来自3方面因素，分别是期望感知、行为态度和可行性感知(徐建伟和唐建荣，2014)。产教融合的期望感知是指产教融合对高校的吸引程度，即“高校政策定位”和“一流大学愿景”；产教融合的行为态度是指高校对产教融合的偏好程度，即“高层创业态度”；产教融合的可行性感知是指高校从事产教融合活动的程度，受到收益与成本预期的影响，即“办学筹资压力”和“创业收益预期”。故将“高校政策定位”、“一流大学愿景”、“高层创业态度”、“办学筹资压力”和“创业收益预期”构成核心范畴“产教融合意愿培育”。

“创业氛围打造”是指高校营造产教融合的氛围，是进行实践探索的前因因素；“创业制度构建”是指高校构建产教融合的制度，是进行实践探索的保障因素；“创业运营实作”是指高校实现产教融合的运营，进入市场之中进行实践，是进行实践探索的结果因素。由此构建故事线“创业氛围打造→创业制度构建→创业运营实作→产教融合实践探索”，故归纳核心范畴“产教融合实践探索”。

“商业禀赋形成”是指高校嵌入社会关系网络之中，有效积累各种资源，为产教融合能力提升打下基础。“商业能力培养”是指高校培养其产教融合能力，主要进行商业技术开发。“商业价值彰显”是指高校实现自我价值，形成以产促学，以学带产的生态。由此构建故事线“商业禀赋形成→商业能力培养→商业价值彰显→产教融合能力提升”，故归纳核心范畴“产教融合能力提升”。

“社会观念转变”是指社会大众改变传统学术思想，认可高校经济价值，是高校进行产教融合的社会环境。“创业政策激励”是指政府出台相应政策激励高校进行产教融合，是高校进行产教融合的政策环境。“技术市场需求”是指高校所在地区经济发展状况及技术需求情况，是高校进行产教融合的市场环境。“社会观念转变”、“创业政策激励”和“技术市场需求”构成核心范畴“产教融合环境营造”。参见表6.3。

表6.3　选择式编码结果

主范畴	核心范畴
高校政策定位、一流大学愿景、高层创业态度、办学筹资压力、创业收益预期	产教融合意愿培育
创业氛围打造、创业制度构建、创业运营实作	产教融合实践探索
商业禀赋形成、商业能力培养、商业价值彰显	产教融合能力提升
社会观念转变、创业政策激励、技术市场需求	产教融合环境营造

第三节　创业型大学产教融合影响因素分析

一、产教融合意愿培育维度

作为核心范畴的产教融合意愿培育是进行创业型大学产教融合的核心要素，直接影响创业型大学产教融合的实施。产教融合意愿维度主要包括一流大学愿景、高校政策定位、办学筹资压力、经济预期收益、高层创业态度这五种因素。这五种因素之间呈并列关系，并直接影响产教融合意愿的产生。

(1)一流大学愿景，是指高校希望成为一流的创业型大学，并通过学术创新、科研创收等方式，推动区域产业发展，成为“经济发展引擎”的愿景。一流大学植根于社会服务之中，而高校将一流大学作为自身发展目标，将驱动高校迈出“象牙塔”，主动融入区域产业发展，担负起推动社会经济发展的责任，从而培养产教融合意愿。

(2)高校政策定位，是指政府对高校价值的定位，强调高校的经济职能，促进高校进行更多的科技成果服务活动，发挥其经济价值，从而促进产教融合意愿产生。

(3)高层创业态度，是指高校领导对创业行为的看法和态度。创业本身是一项高风险高回报的活动，高层是风险偏好者，那么高层越容易支持创业行为。创业态度对创业意愿影响较大(齐昕和刘家树，2011)，且态度的组成成分经常被视为个人对行为结果的显著信念函数(胡晓龙和徐步文，2011)。因此，高层对创业活动持有一定的信念，会导致较高的创业意愿，从而诱发产教融合意愿。

(4)办学筹资压力，是指政府削减高校教育经费，让高校置于经费资源缺乏的压力之下，从而迫使高校萌发产教融合意愿，获取市场资源来缓解自身办学压力。目前，我国高校教育经费来源主要是教育部拨款，政府的财政拨款让高校没有办学经费压力，从而导致高校安于现状。或许，我国高校正是缺少这种生死危机的压力，过度依赖国家经费补贴，才导致产教融合意愿难以产生。

(5)创业收益预期，是指高校基于对风险的认知与技术不确定的考虑，预期从创业行为中获得的收益(资源收益与潜在收益)，主要包括物质预期和社会化预期。积极的结果预期能导致积极的行为态度，进而促使行为发生(苏洋和赵文华，2017)。因此，高校较好的经济预期收益对创业活动能产生较强的激励作用，促进高校产教融合意愿产生。

二、产教融合实践探索维度

产教融合实践探索维度主要包括创业氛围打造、创业制度构建、创业运营实作等因素。这三者之间相互影响，并促使创业型大学进行产教融合实践探索。

(1)创业氛围打造，是指高校改变传统学术层级结构，实行扁平化的组织结构，给予科研人员更多的科研自由和学术决策权，营造校内宽松的学术环境和浓厚的创业文化氛围。创业氛围打造，有利于消除高校创业型大学产教融合的思想障碍，诱使高校进行产教融合实践探索。

(2)创业制度构建，是指高校通过科研管理体制改革、创业激励制度等手段，推动高校进行创业型大学产教融合实践探索。创业制度构建是进行产教融合实践探索的制度保证，通过改变以往重视学术考核的制度，鼓励创新人才进行相关商业技术创新，挖掘科技成果的经济价值，从而保障产教融合实践探索的顺利实现。

(3)创业运营实作，是指高校通过与社会企业之间搭建合作联系网络，获取产学研合作经验，并帮助高校逐步迈入市场之中。首先，高校的产教融合活动是嵌入在社会关系网络之中，其产教融合活动的成功与否受到其社会关系网络制约，且个体具有的社会网络资源越丰富，其产教融合实践探索成功的可能性也越大。其次，创业运营实作有利于创业型大学加快科技成果转化步伐，拉近高校与市场距离，并实时关注市场需求变化，从而开展产教融合实践探索活动。

三、产教融合能力提升维度

产教融合能力提升维度主要包括商业禀赋形成、商业能力培养、商业价值彰显。商业禀赋形成主要看重高校资源获取方面的能力，商业能力培养主要包括高校知识创造能力和技术商业化能力，而商业价值彰显主要是考察高校创业机会识别能力。通过三方面能力提升，有助于提高创业型大学产教融合能力，实现其内外部资源快速转化。

(1)商业禀赋形成，是指高校积累大量的关系资源、人力资源和商业资本，在这一过程中主要考察高校资源识别、资源获取、资源配置、资源运用的能力。创业型大学产教融合的目的是获取并整合资源，并对资源进行价值创造，可见创业活动离不开创业资源的获取与整合。而大学的创业优势也与其资源禀赋密切相关，接触的资源越多，越有条件去进行创业行为(罗泽意，2015)，而如何去识别、获取和整合关键创业资源制约着高校产教融合。因此，高校商业禀赋越强，其创业资源整合能力越高，更加有力推动高校进行创业型大学产教融合。

(2)商业能力培养，是指高校内部接受商业思想，挖掘市场需求，并将自己知识和专利等转化为市场技术，从而实现知识价值的获取。在商业能力培养中更加看重高校知识创造能力以及高校技术商业化能力。知识创造能力是指高校通过科研职能创造新知识的能力。创业型大学产教融合并非利用高校资金进行市场经营，更多是从事知识资产经营和商业技术开发，那么高校产教融合过程中需要找到学术知识和区域经济需求的结合点，并通过发明创造、专利申请、创新实验等方式，实现创新知识的生产创造，进而实现知识资产经营(杨萱和童夏雨，2016)。技术商业化是大学科技成果转化的重要途径，而我国科技成果转化率较差正是因为高校技术商业化能力不足，因此，高校在产教融合过程中面临的巨大挑战就是如何保持其传统学术研究能力的同时发展其技术商业化的能力。从结果角度来看，高校创业型大学产教融合最终是将技术转化为商业产品来创造经济价值，而转化成功与否的关键在于高校技术商业化能力。因此，高校商业能力受到其知识创造能力和技术商业化能力影响，且其商业能力越强，创造经济价值越多，从而提升创业型大学产教融合能力。

(3)商业价值彰显，是指高校创造经济增长，解决全球问题，并引领产业发展，在此过程中，高校需要重点培养创业机会识别能力。大学所创造的新知识、新技术，衍生出大量高创新、高价值的技术创业机会，然而许多高校却难以识别这些创业机会从而制约高校产教融合行为。从创业过程来看，创业就是不断发现机会，识别机会并创造价值的过程。因此，创业机会识别能力直接影响商业价值彰显，间接促进高校创业型大学产教融合的实施。

四、产教融合环境营造维度

产教融合环境营造维度主要包括社会观念转变、创业政策激励、技术市场需求。创业环境营造为高校提供大量创业机会，诱使高校进行创业型大学产教融合。

(1)社会观念转变，是指社会大众认可知识经济价值，推崇高校社会经济价值。目前，我国大众普遍认为高校主要进行科研与教学活动，难以认可高校创业者的身份，而且高校中也存在着“重文抑商”的传统观念，导致高校创业意识先天不足，制约着高校进行产教融合。因此，需要社会大众认可知识经济价值，营造高校创业的舆论氛围，帮助科研人员转变传统观念，从而促进高校进行产教融合。

(2) 创业政策激励，主要指政府颁布高校产教融合相关的激励政策，一般通过政府补助、政令规定等形式促进高校进行产教融合。首先，创业政策对于高校办学思想和办学目标具有导向性作用，通过政府创业补助、知识产权保护等手段诱导高校进行产教融合活动；其次，政府通过政令规定、设置创业绩效考核指标等手段让高校不得不进行产教融合。通过这两种手段激励高校进行产教融合活动。

(3) 市场技术需求，是指当地市场对创新技术的渴望与需求的程度。从经济学角度来看，创业型大学产教融合是将知识转化为技术或者产品，从而进行技术输出，是属于供给者；而市场接受高校技术输出，将技术或者产品转化为经济价值，是属于需求者。通过供需理论可知，较多的需求会导致供给的增加，因此，市场技术需求的增加会诱使高校进行创业型大学产教融合。

第四节　创业型大学产教融合影响因素体系构建

通过案例扎根结论，将创业型大学产教融合的影响因素归为四个维度，即产教融合意愿培育维度、产教融合实践探索维度、产教融合能力提升维度和产教融合环境营造，构建创业型大学产教融合影响因素体系模型，见图 6.3。

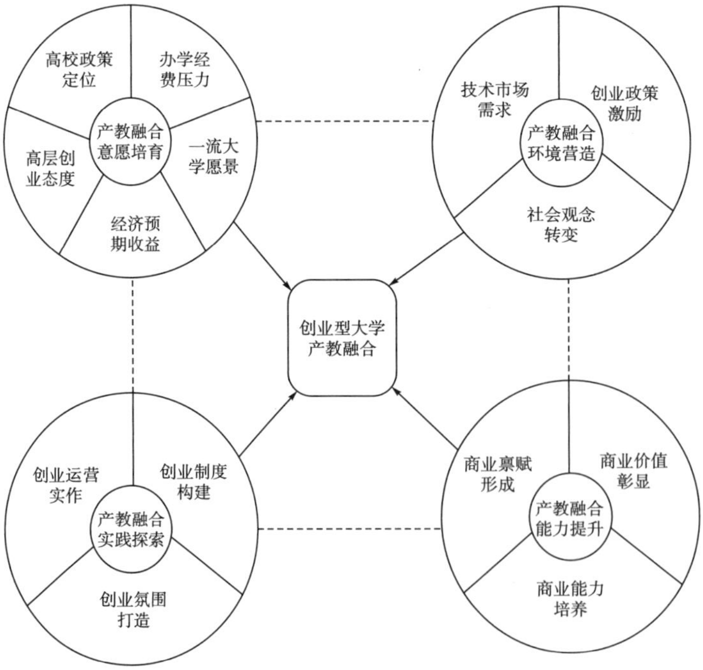

图 6.3　创业型大学产教融合影响因素体系模型

第七章　创业型大学产教融合的关键影响因素识别

第一节　创业型大学产教融合的影响因素频次统计分析

为了客观分析出华威大学产教融合中各影响因素的频次，并借鉴华威大学成功产教融合的经验，我们对前文编码结果进行统计，并在此基础上对各级范畴的频率进行计算。其中，词频为副范畴出现的次数，即案例素材中出现的次数。例“教育经费削减”的频数为41，意思是案例素材中有41条语句表达的主体思想属于“教育经费削减”这一范畴。频次计算时，将同一主范畴下的副范畴的频数进行求和，作为主范畴的频数，再将同一核心范畴下的主范畴的频数进行求和，作为核心范畴的频数，逐级汇总并计算其频率。

一、创业型大学产教融合核心范畴显示情况分析

针对图6.3划分的创业型大学产教融合四个维度，即产教融合意愿培育、产教融合实践探索、产教融合能力提升和产教融合环境营造，分别统计其频次，统计结果见表7.1。

表7.1　核心范畴频数显示情况统计

核心范畴	产教融合意愿培育	产教融合实践探索	产教融合能力提升	产教融合环境营造	合计
出现频数	299	240	150	166	855
出现频率	34.97%	28.07%	17.54%	19.42%	100%

通过表7.1，从四个核心范畴的出现频率来看，产教融合意愿培育为34.97%，产教融合实践探索为28.07%，产教融合能力提升为17.54%，产教融合环境营造为19.42%。可以看出，产教融合意愿培育出现频率最高，产教融合实践探索以28.07%的比例紧随其后，而产教融合能力提升和产教融合环境营造比例不足20%。这表明，华威大学在产教融合过程中，对于产教融合意愿培育最为看重，其次对产教融合实践探索较为重视，而对产教融合能力提升和产教融合环境营造则较为忽视。

二、创业型大学产教融合主范畴显示情况分析

针对图 6.3 提出的 14 个创业型大学产教融合主范畴，分别统计其出现频数和频率，统计结果见表 7.2。

表 7.2 主范畴频数显示情况统计

主范畴	词频	出现频率/%	在对应核心范畴的占比/%
一流大学愿景	65	7.60	21.74
高校政策定位	37	4.33	12.37
高层创业态度	85	9.94	28.43
办学筹资压力	68	7.95	22.74
创业收益预期	44	5.15	14.72
创业氛围打造	116	13.57	48.33
创业制度构建	52	6.08	21.67
创业运营实作	72	8.42	30.00
商业禀赋形成	61	7.13	40.67
商业能力培养	51	5.96	34.00
商业价值彰显	38	4.45	25.33
社会观念转变	57	6.67	34.34
创业政策激励	56	6.55	33.73
技术市场需求	53	6.20	31.93
合计	855	100.00	—

通过表 7.2 中各主范畴出现频率来看，可以将 14 个主范畴按照出现频率的高低，划分为高频组(＞8%)、中频组(8%～6%)和低频组(＜6%)三类。

高频组(＞8%)主要包括 3 个主范畴，即创业氛围打造、高层创业态度和创业运营实作，出现频率分别是 13.57%、9.94%和 8.42%。这表明，华威大学产教融合过程中，比较重视内部创业氛围打造以及高层创业态度，同时也十分重视创业运营实作。

中频组(6%～8%)主要包括 7 个主范畴，即办学筹资压力、一流大学愿景、商业禀赋形成、社会观念转变、创业政策激励、技术市场需求和创业制度构建，出现频率分别是 7.95%、7.60%、7.13%、6.67%、6.55%、6.20%和 6.08%。这表明，这 7 个主范畴在华威大学产教融合过程中起到促进作用，是华威产教融合过程中不可忽视的因素。

低频组(＜6%)主要包括 4 个主范畴，即商业能力培养、创业收益预期、商业价值彰显和高校政策定位，出现频率分别是 5.96%、5.15%、4.45%和 4.33%。这表明，华威大学产教融合过程中，这 4 个主范畴相较于其他主范畴影响程度较小，因此，在之后分析中不再讨论低频组的副范畴。

通过表 7.2 中各主范畴在对应核心范畴的占比来看，可以得到如下启示。

(1)产教融合意愿培育维度中，高层创业态度、办学筹资压力、一流大学愿景这三个主范畴所占比例较高，分别为28.43%、22.74%和21.74%。这表明在产教融合意愿培育中，高层创业态度、办学筹资压力、一流大学愿景是比较重要的影响因素。

(2)产教融合实践探索维度中，创业氛围打造、创业制度构建、创业运营实作所占比例分别为48.33%、21.67%和30.00%。这表明，创业氛围打造在产教融合实践中更加重要，作为产教融合实践探索的起点，需要营造浓厚的创业氛围，才能更容易诱发产教融合实践探索。而这也表明，华威大学产教融合实践探索过程中，首先进行创业氛围打造，营造浓厚的创业氛围，并构建相应的创业制度，从而成功进行创业运营实作。而创业氛围打造的做法一般有扁平化的组织结构、学术自由、形成创业文化以及给予创业人员更多的创业空间和时间。

(3)产教融合能力提升维度中，商业禀赋形成、商业能力培养、商业价值彰显所占比例分别为40.67%、34.00%和25.33%。这表明，商业禀赋形成对于能否实现产教融合能力提升有至关重要的作用，是产教融合能力提升实现的逻辑起点。华威大学实现产教融合能力提升之前，需要形成其商业禀赋，积累商业资本、人力资本和关系资本，进而进行商业能力培养，最终实现其商业价值。

(4)产教融合环境营造维度中，社会观念转变、创业政策激励、技术市场需求所占比例分别为34.34%、33.73%和31.93%。通过占比分析，三者所占比例差距并不大，这表明，华威大学产教融合过程中需要三者共同作用，作为华威大学产教融合的大环境，政府政策、市场需求、大众观念都会影响创业型大学产教融合。

三、创业型大学产教融合副范畴显示情况分析

1. 高频组主范畴之下的副范畴显示情况

高频组主要包括3个主范畴，即创业氛围打造、高层创业态度和创业运营实作，其副范畴频数显示情况见表7.3。

表7.3　高频组主范畴之下的副范畴显示情况

主范畴	副范畴	出现频次	频率(主范畴频数)/%
创业氛围打造	扁平组织结构	32	27.59
	教授治校	12	10.34
	学术自由	18	15.52
	减轻行政工作	23	19.83
	创业文化形成	31	26.72
	合计	116	100.00
高层创业态度	亲工业化态度	20	23.53
	领导人创业精神	36	42.35
	领导人办学理念	29	34.12

续表

	合计	85	100.00
创业运营实作	建立科学园区	25	34.72
	技术转化平台搭建	11	15.28
	创办企业	36	50.00
	合计	72	100.00

通过表 7.3 可知，创业氛围打造的 5 个副范畴之间，“扁平组织结构”和“创业文化形成”出现频率较高，分别为 27.59%和 26.72%。这表明，华威大学在创业氛围打造中，重点改革院校之间的组织结构，实行扁平化组织结构，同时重视创业文化的形成。

高层创业态度的 3 个副范畴之间，“领导人创业精神”出现频率较高，为 42.35%。这表明，领导人创业精神对于高层创业态度影响较大，在创业型大学产教融合中，应适当关注下领导人创业精神。

创业运营实作的 3 个副范畴之间，“创办企业”出现频率较高，为 50.00%。这表明，在创业运营实作中，华威大学主要采用创办企业的形式来进行产教融合。

2. 中频组主范畴之下的副范畴显示情况

中频组主要包括 7 个主范畴，即办学筹资压力、一流大学愿景、商业禀赋形成、社会观念转变、创业政策激励、技术市场需求和创业制度构建，其副范畴频数显示情况见表 7.4。

表 7.4 中频组主范畴之下的副范畴显示情况

主范畴	副范畴	出现频次	频率(主范畴频数)/%
办学筹资压力	办学经费不足	27	39.71
	教育经费削减	41	60.29
	合计	68	100.00
一流大学愿景	重视科研与教学	21	32.31
	学术创新	18	27.69
	科研创收	26	40.00
	合计	65	100.00
商业禀赋形成	商业资本积累	16	26.23
	人力资本积累	20	32.79
	关系资本积累	25	40.98
	合计	61	100.00
社会观念转变	传统教育理念的转变	18	31.58
	重视智力资源	13	22.81
	宽松的社会环境	11	19.30
	产学研合作观念	15	26.31
	合计	57	100.00

续表

主范畴	副范畴	出现频次	频率(主范畴频数)/%
创业政策激励	政策创业支持	32	57.14
	政策创业资助	17	30.36
	知识产权保护	7	12.50
	合计	56	100.00
技术市场需求	市场需求旺盛	18	33.96
	地处工业化中心	18	33.96
	经济快速发展	17	32.08
	合计	53	100.00
创业制度构建	重实效的工作制度	20	38.46
	创业管理体制	32	61.54
	合计	52	100.00

通过表 7.4 可知，办学筹资压力的副范畴之中，“教育经费削减”出现频率较高，为 60.29%。这表明，华威大学办学筹资压力主要是由于外部教育经费削减造成的，教育经费对于高校办学筹资具有较大影响。

在一流大学愿景的副范畴之中，“科研创收”出现频率较高，为 40.00%，其次是“重视科研与教学”，为 32.31%，两者占一流大学愿景总体七成以上。这表明，华威大学的一流大学愿景主要由科研创收和重视科研与教学构成，并促使产教融合意愿的培育。

在商业禀赋形成的副范畴之中，“关系资本积累”出现频率最高，为 40.98%，其次是“人力资本积累”，为 32.79%。这表明，华威大学的商业禀赋形成主要是突破传统组织边界，形成自己关系网络，并积累大量人力资源。

在社会观念转变的副范畴之中，“传统教育理念的转变”和“产学研合作观念”出现频率较高。这表明，华威大学产教融合需要大众改变传统教育理念，接受产学研合作观念。

在创业政策激励的副范畴之中，“政策创业支持”出现频率最高，为 57.14%，其次是“政策创业资助”，为 30.36%。这表明，在华威大学产教融合过程中，政府政策主要以创业支持为主，创业资助为辅。

在技术市场需求的副范畴之中，三个副范畴出现频率较为接近，这表明，华威大学产教融合中的技术市场需求是由当地市场需求、经济发展以及高校地理位置所决定的。

在创业制度构建的副范畴之中，“创业管理体制”出现频率较高，为 61.54%。这表明，华威大学产教融合过程中的创业制度更多是完善内部创业管理体制，以制度的力量保证产教融合实践探索成功。

四、创业型大学产教融合频次汇总分析

将前文分析出现频率较高的副范畴、主范畴以及核心范畴进行汇总，结果见表 7.5。

表 7.5 创业型大学产教融合高频次因素汇总表

核心范畴	主范畴	副范畴
产教融合意愿培育	办学筹资压力	教育经费削减
	一流大学愿景	重视科研与教学
		科研创收
	高层创业态度	领导人创业精神
		领导人办学理念
产教融合实践探索	创业氛围打造	扁平组织结构
		创业文化形成
	创业制度构建	创业管理体制
	创业运营实作	创办企业
产教融合能力提升	商业禀赋形成	商业资本积累
		人力资本积累
		关系资本积累
产教融合环境营造	创业政策激励	政策创业支持
		政策创业资助
	技术市场需求	市场需求旺盛
		地处工业化中心
		经济快速发展
	社会观念转变	传统教育理念的转变
		产学研合作观念

通过词频统计结果，我们可以从政府、高校、社会三个角度来归纳华威大学产教融合的成功经验。

(1) 政府。①在产教融合意愿培育阶段中，通过削减高校办学经费，迫使高校探索拓宽教育经费来源的道路，促使产教融合意愿的产生。②在创业型大学产教融合过程中，出台相关政策支持高校进行产教融合，必要时也可进行创业资助，帮助高校渡过科技成果转化过程中的“死亡之海”。

(2) 高校。①在产教融合意愿培育阶段中最重要的是高层创业态度，要求高校形成以创业为导向的办学理念，需要重点培养领导人的创业精神；其次，高校需要将一流大学建设作为办学目标，实现科研创收与科学研究之间的协调。②在产教融合实践探索阶段中，高校需要重点关注其组织结构和创业文化，营造良好的创业氛围，并通过良好的制度来保障创业实践顺利实施。③在产教融合能力提升阶段，高校需要重点关注其商业禀赋，嵌入社会网络之中，持续获取社会资源来发展自身。

(3) 社会。①在创业型大学产教融合过程中，大众观念能有效影响高校行为，因此，需要大众改变传统教育理念，认可高校经济价值，并赋予高校经济职能。②在创业型大学产教融合过程中，高校的地理位置、当地技术需求以及经济发展水平能帮助高校更好进行产教融合。

第二节　创业型大学产教融合的影响因素之间影响程度分析

通过词频统计分析，我们发现不同影响因素在案例素材中出现的频率，可以在某种程度上反映各影响因素在创业型大学产教融合中的权重，但由于案例素材的局限性，仅仅依靠词频统计来反映各影响因素的权重存在一定缺陷。因此，我们需要分析创业型大学产教融合影响因素之间的影响程度，并综合两者结论来提炼创业型大学产教融合的关键影响因素，而在分析创业型大学产教融合的影响因素之间的影响程度时，最常见是模糊集-DEMATEL 方法。

一、模糊集-DEMATEL 方法

DEMATEL（decision making trial and evaluation laboratory），全称为“决策试验与评价实验法”，是学者运用图论和矩阵工具对要素之间的影响强弱进行判断，并对其强弱程度进行评价的一种方法，而且这种方法可以非常有效地分析复杂系统诸多因素间相互影响的程度，并依据直接影响矩阵等确定因素间的主次关系（Shieh，2010）。具体步骤如下。

（1）首先，确定系统中含有的影响因素，将这些影响因素进行标记；其次，组织一个专家群体，分析各因素之间影响关系，采用无=0、弱=1、中=2、强=3 的评分规则，对系统中各因素间的影响程度进行打分，生成初始 N 阶矩阵 $\boldsymbol{A}=\{a_{ij}\}_{n\times n}$，其中 a_{ij} 为专家给出的因素 A_i 对因素 A_j 的影响程度的打分。

（2）通过公式（7.1）将直接影响矩阵 $\boldsymbol{A}$ 转换为标准影响矩阵 $\boldsymbol{B}$。

$$\boldsymbol{B}=\frac{\boldsymbol{A}}{\max\sum_{i=1}^{n}a_{ij}} \tag{7.1}$$

（3）通过公式（7.2）将标准影响矩阵 $\boldsymbol{B}$ 转化为综合影响矩阵 $\boldsymbol{M}$，其中 $\boldsymbol{I}$ 为单位矩阵。

$$\boldsymbol{M}=\boldsymbol{B}(\boldsymbol{I}-\boldsymbol{B})^{-1} \tag{7.2}$$

（4）通过公式（7.3）、公式（7.4）计算矩阵 $\boldsymbol{M}$ 各行（M_{l}）及各列元素（M_{r}）之和表示各要素的影响度、被影响度。

$$M_{\mathrm{l}}=(M_{\mathrm{l}}(1),M_{\mathrm{l}}(2),M_{\mathrm{l}}(3),\cdots,M_{\mathrm{l}}(n))^{\mathrm{T}} \tag{7.3}$$

$$M_{\mathrm{r}}=(M_{\mathrm{r}}(1),M_{\mathrm{r}}(2),M_{\mathrm{r}}(3),\cdots,M_{\mathrm{r}}(n)) \tag{7.4}$$

其中，$\boldsymbol{M}$ 各行元素之和，称为影响度；M 各列元素之和，称为被影响度。

（5）通过公式（7.5）、公式（7.6）计算各因素中心度和原因度。

$$M_i=M_{\mathrm{l}}(i)+M_{\mathrm{r}}(i) \tag{7.5}$$

$$R_i=M_{\mathrm{l}}(i)-M_{\mathrm{r}}(i) \tag{7.6}$$

因素 A_i 中心度为 M_i，表示该要素在评价指标体系中的位置及其所起作用的大小。因素 A_i 原因度为 R_i，如果原因度 $R_i>0$，则表示该因素对其他因素影响大，称为原因因素；

如果原因度 $R_i<0$，表示该因素对其他因素影响小，称为结果因素。

模糊集理论是用来处理专家的主观判断的一种方法。不同专家根据以往的经验和学识来给出相应的判断，其主观意愿较强，且他们的语言也常常是模棱两可的，因此需要将各个专家语言描述转化为模糊数值，从而得到比较客观的判断(Lin，2013)。假设 $z_{ij}^k=(l_{ij},m_{ij},r_{ij})$，其中$1\leqslant k\leqslant n$，表示第 k 个专家评定的因素 A_i 对因素 A_j 的影响值，之后进行三角模糊数的去模糊化处理，利用模糊集理论将专家的主观打分客观化，使整个结果更加客观合理，有助于做进一步的分析。

具体步骤如下。

(1)三角模糊数标准化处理。按照式(7.7)、式(7.8)和式(7.9)进行计算，降低专家间的主观差异性。

$$\mu l_{ij}^k=\frac{l_{ij}^k-L}{\varDelta} \tag{7.7}$$

$$\mu m_{ij}^k=\frac{m_{ij}^k-L}{\varDelta} \tag{7.8}$$

$$\mu r_{ij}^k=\frac{r_{ij}^k-L}{\varDelta} \tag{7.9}$$

其中，$L=\min r_{ij}^k$，$R=\max r_{ij}^k$，$\varDelta$=$R-L$，$1\leqslant k\leqslant n$。

(2)计算左右标准值，按照式(7.10)和式(7.11)进行转化。

$$\mu ls_{ij}^k=\frac{\mu m_{ij}^k}{1+\mu m_{ij}^k-\mu l_{ij}^k} \tag{7.10}$$

$$\mu rs_{ij}^k=\frac{\mu r_{ij}^k}{1+\mu r_{ij}^k-\mu m_{ij}^k} \tag{7.11}$$

(3)按照式(7.12)计算总的标准化值。

$$\mu_{ij}^k=\frac{\mu ls_{ij}^k(1-\mu ls_{ij}^k)+(\mu rs_{ij}^k)^2}{1-\mu ls_{ij}^k+\mu rs_{ij}^k} \tag{7.12}$$

(4)按照式(7.13)计算第 k 个专家给出的 A_i 对 A_j 的影响值。

$$w_{ij}^k=L+\mu_{ij}^k\varDelta \tag{7.13}$$

(5)利用式(7.14)求出专家之间的平均值，即作为最终专家群的整体评价结果。

$$w_{ij}=\frac{1}{n}\sum_{k=1}^{k=n}w_{ij}^k \tag{7.14}$$

通过结合模糊集与 DEMATEL 方法，可以有效降低专家的主观判断，提升 DEMATEL 方法的准确性与可信性。

二、模糊集-DEMATEL 分析过程

基于前文提出的创业型大学产教融合影响因素体系，各影响因素具体解释见表 7.6，然后邀请专家群体对各影响因素之间进行打分，利用模糊集-DEMATEL 方法分析创业型

大学产教融合过程中影响因素的影响程度。为了保证研究的科学性和专家打分的公正性，邀请产学研研究专家、创业型大学研究专家、企业技术创新研究专家，共 10 位专家组成的专家群体对各影响因素之间进行打分。本研究依据 Wang 和 Chang(1995) 设定的专家群体使用的语言变量设计问卷，如表 7.7 所示。问卷采用 likert5 级量表(影响很大、影响较大、影响较小、影响很小、没有影响)，对 14 个影响因素之间的相互影响关系进行评判，合计 196 项相互关系影响集，并请每位专家对各个影响因素的影响程度按照语言变量进行自由判定，进而得到不同专家对各个影响因素之间的影响程度的打分数据。

表 7.6　创业型大学产教融合影响因素归纳

一级维度	二级维度	解释说明
创业意愿培育维度(C_1)	一流大学愿景(F_1)	高校希望成为一流的创业型大学的愿景
	高校政策定位(F_2)	政策对高校价值的定位，强调高校的经济职能
	高层创业态度(F_3)	高校领导对创业行为的看法和态度
	办学筹资压力(F_4)	外部削减高校教育经费来源，让高校置于经费资源缺乏的压力之下
	创业收益预期(F_5)	高校预期从创业行为中获得的收益
创业实践探索维度(C_2)	创业氛围打造(F_6)	高校营造校内良好的创业文化氛围
	创业制度构建(F_7)	高校进行科研管理体制改革、创业激励制度等
	创业运营实作(F_8)	高校与社会企业之间的合作与联系网络、产学研合作经验等
创业能力提升维度(C_3)	商业禀赋形成(F_9)	高校资源识别、资源获取、资源配置、资源运用的能力
	商业能力培养(F_{10})	高校通过科研职能创造新知识技术，并将技术转化为产品和服务，创造经济价值的能力
	商业价值彰显(F_{11})	高校识别市场需求，发现创业机会，并实现商业价值的能力
创业环境营造维度(C_4)	社会观念转变(F_{12})	社会大众认可知识经济价值，推崇高校社会经济价值
	创业政策激励(F_{13})	政府出台相关创业激励政策及对高校施加创业考核指标等
	技术市场需求(F_{14})	当地市场对创新技术的渴望与需求的程度

表 7.7　对应的语言值与三角模糊的转化关系

语言描述	对应的语言值
影响很大	(0.7，0.9，1)
影响较大	(0.5，0.7，0.9)
影响较小	(0.3，0.5，0.7)
影响很小	(0.1，0.3，0.5)
没有影响	(0，0.1，0.3)

为了避免专家由于主观差异因素的影响，对专家给出的评分按照模糊集方法进行模糊化，从而算出创业型大学产教融合影响因素的直接影响矩阵，结果如表 7.8 所示。

表 7.8 创业型大学产教融合影响因素的直接影响矩阵

因素	F_1	F_2	F_3	F_4	F_5	F_6	F_7	F_8	F_9	F_{10}	F_{11}	F_{12}	F_{13}	F_{14}
F_1	0.000	0.227	0.500	0.194	0.304	0.582	0.500	0.582	0.231	0.463	0.267	0.161	0.122	0.161
F_2	0.694	0.000	0.773	0.694	0.654	0.654	0.740	0.694	0.359	0.384	0.694	0.161	0.304	0.354
F_3	0.806	0.267	0.000	0.267	0.658	0.839	0.839	0.839	0.654	0.773	0.839	0.194	0.161	0.161
F_4	0.385	0.182	0.839	0.000	0.730	0.773	0.806	0.773	0.335	0.500	0.537	0.122	0.194	0.122
F_5	0.658	0.378	0.806	0.658	0.000	0.806	0.773	0.806	0.500	0.740	0.582	0.194	0.161	0.122
F_6	0.304	0.161	0.463	0.161	0.384	0.000	0.500	0.773	0.409	0.161	0.335	0.122	0.122	0.122
F_7	0.335	0.267	0.463	0.773	0.654	0.654	0.000	0.773	0.546	0.267	0.409	0.122	0.122	0.122
F_8	0.384	0.582	0.582	0.425	0.765	0.773	0.267	0.000	0.839	0.773	0.773	0.194	0.231	0.267
F_9	0.425	0.161	0.359	0.694	0.582	0.546	0.280	0.582	0.000	0.839	0.618	0.122	0.122	0.122
F_{10}	0.194	0.194	0.546	0.658	0.694	0.654	0.227	0.740	0.773	0.000	0.839	0.122	0.122	0.122
F_{11}	0.304	0.304	0.582	0.730	0.694	0.694	0.341	0.806	0.694	0.582	0.000	0.267	0.194	0.267
F_{12}	0.765	0.730	0.694	0.182	0.267	0.384	0.335	0.500	0.161	0.194	0.194	0.000	0.500	0.231
F_{13}	0.182	0.582	0.806	0.730	0.658	0.658	0.546	0.773	0.500	0.546	0.773	0.409	0.000	0.618
F_{14}	0.618	0.806	0.730	0.500	0.730	0.654	0.582	0.773	0.618	0.618	0.740	0.582	0.582	0.000

通过公式 $\boldsymbol{B}=\dfrac{\boldsymbol{A}}{\max\sum_{i=1}^{n}a_{ij}}$ 将直接影响矩阵 $\boldsymbol{A}$ 转换为标准影响矩阵 $\boldsymbol{B}$。结果如表 7.9 所示。

表 7.9 创业型大学产教融合影响因素的标准影响矩阵

因素	F_1	F_2	F_3	F_4	F_5	F_6	F_7	F_8	F_9	F_{10}	F_{11}	F_{12}	F_{13}	F_{14}
F_1	0.000	0.027	0.059	0.023	0.036	0.068	0.059	0.068	0.027	0.054	0.031	0.019	0.014	0.019
F_2	0.081	0.000	0.091	0.081	0.077	0.077	0.087	0.081	0.042	0.045	0.081	0.019	0.036	0.041
F_3	0.094	0.031	0.000	0.031	0.077	0.098	0.098	0.098	0.077	0.091	0.098	0.023	0.019	0.019
F_4	0.045	0.021	0.098	0.000	0.086	0.091	0.094	0.091	0.039	0.059	0.063	0.014	0.023	0.014
F_5	0.077	0.044	0.094	0.077	0.000	0.094	0.091	0.094	0.059	0.087	0.068	0.023	0.019	0.014
F_6	0.036	0.019	0.054	0.019	0.045	0.000	0.059	0.091	0.048	0.019	0.039	0.014	0.014	0.014
F_7	0.039	0.031	0.054	0.091	0.077	0.077	0.000	0.091	0.064	0.031	0.048	0.014	0.014	0.014
F_8	0.045	0.068	0.068	0.050	0.090	0.091	0.031	0.000	0.098	0.091	0.091	0.023	0.027	0.031
F_9	0.050	0.019	0.042	0.081	0.068	0.064	0.033	0.068	0.000	0.098	0.072	0.014	0.014	0.014
F_{10}	0.023	0.023	0.064	0.077	0.081	0.077	0.027	0.087	0.091	0.000	0.098	0.014	0.014	0.014
F_{11}	0.036	0.036	0.068	0.086	0.081	0.081	0.040	0.094	0.081	0.068	0.000	0.031	0.023	0.031
F_{12}	0.090	0.086	0.081	0.021	0.031	0.045	0.039	0.059	0.019	0.023	0.023	0.000	0.059	0.027
F_{13}	0.021	0.068	0.094	0.086	0.077	0.077	0.064	0.091	0.059	0.064	0.091	0.048	0.000	0.072
F_{14}	0.072	0.094	0.086	0.059	0.086	0.077	0.068	0.091	0.072	0.072	0.087	0.068	0.068	0.000

根据公式 $\boldsymbol{M}=\boldsymbol{B}(I-\boldsymbol{B})^{-1}$ 将标准化后的直接影响矩阵求出综合影响矩阵 $\boldsymbol{M}$。利用 MATLAB 软件算出综合影响矩阵，其结果如表 7.10 所示。

表 7.10 创业型大学产教融合影响因素的综合影响矩阵

因素	F_1	F_2	F_3	F_4	F_5	F_6	F_7	F_8	F_9	F_{10}	F_{11}	F_{12}	F_{13}	F_{14}
F_1	0.090	0.092	0.173	0.123	0.155	0.199	0.157	0.207	0.135	0.159	0.147	0.057	0.053	0.057
F_2	0.225	0.109	0.281	0.243	0.271	0.296	0.252	0.313	0.218	0.223	0.268	0.083	0.100	0.104
F_3	0.231	0.136	0.190	0.196	0.266	0.309	0.253	0.323	0.248	0.261	0.279	0.084	0.081	0.081
F_4	0.173	0.115	0.261	0.147	0.254	0.281	0.236	0.293	0.195	0.214	0.228	0.069	0.078	0.069
F_5	0.217	0.146	0.277	0.235	0.194	0.306	0.250	0.319	0.230	0.256	0.252	0.083	0.081	0.076
F_6	0.121	0.082	0.163	0.116	0.158	0.129	0.152	0.220	0.150	0.125	0.149	0.050	0.051	0.051
F_7	0.152	0.113	0.202	0.213	0.225	0.245	0.131	0.267	0.197	0.170	0.194	0.062	0.063	0.062
F_8	0.185	0.166	0.251	0.210	0.273	0.297	0.191	0.227	0.261	0.258	0.270	0.083	0.088	0.091
F_9	0.158	0.099	0.189	0.203	0.215	0.230	0.159	0.243	0.136	0.228	0.214	0.061	0.062	0.061
F_{10}	0.145	0.111	0.222	0.212	0.241	0.257	0.166	0.277	0.233	0.152	0.251	0.066	0.067	0.066
F_{11}	0.170	0.133	0.241	0.231	0.255	0.277	0.191	0.300	0.236	0.228	0.175	0.087	0.081	0.087
F_{12}	0.197	0.164	0.221	0.142	0.175	0.206	0.165	0.229	0.147	0.154	0.165	0.048	0.106	0.077
F_{13}	0.189	0.189	0.307	0.268	0.294	0.320	0.250	0.348	0.254	0.261	0.301	0.119	0.075	0.141
F_{14}	0.248	0.222	0.316	0.257	0.316	0.337	0.266	0.366	0.278	0.281	0.311	0.142	0.145	0.079

依据创业型大学产教融合影响因素的综合影响矩阵计算出各个影响因素之间的影响度、被影响度，从而算出 14 个影响因素之间的中心度(影响度与被影响度之和)和原因度(影响度与被影响度之差)，并进行排序，得到 14 个影响因素之间的排名，结果如表 7.11 所示。

表 7.11 各影响因素指数及排名

因素	影响度	排名	被影响度	排名	中心度	排名	原因度	排名
一流大学愿景 F_1	1.802	13	2.500	10	4.302	13	−0.6979	12
高校政策定位 F_2	2.982	**3**	1.878	11	4.860	10	1.1045	**3**
高层创业态度 F_3	2.938	4	3.292	**3**	6.230	**2**	−0.3548	6
办学筹资压力 F_4	2.612	8	2.796	9	5.408	6	−0.1834	5
创业收益预期 F_5	2.920	5	3.291	4	6.212	**3**	−0.3708	7
创业氛围打造 F_6	1.714	14	3.688	**2**	5.403	7	−1.9738	14
创业制度构建 F_7	2.297	10	2.820	8	5.117	9	−0.5221	10
创业运营实作 F_8	2.849	6	3.930	**1**	6.779	**1**	−1.0805	13
商业禀赋形成 F_9	2.259	11	2.918	7	5.177	8	−0.6593	11
商业能力培养 F_{10}	2.464	9	2.968	6	5.432	5	−0.5038	8
商业价值彰显 F_{11}	2.693	7	3.204	5	5.897	4	−0.5104	9
社会观念转变 F_{12}	2.193	12	1.090	14	3.283	14	1.1032	4
创业政策激励 F_{13}	3.315	**2**	1.129	12	4.443	12	2.1862	**2**
技术市场需求 F_{14}	3.564	**1**	1.102	13	4.666	11	2.4629	**1**

根据各影响因素指数及排名表中的数据，以中心度为横坐标轴，以原因度为纵坐标轴，用 Excel 生成影响因素的因果关系图（如图 7.1 所示），更加直观反映各影响因素之间的作用强度。

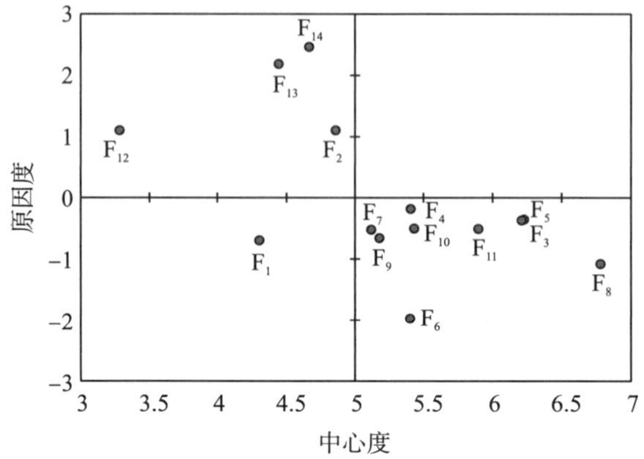

图 7.1 影响因素因果关系图

通过对创业型大学产教融合影响因素进行模糊集-DEMATEL 分析，我们得出如下启示。

(1) 中心度分析。中心度表示该因素在体系中的位置及所起作用的大小，中心度越大，说明该因素在创业型大学产教融合影响因素体系中发挥的作用越大，影响越大。通过表 7.11 和图 7.1 的数据结果看出，创业运营实作 (F_8)、高层创业态度 (F_3)、创业收益预期 (F_5)、商业价值彰显 (F_{11}) 中心度较高。其中，创业运营实作中心度最大，是比较重要的影响因素，高层创业态度、创业收益预期以及商业价值彰显是创业型大学产教融合中的重要因素。创业型大学产教融合的核心是推动高校迈出"象牙塔"，对接市场需求发挥高校经济价值，因而创业运营实作能极大驱动高校进行创业实践，所以对创业型大学产教融合能产生极大影响。高层创业态度和创业收益预期能影响高校对于创业的认知，驱动创业型大学进行产教融合。商业价值彰显可以有效提高高校声誉、科研实力以及经济实力，从而提高高校产教融合能力，促进高校实现产教融合。因此，在创业型大学产教融合中，我们需要进行创业运营实作，打破高校与市场之间障碍，发现市场需求，进而实现产教融合。

(2) 原因度分析。原因度大于 0，说明该因素在知识发现系统交互质量影响因素体系中比较能主动影响其他因素，称为原因因素；相反原因度小于 0，则表明该因素更易受其他因素的影响，称为结果因素。原因因素、结果因素体现因素的影响特征。通过表 7.11 和图 7.1 的数据结果看出，创业型大学产教融合原因因素分别是技术市场需求 (F_{14})、创业政策激励 (F_{13})、高校政策定位 (F_2)、社会观念转变 (F_{12})，且技术市场需求和创业政策激励的原因度都在 2 以上，对其他因素产生较强影响。其他因素原因度皆小于 0，为结果因素，而创业氛围营造、创业运营实作原因度都小于-1，说明其受到其他因素影响较大。技术市场需求和政府政策在创业型大学产教融合中是客观存在的环境，不以高校意志而变动，因而能对其他因素产生影响；而创业氛围打造和创业运营实作是高校战略目标层的影响因素，易受到客观环境影响，这与实际情况相吻合。

第三节 创业型大学产教融合关键影响因素分析

通过对创业型大学产教融合中各影响因素进行词频统计分析和模糊集-DEMATEL 分析，我们得到各影响因素出现频率和其在创业型大学产教融合中的中心度，因此，我们以频率为横坐标，中心度为纵坐标，绘制影响因素频率-中心度坐标图，见图 7.2。

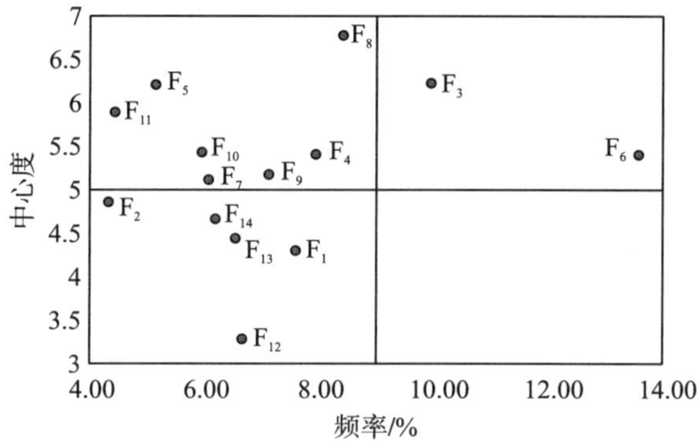

图 7.2 影响因素频率-中心度坐标图

通过图 7.2，基于影响因素所在象限，我们可以将影响因素分为三类，即强影响因素（频率＞9%，中心度＞5）、中影响因素（频率＜9%，中心度＞5）和弱影响因素（频率＜9%，中心度＜5）。

强影响因素：高层创业态度（F_3）、创业氛围打造（F_6）。这两种因素可以作为创业型大学产教融合中的关键影响因素，对于创业型大学产教融合的成功起到决定性作用。

中影响因素：创业运营实作（F_8）、创业收益预期（F_5）、商业价值彰显（F_{11}）、商业能力培养（F_{10}）、办学筹资压力（F_4）、商业禀赋形成（F_9）和创业制度构建（F_7）。这七种因素可以作为创业型大学产教融合中的重要影响因素，是创业型大学产教融合过程中不可缺少的因素。

弱影响因素：高校政策定位（F_2）、技术市场需求（F_{14}）、创业政策激励（F_{13}）、一流大学愿景（F_1）、社会观念转变（F_{12}）。这五种因素可以作为创业型大学产教融合中的较为重要影响因素，对创业型大学产教融合起到促进作用。

第八章　创业型大学产教融合演进路径分析

第 7 章在静态视角下，探讨创业型大学产教融合的关键影响因素，并未动态研究创业型大学产教融合过程中的影响因素机理。因此，本章以动态视角，通过对华威大学发展历程的梳理，探究产教融合意愿培育、产教融合实践探索、产教融合能力提升以及产教融合环境营造如何作用于创业型大学产教融合过程，并结合第 7 章中识别的关键影响因素来分析不同阶段驱动机制，从而构建创业型大学产教融合演进模型。

第一节　华威大学产教融合阶段划分

目前，对于华威大学发展阶段划分，学者主要分为三个阶段，1965～1980 年为艰难创业期；1980～1995 年为转型发展期；1995 年至今为全面发展期(洪成文，2001)。每一阶段的关键事件具体见表 8.1。本章通过对华威大学案例素材进行编码分析，最终得到华威大学产教融合核心范畴分别是：产教融合意识培育、产教融合实践探索、产教融合能力提升以及产教融合环境营造。通过对华威大学发展历程的梳理，发现华威大学产教融合阶段可以分为：产教融合意识培育阶段、产教融合实践探索阶段、产教融合能力提升阶段，而产教融合环境营造贯穿始终。

表 8.1　华威大学发展过程的阶段划分

阶段	时间范围	阶段特征	关键事件
艰难创业期	1965～1980 年	紧密联系工商业	1970 年建立华威大学艺术中心，并对工商业开放
			1978 年合并附近一所教育学院，为当地输送教育资源
转型发展期	1980～1995 年	创办企业	1980 年创办华威制造集团，与企业进行合作
			1984 年与政府和工商业一起创办科学园区，促进科研成果转化
全面发展期	1995 年至今	商业价值实现	2012 年与其他四所英国大学组成 M5 大学联盟，最大化提高成员机构研发收入
			2017 年颁发考文垂市的未来十年文化策略，旨在为当地经济发展做出贡献

一、产教融合意愿培育阶段(1965～1980 年)

在二战后，英国政府逐渐意识到智力资源对于经济发展的重要性，并在 1963 年《罗宾斯报告》中提出要兴建七所新型大学，其中就有华威大学。1965 年，华威大学在英国工业中心城市建立，在建立之初，校长就希望将华威大学办成一所适应时代发展的大学，主张大学应该紧密联系工商业办学。然而，当时英国“多尼思想”一直是主流，在 1969 年华威大学爆发史上最大的学生暴乱，反对与工商业联系。暴乱平息后，华威大学高层领导者从未放弃与工商业联系的念头，并在 1970 年创办华威大学艺术中心，而且对工商业开放。在 1978 年合并华威大学附近一家教育学院，为当地输送教育资源。1979 年全球爆发第二次石油危机，同年英国保守党上台执政，采取教育紧缩政策。此时华威大学通过前期与工商业紧密联系取得不错成效，让华威大学采取更加积极的看法，并逐渐在华威大学内部整体形成产教融合意愿。

这一时期，华威大学通过对自身办学定位，开始萌发产教融合意愿，然而社会大众对此观念的不认可，使得华威大学发展并非一帆风顺。但华威大学坚持自己办学理念，大众也逐渐接受这一观念，于是华威大学开始紧密联系工商业办学，并取得骄人成绩，最后使得华威大学内部整体形成产教融合意愿。

二、产教融合实践探索阶段（1980～1995 年）

1979 年英国保守党上台执政，开始实施新自由主义，削减教育经费，并鼓励高校自谋出路。于是在 1980 年，华威大学工程系 K.巴特查里亚（Kumar Bhattacharyya）教授开始创办“华威制造集团”，与当地企业开展合作。在 1981 年政府开始第一轮教育经费削减，建校仅十几年的华威大学也被削减 10%。在面临教育经费削减后，华威大学提出“省一半，挣一半”的政策，在实践中表明“省一半”政策无法达到预期，然而“挣一半”政策却给华威大学不错的惊喜。在 1984 年，华威大学与当地工商业和政府一起创办华威科技园区，为创业集团提供成果转化平台。科学园区创立吸引大量企业进驻，不仅为华威制造集团带来大量合作伙伴，同时将市场需求及时反映给华威大学，实现学校、华威制造集团、企业三者之间协同发展。截止到 1995 年，华威制造集团发展成为享有世界声誉的“研发中心”。

这一时期，华威大学开始创办企业，进行实践运营，成功进入经济领域，并通过内部制度保证和外部平台搭建不断发展华威制造集团，从而进行产教融合实践探索。

三、产教融合能力提升阶段（1995～2017 年）

通过三十年探索与实践，华威大学逐渐摆脱反工业的思想，克服办学经费的压力，形成自己独特的华威模式。在取得如此成就后，华威大学并没停下发展的脚步，而是追求自我价值实现，为促进当地经济发展和解决全球问题贡献自己的力量。2006 年，华威大学参与伯明翰科学城倡议，将城市和区域内的科技力量结合起来。2012 年 3 月，华威大学成功收购华威科学园区，进行企业化运作，并加强与当地企业的联系。2015 年，华威大学宣布研发世界最先进的模拟驾驶器，引领汽车行业发展方向。2017 年华威大学颁布考文垂市的未来十年文化策略，并计划在未来为当地经济发展的贡献达到 10 亿英镑，实现对国民经济的积极影响。在获得足够的研发力量后，华威大学将目光放在全球问题上，实施全球研究重点计划，为 11 个重点研发关键领域提供了多学科研究的平台。

这一时期，华威大学是将高校与企业各种资源相互转化、相互支撑，形成良性的生态体系，通过资源互动发展，积累商业资源，并进行商业化能力的培养，从而追求自身价值的实现，总体来说，华威大学在这一时期是产教融合能力提升阶段。各阶段华威大学的发展演进如图 8.1 所示。

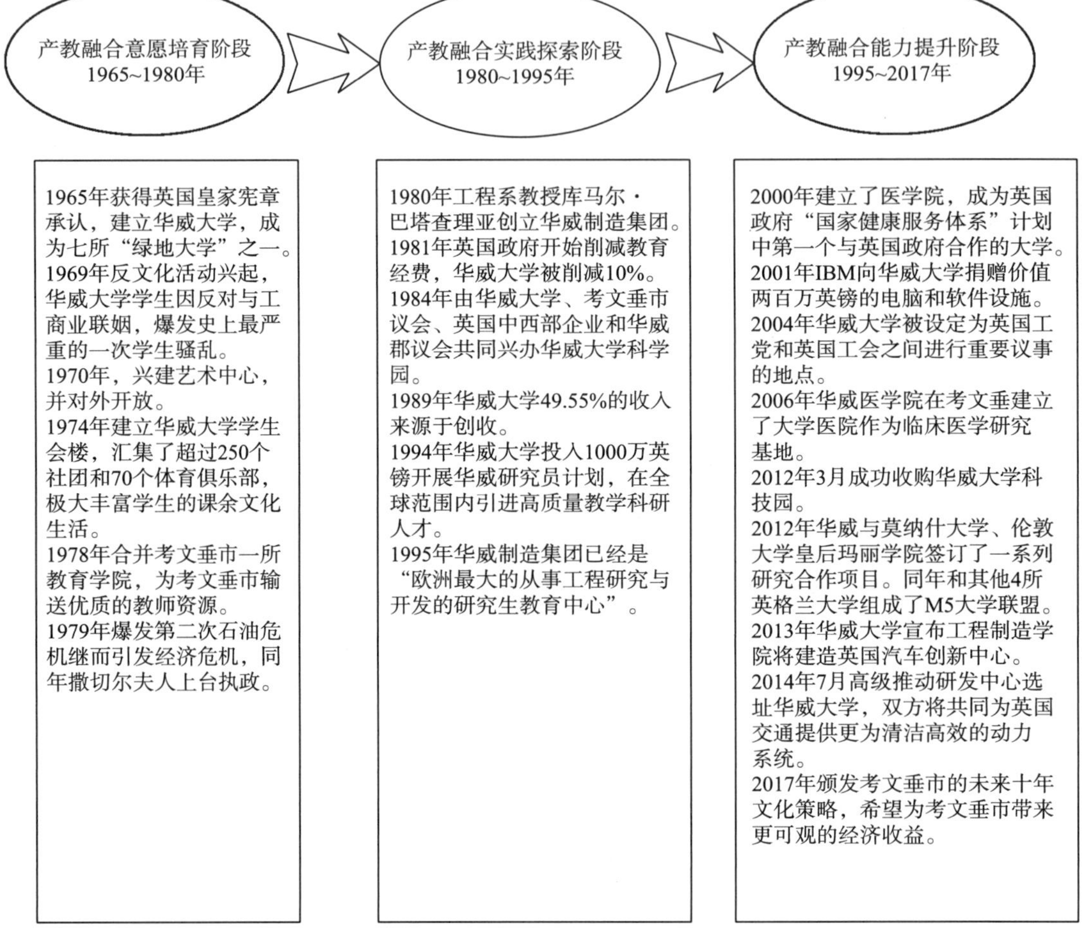

图 8.1 华威大学的发展演进历程

第二节 创业型大学产教融合驱动机制分析

通过对华威大学发展历程的梳理，结合创业型大学产教融合中的关键影响因素，分析创业型大学产教融合意愿培育机制、创业型大学产教融合实践探索机制、创业型大学产教融合能力提升机制和创业型大学产教融合环境营造机制。

一、创业型大学产教融合意愿培育机制

产教融合意愿培育模块包括高校政策定位、一流大学愿景、高层创业态度、办学筹资压力、创业收益预期。高校政策定位和一流大学愿景是高校产教融合的期望感知；高层创业态度是高校进行产教融合的行为态度；办学筹资压力和创业收益预期是高校进行产教融合的可行性感知，而且，在产教融合意愿培育中，高层创业态度位于强影响因素组，创业收益预期、办学筹资压力位于中影响因素组，高校政策定位、一流大学愿景位于弱影响因素组。因此，在产教融合意愿培育中，高层创业态度优先级较高，需要重点培育，其次，需要给予高校一定的办学经费压力，鼓励高校进行资源交换，最后，需要赋予高校经济职能，从而培育创业型大学产教融合意愿。图 8.2 展示创业型大学产教融合意愿培育模块。

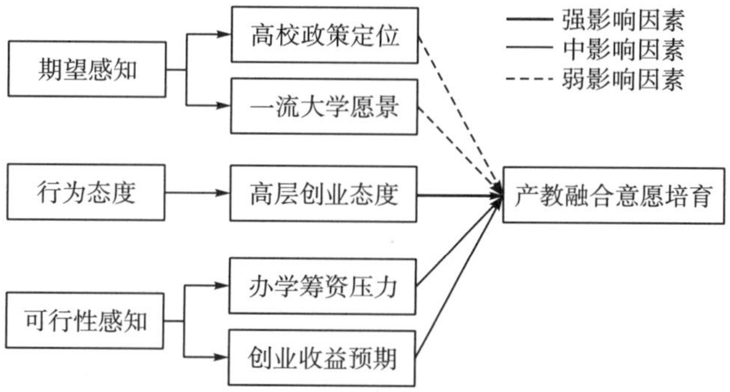

图 8.2 创业型大学产教融合意愿培育模块

(1) 高校政策定位，是指政府对高校价值的定位，强调高校的经济职能，从而影响高校的战略发展方向和自身使命。在案例中，英国政府就曾提出未来十年之内，高校要为经济发展做出贡献等一系列政策，强调高校经济价值，并影响到华威大学发展方向。目前，我国高校政策定位为教学与科研，并未赋予高校经济职能，导致我国高校并未意识到知识价值，从而难以进行产教融合，制约着产教融合意愿的产生。高校政策定位受到政府政策的影响，当高校被赋予经济属性，从而促进高校进行更多的科技成果服务活动，发挥其经济价值，从而促进产教融合意愿产生。

(2) 一流大学愿景，是指高校希望成为一流的创业型大学，融入区域产业发展的愿景。传统大学是“象牙塔”式的自治型组织，社会需求的多元使得大学产生分化，导致高校走出“象牙塔”后才有一流大学的产生(马陆亭和陈霞玲，2018)。一流大学植根于社会服务之中，而高校将一流大学作为自身发展目标，将驱动高校迈出“象牙塔”，主动融入区域产业发展，担负起推动社会经济发展的责任。一流大学愿景作为高校发展目标，帮助高校形成产教融合的战略取向，并推动高校组织转型。

(3) 高层创业态度，是指高校领导对产教融合的看法和态度。高层创业态度会从三方面影响高校产教融合意愿。首先，高层重视知识经济价值，为产教融合营造良好的创业氛

围和文化，确定高校创业的方向与战略，从而制定具体的创业方针，从而开展创业导向办学，进行学术创收；其次，高层会加强校企合作，紧密联系工商业，并关注市场需求；最后，教师的创业活动受到领导的显著影响，实证表明，如果教师所在系的领导在过去5年中有过创业行为，那么该系的教师创业的可能性就会增长4%(Wolf，2017)。通过这种办学方式，拉近高校与企业之间距离，并驱动教师和学生进行学术创业活动，从而培养高校产教融合的意愿。

(4)办学筹资压力，是指政府削减高校教育经费，让高校置于经费资源缺乏的压力之下，促使高校萌发进入市场进行资源获取，并拓宽资金来源渠道。从科研角度看，大学作为生产和扩散“高深知识”的场所，必须始终保持前沿学术研究，然而高校的科研经费大部分来源于国家拨款，研发经费的不足严重制约高校科研活动。梅伟惠和李涵(2017)指出高校应当通过恰当的方式商业化，保障大学有足够的资金能够自主地、持续地支持创造性学术研究的开展，而不是受限于外部资源。因此，办学筹资压力越强，高校产教融合意愿越强。

(5)创业收益预期，是指高校通过对风险的认知与技术不确定的考虑，预期从产教融合活动中获得的收益(资源收益与潜在收益)，主要包括物质预期和社会化预期。目前，高校进行产教融合活动受两方面因素影响，一是由于政府科研经费减少和教育经费支出增加促使高校追求新的资金来源，二是由于高校教育之间竞争的加剧，使得高校不得不向创业型大学转型。由此可见，高校进行产教融合活动是为了追求外部资金，从而来支撑科研活动和教学任务，获得物质预期和社会化预期。积极的结果预期能导致积极的行为态度，进而导致意愿产生。高校预期通过产教融合活动而获得资源收益或者带来的潜在收益越大，高校进行产教融合的意愿就越强。

(6)创业型大学产教融合意愿培育是产教融合的融入阶段。产教融合意愿培育是一个渐进的过程，从高校使命、目标定位逐渐影响到高校领导，而高校高层受到办学资金压力的影响，从而采用创业导向办学的方式来激发高校产教融合意愿，进而打破传统封闭教学、自我循环的局面，以更加积极、开放的方式对接行业需求和市场需求。

二、创业型大学产教融合实践探索机制

产教融合实践探索模块包括创业氛围打造、创业制度构建、创业运营实作。其中，创业氛围打造是产教融合实践探索的前因，破除其思想障碍；创业制度构建是产教融合实践探索的调节变量，亦是实施过程中的制度保障；创业运营实作是产教融合实践探索的结果因素，破除其行动障碍。而且，在产教融合实践探索中，创业氛围打造位于强影响因素组，创业制度构建和创业运营实作位于中影响因素组。因此，在这一阶段中，应重点营造良好的创业氛围，为产教融合实践探索成功打下良好基础，其次，需要构建创业制度，并进行创业运营实作来进行市场化操作，从而突破组织边界，进入市场之中。图8.3展示创业型大学产教融合实践探索模块。

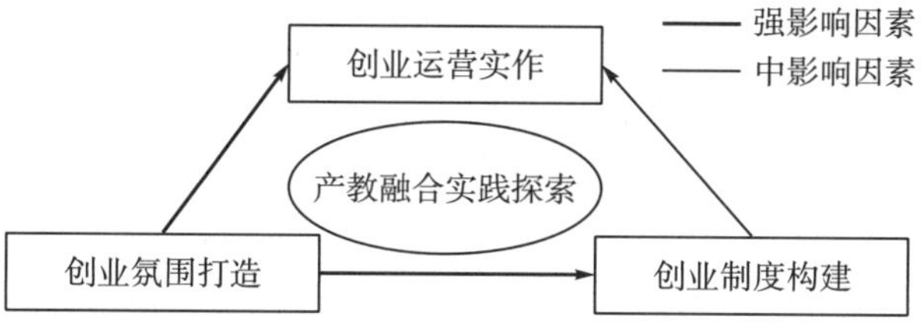

图 8.3　创业型大学产教融合实践探索模块

(1)创业氛围打造，是指高校改变传统学术层级结构，实行扁平化的组织结构，给予科研人员更多的科研自由和学术决策权，营造校内宽松的学术环境和浓厚的创业文化氛围。目前，我国高校中存在着“重文抑商”的传统观念，导致高校创业意识先天不足，制约着高校创业思想的产生。与此同时，我国高校科研人员在进行科研活动的同时还要担任部分行政工作，繁重的工作导致其很少有精力进行学术创业，制约着校内创业文化的形成，进而制约产教融合实践探索活动的产生。因此，进行产教融合实践探索的前提是校内创业氛围打造。

(2)创业制度构建，是指高校为保证创业的顺利实施，改变传统高校重学术的考核体系，鼓励创新人才进行商业技术创新，并制定相关的校内政策。例如，华威大学就改革校内制度，采取集权化的分权管理体系，鼓励科研人员进行商业技术研究。目前，我国高校科研评价指标重视教师科研能力而忽视创业实践方面的考核，导致科研人员重视基础科学研究而忽视商业技术开发，难以发现市场机会，而且高校现有制度不允许科研人员保持双重身份(科研+创业)，从制度上未能保障高校进行产教融合实践探索活动。因此，需要通过改变传统科研体制，实施创业激励制度，从而改变科研人员“重学术轻转化”的思想，进行产教融合实践探索。

(3)创业运营实作，是指高校进行创业运营，迈入市场之中进行探索，具体做法有搭建科技园区、创办企业、搭建技术转化平台等，通过这些手段，加速高校科研成果转化。创业运营实作不仅仅将科技成果快速转化为经济资源，同时也将市场需求及时反映到高校，让高校的科研紧密贴近市场，实时关注市场变化，从而开展产教融合实践探索活动。

(4)产教融合实践探索是创业型大学产教融合中的融通阶段。创业氛围打造、创业制度构建、创业运营实作破除高校在产教融合实践探索中的思想障碍、制度障碍和行动障碍，帮助高校成功进入市场之中，并精准对接企业需求，融入产业发展链条之中。产教融合实践探索帮助高校培养应用型人才，进行应用技术开发，形成高校与企业之间协同发展。

三、创业型大学产教融合能力提升机制

产教融合能力提升模块包括商业禀赋形成、商业能力培养、商业价值彰显。它们之间存在明显的因果链条关系，即商业禀赋形成促进并支撑商业能力培养，而商业能力培养导致商业价值彰显。在产教融合能力提升中，商业禀赋形成、商业能力培养和商业价值彰显都位于中影响因素组。这表明，产教融合能力提升作为创业型大学产教融合过程中的结果

因素，需要在前两个阶段中形成坚实的基础，通过商业禀赋形成、商业能力培养和商业价值彰显共同影响来实现自身产教融合能力的提升。图 8.4 展示创业型大学产教融合能力提升模块。

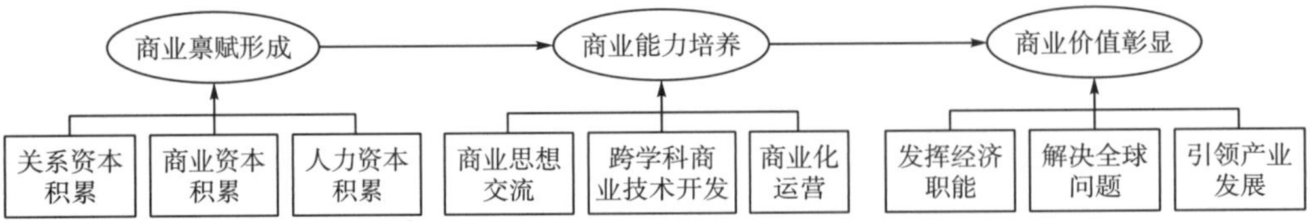

图 8.4 创业型大学产教融合能力提升模块

(1) 商业禀赋形成主要包括关系资本积累、商业资本积累和人力资本积累。关系资本积累是指高校在产教融合实践探索过程中，逐渐形成校企协同发展模式，拓宽高校组织边界，与外部利益相关者建立良好的合作伙伴关系。这种良好的合作伙伴关系帮助高校深入了解市场，减少高校交易成本，为高校商业禀赋形成营造良好的创业生态。商业资本积累是指高校在产教融合实践过程中，将知识资产转变为商业资产，并将商业资产用于投入科技研发中，逐渐形成良性循环，最终积累大量的科技成果和商业资金。人力资源积累主要指引进高质量的师资队伍和培养创新创业型人才。培养商业思维的人、校企协同累积资金资源以及营造良好的创业生态最终形成高校的商业禀赋。商业禀赋形成是产教融合能力提升的基础，也是实现产教融合能力提升的必要条件。随着高校商业禀赋的形成，逐渐在创业型大学内部实现资源循环系统，即以科技资源换取经济资源，并用经济资源转为科技资源。通过资源的集聚效应，高校不断获取市场资源发展自身科技水平，促进其产教融合能力提升。

(2) 商业能力培养主要包括商业思想交流、跨学科商业技术开发和商业化运营。首先，通过形成商业禀赋，高校师生有更多机会接触到商业界，积累大量的商业知识，从而进行商业思想交流来挖掘商业价值。例如，华威大学启动“沃尔夫森研究交流”平台，让不同学科的师生能进行商业思想交流，挖掘商业价值。其次，将商业价值转化为科研成果需要进行商业技术开发，而在开发过程中往往需要不同学科知识之间进行交叉配合，因此需要跨学科商业技术开发。华威大学强大的商业开发能力与其跨学科的研究中心有着莫大联系，截止到目前，华威大学共有 76 个跨学科研究中心。最后，高校需要遵守市场准则，采取商业化运营手段，将科技成果成功转化为经济资源。通过这一系列措施，高校成功将商业知识转化为商业价值，促使高校进行商业能力培养。

(3) 高校商业价值彰显主要体现在发挥经济职能、解决全球问题和引领产业发展。发挥经济职能是指高校承担起区域经济发展重任，凭借强大的商业技术开发能力和创新创业能力，为当地发展做出应有贡献。例如，华威计划在未来为当地经济发展的贡献达到 10 亿英镑，实现对国民经济的积极影响。解决全球问题是指高校通过产教融合后，获得大量经济资源，应该承担起应有的社会责任，实时关注全球重点问题，并提供自己的研发力量。引领产业发展是指高校通过产教融合后，获得强大研发实力，用于攻克行业难题，支撑引领行业发展。通过三方面的努力，高校成功完成产教深度融合，最终实现其经济价值。

(4) 创业型大学产教融合能力提升是产教融合中深层次的融合阶段。高校的商业禀赋是其持续进行商业技术开发的重要基础，持续的商业基础开发促进高校商业能力的培养，基于两者互动发展，最终彰显高校商业价值。高校商业价值的实现，使得高校与企业之间形成更大的交集，从而提升产教融合能力，让产教双方资源进行相互转化、相互支撑，形成一个良性互动的内部生态。

四、创业型大学产教融合环境营造机制

产教融合环境营造模块包括社会观念转变、创业政策激励、技术市场需求。社会观念转变是产教融合的社会文化环境，创业政策激励是产教融合的政策环境，技术市场需求是产教融合的市场环境，由此构建产教融合环境营造模块。产教融合环境营造中技术市场需求、创业政策激励、社会观念转变都位于弱影响因素组，可见高校进行创业型大学产教融合更多是自主意愿的驱动，而外界环境对其过程更多是促进作用。图 8.5 展示创业型大学产教融合环境营造模块。

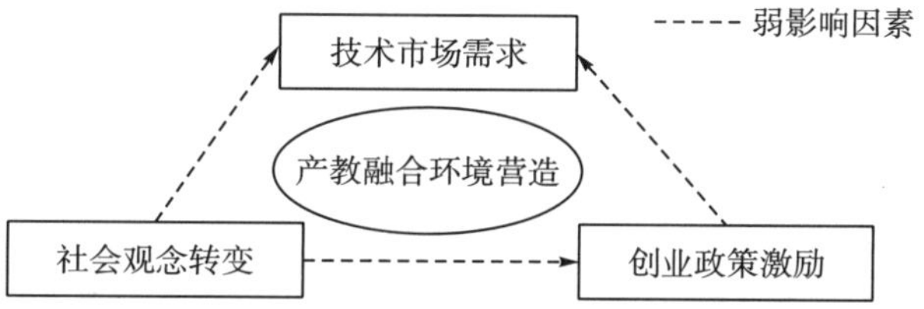

图 8.5　创业型大学产教融合环境营造模块

(1) 社会是思想文化传播的大环境，对高校产教融合意愿产生起到不可忽视的间接促进作用。传统教育观点认为高校应进行学术研究，忽视工商业需求，这种思想导致高校与市场的脱节，严重阻碍产教融合思想产生。社会观念转变为高校进行产教融合意愿培育提供良好的社会文化环境，促进高校进行产教融合。

(2) 创业政策激励是指政府出台相关创业激励政策以及对高校施加创业考核指标等。创业行为具有较大的不确定性，它对创业主体与外在经济环境等都有较高的要求，在一定程度上需要政府的政策支持(宋冬林和姜扬，2017)。政府的创业政策对高校产教融合的影响在于两方面，一方面，政府通过完善的知识产权保护、提供良好的金融支持等手段，营造宽松的创业环境，降低高校产教融合风险；另一方面，政府政策对于高校办学思想和办学目标具有导向性作用，通过削减高校教育经费，对高校施加创业考核指标，鼓励高校进行产教融合。

(3) 技术市场需求，是指利用市场的供需关系让高校科研技术快速转化为经济资源，帮助高校缓解经济资源短缺压力，驱动高校迈入市场之中。高校产教融合活动主要是投身于市场之中，进行资源获取、整合、价值创造的过程，而技术市场需求能快速消化高校商业技术。受限于科技研发实力，传统企业创新力量远远小于创业型大学，因而创业型大学

在市场之中可以凭借知识创造和技术研发优势，创造新的市场需求点，实现市场资源的加速积累，帮助高校更好进行产教融合。

第三节 创业型大学产教融合演进模型

综上所述，我们将前文中图 8.2、图 8.3、图 8.4、图 8.5 所呈现的“创业型大学产教融合意愿培育模块”、“创业型大学产教融合实践探索模块”、“创业型大学产教融合能力提升模块”和“创业型大学产教融合环境营造模块”整合成为创业型大学产教融合驱动模型，如图 8.6 所示。

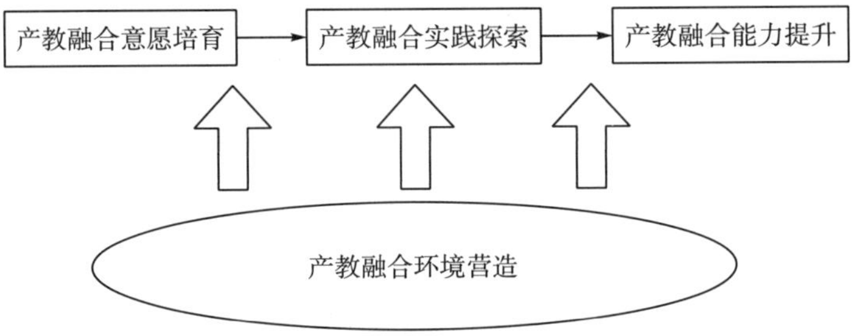

图 8.6 创业型大学产教融合驱动模型

其中，产教融合意愿培育是前提，产教融合实践探索是中介，产教融合能力提升是结果，而产教融合环境营造对于产教融合活动是支撑作用。其中，产教融合能力提升作为外生变量模块，反映高校产教融合的输出结果；产教融合意愿培育作为内生变量模块，是高校产教融合的逻辑起点；产教融合实践探索则是两个模块的连接变量；产教融合环境营造是对三者实施大环境，支撑产教融合实施过程。四者共同构成创业型大学产教融合驱动模型。

第三篇

科技经济主体跨界融合障碍破解：产学研协同创新的异质性障碍破解机制

第九章　产学研协同创新核心概念及研究基础

第一节　概 念 背 景

一、核心概念

（一）产学研协同创新

基于对产学研协同创新相关文献的研读，发现产学研协同创新具有以下几点重要特性：①开放性。产学研协同创新本质上是开放式创新的一种形式，其开放性体现在两个层面，一是协同创新系统本身具备开放性，可与外界进行物质、能量和信息的交换；二是协同创新子系统具备开放性，子系统之间存在物质、能量和信息的互流。②组织性。产学研协同创新是一种网状的、虚拟的创新组织形式，可能存在多个传统组织边界的相互渗透。③整体性。产学研协同创新系统中的各个要素之间呈现出一致、同步的状态，并通过协调配合产生“1+1＞2”的非线性作用。④互补性。产学研协同创新联合体是以各协同主体能力或资源的互补特性为基础构建而成的，互补性是协同创新的重要特征。⑤知识性。产学研协同创新通常是各协同主体合力完成一项知识密集型任务，需要对各种形式的知识资源进行聚合。⑥进化性。产学研协同创新是一种各协同主体协同进化的过程，在这一过程中，各协同主体通过知识的碰撞集成，实现知识的螺旋式上升。

结合产学研协同创新的特性及现有研究对此概念的内涵界定，本章将产学研协同创新定义如下：企业、大学和科研机构三大核心主体跨越组织边界，投入各自优势知识资源，在政府、中介组织、金融机构等辅助性主体的协同支持下，合力进行知识创新，从而实现“1+1＞2”的协同效应的过程。在此基础上，绘制了如图 9.1 所示的产学研协同创新概念解析图。

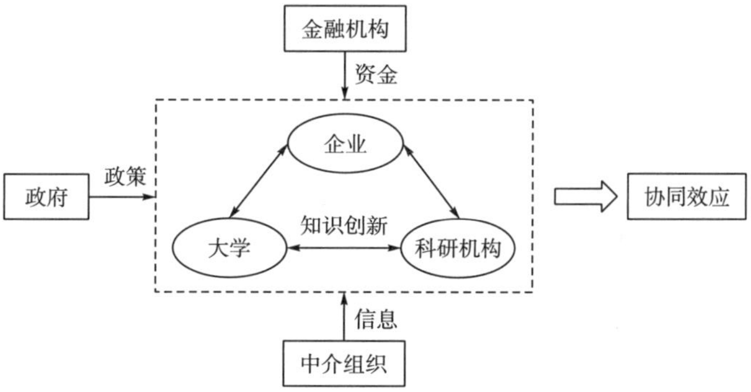

图 9.1　产学研协同创新概念解析图

（二）产学研同质化互补

1. 产学研同质化

本章将“同质化”这一概念引入到产学研协同创新研究中，系指通过涉足对方的业务领域，产学研主体在业务领域上产生交叉重叠，从而降低产学研主体之间显著异质性的过程，其为处于完全异质和完全同质状态之间的一种趋势。关于业务领域的划分，借鉴了余泳泽和刘大勇(2013)对于创新价值链的阶段划分，其将创新价值链划分为基础研究、应用研究及生产运作三个阶段。

为了更好地解释产学研同质化这一概念，特绘制如图 9.2、图 9.3、图 9.4 所示的完全异质状态、同质化趋势、完全同质状态三种情形下的产学研事业结构图。完全异质状态下，产学研主体的业务范围无交叉重叠，相互之间对彼此业务尤为陌生；完全同质状态下，产学研主体的业务结构完全相同，无明显的互补点；同质化趋势下，产学研的业务范围部分交叉重叠，但又各自保持相对优势，从而构成了产学研主体之间的互补性特征。

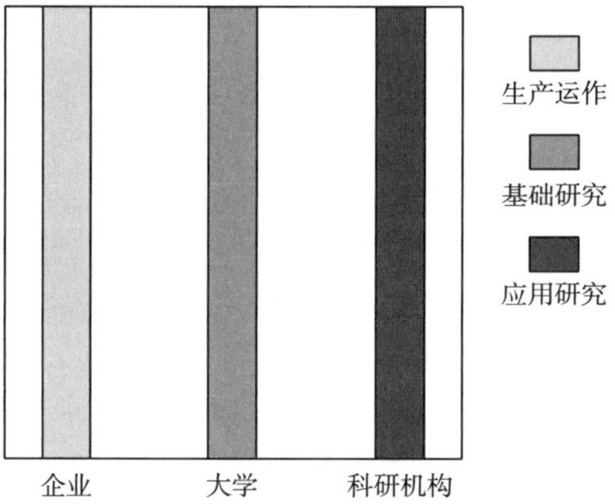

图 9.2　完全异质状态下的产学研单一事业结构

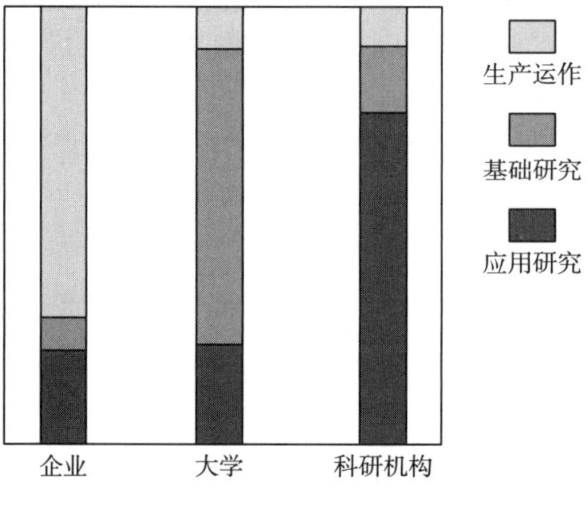

图 9.3　同质化趋势下的产学研多维事业结构

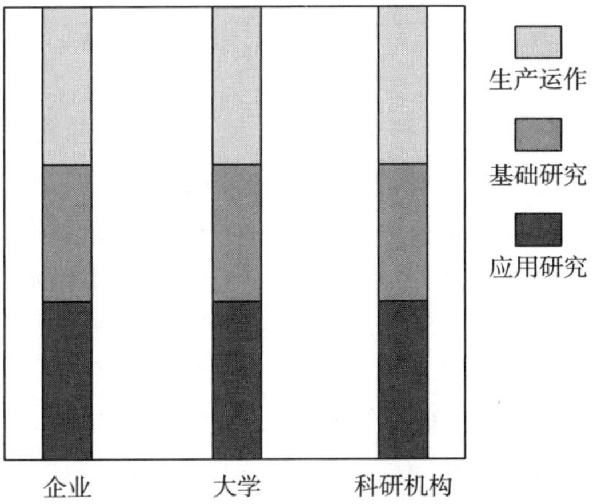

图 9.4 完全同质状态下的产学研多维事业结构

2. 产学研同质化互补

本章引入的“同质化互补”概念，系指产学研主体在事业结构上形成同质化和互补性并存的状态，并基于此开展高效的知识分工协作，从而实现协同效应的过程。其中，互补性是知识分工的基础，同质化是知识协作的保障。产学研同质化互补的概念解析如图 9.5 所示。

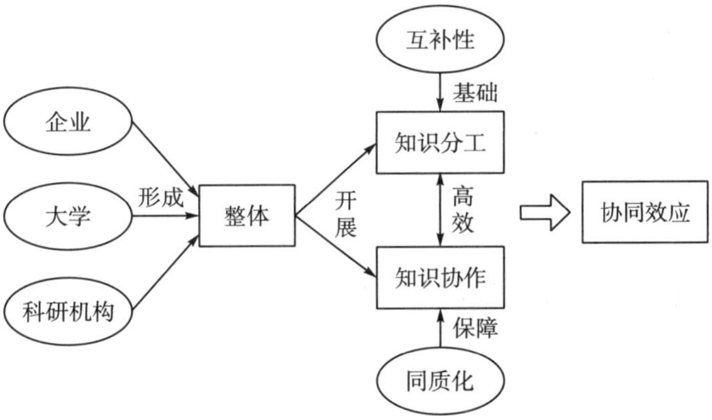

图 9.5 产学研同质化互补概念解析图

二、研究背景

产学研协同创新是我国创新型国家建设过程中至关重要的一环，其目标是汇聚企业、大学和科研机构的创新资源，形成强大的创新合力，充分释放企业、大学和科研机构的优势能力，实现“1+1>2”的协同效应。自 20 世纪 80 年代以来，产学研协同创新已然成为世界各国提升自身科技创新能力，获取科技创新优势的重要途径。美国的“硅谷模式”作为全球产学研协同创新成功实践的典范，其推动了美国西海岸乃至整个美国高新技术的快速发展，除此之外，英国的“沃里克模式”、中国的“深清院模式”等在提升区域乃至国家创新能力方面均发挥了十分重要的作用。

近年来，我国党和政府对产学研协同创新给予了高度的重视，并努力推动其快速发展。习近平总书记在十九大报告指出，要“深化科技体制改革，建立以企业为主体、市场为导向、产学研深度融合的技术创新体系”。而产学研深度融合的核心标志就是产学研协同创新的充分实现。产学研协同创新就是要实现科学研究与技术商业化，形成以企业、大学、科研院所为核心要素，以政府、中介组织、金融机构等为辅助要素的多元主体协同互动的网络创新模式，实现知识创造主体与技术创新主体之间的深度合作和资源整合，达成科学研究与社会经济发展的无缝对接(陈劲和杨银娟，2012；何郁冰，2012)。

但是，产学研协同创新是异质主体之间的一种跨界合作模式，深受主体异质性的制约，至今仍然难以真正实现。我国现行的科技体制源于20世纪50年代的苏联模式，企业、大学、科研机构分属不同界域，且长期处于分离状态，彼此之间形成了截然不同的组织文化、价值观体系和资源能力。受此影响，我国产学研合作始终面临着诸多问题，如企业、大学、科研机构之间的创新资源相互封闭，缺乏深度互动融合(赵哲，2014)；产学研合作缺乏面向前沿科技创新的长期战略性合作(田青，2015)；大学和科研机构的技术供给与产业技术需求之间存在较大差距，导致科技成果的转化利用效率严重偏低(陈伟珂等，2014)等。这些问题的存在表明我国的产学研协同创新进展并不顺利，仍旧处在合作创新向协同创新的过渡阶段，尚且需要探索出一条行之有效的协同创新路径。

在此背景下，探讨如何突破产学研协同创新过程中由主体异质性引致的关键协同障碍？怎样促进产学研协同创新主体间互补性知识的充分交互整合？应当沿着怎样的路径实施？这些问题已然成为目前我国技术创新体系建设中十分迫切的研究课题。

第二节 研 究 现 状

一、产学研协同创新的相关研究

(一)产学研协同创新定义

德国学者赫尔曼·哈肯(Hermann Haken)于1971年在系统论中首次提出了协同的概念。哈肯认为，在一个开放系统中，当各子系统处于一种混乱无序的状态时，系统很难发挥其整体功效，进而导致最终的瓦解，相反，若系统中各子系统能够相互配合、协调同步，系统的整体功效就会超越单个子系统功效之和，即产生“1+1＞2”的非线性作用(Haken，2013)。之后的管理研究者将协同思想引入到企业新产品开发领域，并进一步延伸至价值链企业之间围绕产品设计、制造、销售等环节的协作运营方向。

美国麻省理工学院的Gloor(2006)最早从微观视角提出了协同创新(collaborative innovation)这一概念，并将其解释为“自我激励的成员组成网络小组并形成集体愿景，借助网络展开信息的交流共享，并最终通过协作实现共同目标的现象”。而后，协同创新概念逐渐被学者拓展至宏观的产学研合作领域，对传统意义上的产学研合作创新进行内涵上的升华并提出了产学研协同创新概念。与传统的合作创新相比，协同创新更多地强调政府、金融机构等辅助性主体的参与。Masahiko 和 Yuko(2002)认为协同创新是指企业、大学和科研机构通过相互影响、相互作用，进而促进各自能力提升的过程。陈劲和阳银娟(2012)认为协同创新是企业、大学、科研机构等协同主体基于重大的技术创新目标而进行的大幅度整合的创新组织形式，通过各协同主体间的深度合作和资源整合，产生“1+1＞2”的非线性效用。李久平等(2013)指出产学研协同创新建立在企业、大学、科研机构各自拥有的优势资源的基础之上，关键在于各协同主体实现优势资源共享整合。陆园园(2017)提出产学研协同创新是产学研三大核心主体以其所拥有的优势能力和资源为基础，进行技术开发和产品转化的协同创新活动。

也有部分学者从知识管理角度对产学研协同创新的内涵进行了阐述。涂振洲和顾新(2013)认为产学研协同创新本质上是各个协同主体以知识互补性为基础，通过有效地知识共享转移，优化和重组异质性知识要素，从而实现“1+1＞2”的协同效应的过程。姚艳虹和周惠平(2015)认为协同创新过程本质上是知识创造的过程。

（二）产学研协同创新动因

针对产学研协同创新的动因，学者们主要从组织学习理论、交易成本理论、战略行为理论、资源依赖理论等视角对其展开了研究。

(1)组织学习理论视角。Uzzi(1997)指出合作双方相互学习的可能是以他们达成的协作关系为基础的，这种协作关系的建立使他们有机会开展深入的交流互动，从而实现隐性知识的共享，这种知识共享的程度是一般的市场交易难以达到的。Woll(2011)认为产学研协同创新活动是企业进行知识创造的重要渠道。

(2)交易成本理论视角。Bonaccorsi 和 Piccaluga(1994)从经济性的角度出发，认为校企开展技术创新合作的宗旨是优化配置各自拥有的优势知识资源，从而通过合作实现研发成本的降低，以及研发风险的分担。Eom 和 Lee(2010)在调研了 538 家韩企之后发现，分担成本和风险是企业同大学和科研机构合作的最为重要的两大动机，这两大因素对其决定是否参与合作有着十分重要的影响。

(3)战略行为理论视角。Lee(2010)认为企业、大学、科研机构三方参与产学研合作的动机是不同的，企业参与合作主要是为了进行新技术、新产品的研发，而大学和科研机构主要是为了获取企业对其研究的经济支持，进而探索新的研究领域，提升研究能力。

(4)资源依赖理论视角。Santoro 和 Gopalakrishnan(2001)将产学研协同创新视为一种互补型的战略联盟，各协同主体在能力和资源方面具备一定的互补性，而这种互补性特征恰是协同效应实现的关键。Lin(2012)认为组织参与战略联盟的动机是为了获取互补性资源和能力。Parkhe(1991)将全球战略联盟中企业间差异性分为两类，其中与互补性资源相关的差异性有利于联盟的形成、发展。

除了从上述四种理论的视角来研究产学研协同动因之外，也有一些学者从内外两个方面来整体探讨驱动产学研协同创新实施的各种因素。邵景峰等(2013)认为外部推动力主要包括市场力量和技术复杂性，内部驱动力主要包括短期利益驱动、政府政令和创新绩效。

蓝晓霞(2014)认为产学研协同创新是科学知识生产方式变革推动、市场需求牵引、经济利益及自我发展驱动等力量作用的结果。夏红云(2014)指出当前我国产学研协同创新的驱动力量主要来自三个方面，分别是政策方面、资金方面和技术方面。陈劲和阳银娟(2012)指出协同创新需要来自三个方面的驱动力量，其中包括作为内部动力的文化要素，以及作为外部动力的科技要素和市场要素。

(三)产学研协同创新障碍

针对产学研协同创新的障碍因素，学术界从不同角度进行了许多理论及实践上的探讨，聚焦于知识产权冲突、文化冲突、利益分配冲突等过程因素。其中，有关文化冲突的研究，李雪婷和顾新(2013)指出企业、大学、科研机构由于组织定位及所处环境不同，因而形成了自身独有的价值观，并在协同创新过程中表现出学术价值和商业价值的冲突，各协同主体之间往往因此产生一定的隔阂，使其无法进行良好的交流沟通。张绍丽和于金龙(2016)认为各协同主体之间在精神和制度文化方面的差异会导致文化冲突的产生，并最终使得各协同主体难以形成目标实现体与利益共同体。方建强和崔益虎(2015)认为存在四大关键要素阻碍着协同主体间的文化融合，一是各协同主体拥有不同的价值取向，二是相对应的管理制度不健全，三是支撑性平台的建设不完善，四是开放融合度较低。Bruneel 等(2010)将产学合作障碍分为两种类型，分别是目标导向差异引起的方向型障碍和权益冲突引起的交易型障碍。Ostergaard(2009)指出，由于大学和企业在知识结构方面的差异太大，大学与企业人员往往难以产生良好的交流互动，从而阻碍了知识的转移转化。

有关知识产权冲突的研究，董静等(2008)指出知识产权冲突的影响因素当中，影响程度最大的是契约完善程度，组织灵活程度等四大因素次之，合作经历的影响最不明显。张丽娜和谭章禄(2013)认为知识产权在某些特征上与协同创新的差异性造成了二者之间的冲突，主要表现为知识产权具备独占性等特性，而协同创新具备共享性等属性。付晔和欧阳国桢(2014)认为知识产权冲突在知识链的不同环节产生的原因是不同的。还有部分学者从政策环境角度探讨了阻碍我国产学研协同创新的环境因素。张玉赋等(2012)认为目前科技成果的小试、中试阶段缺乏必要的资金支持，且产学研合作项目对中小型企业的支持不够，政府投入的投向有待调整。胡冬雪和陈强(2013)通过问卷调查发现，“法律法规更新滞后，与现实需求不相适应”是产学研合作法律法规存在的首要问题，其次是“未能充分保护技术转让双方的利益”等。

(四)产学研协同创新路径

对于产学研协同创新路径的研究，学者们从不同视角的不同方面进行展开，其中主要涵盖两方面的内容，一是探讨产学研协同创新具体过程及路径选择，二是分析产学研协同创新绩效的关键影响因素。

Inzelt(2004)将合作形式分为正式合作和非正式合作两个层面，其中，正式的合作形式包括合作研发、技术许可、合资公司等，非正式的合作形式包括人员互动、研讨会等。王进富和兰岚(2013)认为在协同创新过程中，知识产权归属是企业进行路径选择的重要影响因素。张学文(2014)从产学研协同创新的功能视角出发，提出了协同创新的创业科学路径模型和开放科学路径模型。Arundel 和 Geuna(2004)以欧洲规模最大的高新技术企业为研究对象，运用实证研究方法分析了隐性知识的转移路径，研究发现非正式合作方式更加有利于隐性知识的转移共享。卢仁山(2011)认为通过产学研协同创新实现技术创新的路径有三条，分别是创办企业、合作研发和技术转让。全利平和蒋晓阳(2011)认为网络组织协同创新具有管理协同、组织协同和战略协同三阶段的实现路径。邹波等(2013)基于三螺旋理论，提出实现政产学协同创新的具体路径，包括目标的协同、组织结构的协同和创新过程的协同三个方面。仇雷雷(2014)从知识转移的角度出发，将协同创新路径划分成了三个递进演化的阶段，分别是目标协同、组织协同和战略协同阶段，进而依据知识在每个阶段表现出的不同特征对每个阶段的路径选择问题进行了分析。

刘和东和钱丹(2016)通过收集288个高新技术企业产学研合作相关数据，并运用SEM进行研究发现，“提升大学和科研机构的科技成果转化率→选取适当的合作形式→提高产学研合作绩效”是促进合作绩效提升的关键路径。段晶晶(2014)基于耗散结构理论和协同创新理论，构建了产学研协同创新绩效提升路径理论模型，并从合作愿景、组织关系、知识、政策四个层面分析了产学研协同创新绩效提升路径。王志强和李菲(2016)基于创新集群视角分析了产学研协同创新的形成路径，认为发挥大学在知识创新方面的优势，在大学内部培育创新创业文化，强化产学研之间的交流互动对于区域创新生态系统搭建有着至关重要的作用。

二、同质化互补的相关研究

(一)同质化的相关研究

同质化(homogenization)这一概念最早源于学者对商业领域中企业竞争行为的研究，学者集中探讨了在企业竞争过程中同质化现象的存在性及同质化的影响效应。陈畴镛等(2010)研究产业集群技术创新中企业同质化的影响机理时，将企业同质化定义为同一产业环境下，企业在资源能力、用户定位、产品特性等方面的高度相似性，并指出企业同质化对技术创新存在促进和阻滞两方面的作用效应。任佳佳(2010)研究 B2C 网商的同质化竞争时，将网商之间的同质化定义为网商所提供的产品和服务具有高度趋同性和替代性，使得消费者的消费体验差异较小甚至无差异，并认为这种同质化现象造成了无序低质量的竞争态势。

尹剑峰和叶广宇(2017)基于博弈论视角探讨了同质化企业间的竞合博弈问题。荣帅等(2018)在研究企业间同质化竞争对集群企业新技术采纳标准的影响时，发现这种影响关系是随着情景的变化而变化的。杨皎平等(2012)研究集群企业竞争强度与创新绩效之间的关系时，以企业间产品的同质化程度来表征竞争程度，发现同质化与技术创新的关系呈倒U形。罗晓辉等(2018)在静态博弈框架下分析了地方政府同质化竞争下的结构趋同过程。Xu 等(2018)基于创新链理论研究产学研协同创新合作伙伴识别方法时，指出极端同质化导致的激烈竞争是我国 IURC(industry-university-research cooperation)集群尚未实现合作创新的主要原因之一。

而后学者将同质化逐渐拓展至教育学、医学、新闻学等研究领域。韩洪文等(2012)认为我国大学教学模式呈现较为明显的同质化现象。袁东等(2013)基于复杂网络分析视角，定量描述了我国高水平大学同质化现象，发现我国高水平大学同质化程度达到了较高水平。

(二)互补性的相关研究

对于互补性(complementation)的研究，学者主要是从资源/能力/知识层面切入，且重点探讨了组织合作创新中知识互补性的存在性及影响效应。徐梦丹(2018)在探讨资源/能力互补性与产学研知识共享、合作绩效关系时，将资源/能力互补性定义为合作双方贡献的资源/能力对彼此有价值的程度，以及资源/能力组合产生协同增值效应的程度。汪丁丁(1997)提出了知识互补性概念，用以说明经济活动中存在的收益递增现象，并将其定义为知识协同运用于经济活动所产生的效益大于单一知识所能产生的效益之和的效应。贾宪洲和叶宝忠(2010)认为知识互补性是总体大于部分简单加总的效果，互补性知识只有产生交互作用，互补性经济的好处才能得到发挥。

Un 和 Rodríguez(2017)在探讨 R&D 合作对跨国公司子公司和国内公司产品创新的影响时，认为全球知识库和本地知识库之间的互补性使子公司和国内公司从中获益。Serrano-Bedia 等(2018)在分析不同知识来源之间的互补性关系时，指出在缺乏合作资源的情况下，外部知识源与内部知识源在产品创新绩效上存在条件互补关系，在存在内部资源的情况下，外部知识源与合作知识源之间存在条件替代关系。Su 等(2016)在研究联合新产品开发团队成员选择时，将知识互补性纳入多目标优化模型中，凸显候选人之间知识互补性的重要性。

三、研究文献的不足及改进方向

产学研协同创新问题一直以来受到国内外学者的广泛关注，其在内涵、动因、障碍、路径方面积累了较为丰富的研究成果。现有研究对本研究的贡献有：①产学研协同创新动因、障碍相关的研究对本章协同实现机制探讨具有一定的启发意义，为本章协同实现机制研究奠定了一定的理论基础。②产学研协同创新路径相关的研究有助于加深笔者对协同实现路径的认识和理解，帮助笔者厘清研究思路。

从以上国内外相关研究的回顾中发现，现有研究主要从主体异质性视角出发探讨异质知识的互补整合，学者过于强调主体异质性的好处，导致其往往对由主体异质性带来的关键协同障碍有所忽视，对主体异质性本身的负向作用效应更是缺乏关注，无法从根本上突破由主体异质性带来的关键协同障碍。对于同质化的研究则主要集中于探讨同质化引发的恶性竞争对企业技术创新的阻滞效应，也有部分学者认为同质化对企业技术创新存在着双向作用效应。但鲜有学者将同质化概念纳入产学研协同创新研究范畴中，并以此为视角分析协同创新实现机制及路径。

针对现有研究的不足，提出以下改进方向。

(1)以产学研协同创新的制约因素为抓手，并着眼于主体异质性导致的关键协同障碍，以此确立产学研同质化的着力点，明晰主体同质化的必要性。

(2)提出产学研同质化概念并对其加以界定，分析产学研同质化最优水平，进而从静态和动态两个视角探讨产学研协同创新的同质化互补实现机制及路径，为有效推进协同创新提供理论支撑和实践指导。

第十章　制约产学研协同创新的异质性关键障碍

第一节　方法与数据

一、研究方法

采用扎根理论方法，从知网内的相关文献中逐级提炼制约产学研协同创新的障碍因素，进而运用 DEMATEL 方法识别并分析产学研异质性关键障碍。以现有文献作为研究素材的优点在于：①研究文献是专家观点的汇集，具有权威性、规范性和系统性；②现有文献数据库为研究文献的全面搜索和获取提供了极大的便利，能够保障数据获取的完整性和可靠性。具体研究思路参见图 10.1。

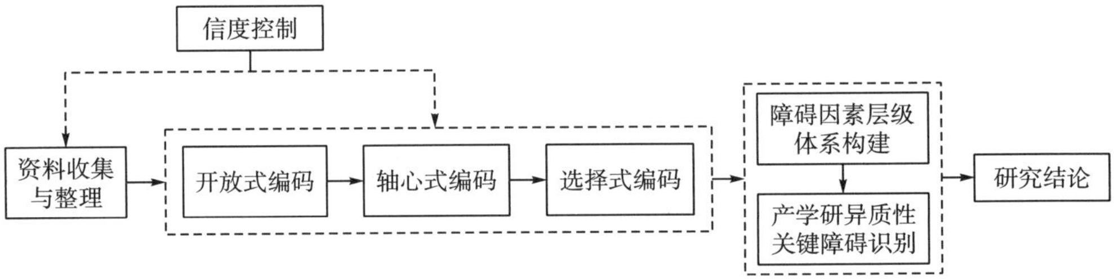

图 10.1　制约产学研协同创新的异质性关键障碍研究思路

二、文献搜集

(1) 文献语种确定。鉴于本章侧重于研究我国国情背景下的产学研协同创新问题，故而以中文文献作为扎根资料来源。

(2) 文献数据库确定。考虑到 CNKI 具备资源综合性强、注重二次加工、整合能力强等优点，故将文献检索数据库设定为中国知网。

(3) 文献检索条件设定。本章的研究目标为查找当前制约我国产学研协同创新的障碍因素，设置检索主题词为“产学研”并含“冲突”，“产学研”并含“障碍”，以及“产学研”并含“制约”，以此提高检索内容的全面性。与硕博论文、报刊等类型文章相比，期刊类文章的学术性更强，鉴于此，本章搜集的文献均为期刊类文章。此外，搜集的文献为 2008～2017 年间发表的论文，以此保证材料的时效性。

(4) 文献检索。基于上述检索条件从 CNKI 数据库搜索相关的研究文献。为了提高检索信度，邀请两位研究者分别根据上述检索规则展开文献检索。两位研究者的检索结果一致，均为 133 篇文献，表明检索结果可靠。

(5) 文献的初步阅读筛选。对从 CNKI 数据库搜索的 133 篇文献进行初步阅读筛选。初步筛选标准为：文献的研究内容是否属于产学研协同创新，若是则通过初筛，反之则不通过。为确保初筛的信度，邀请多位从事相关研究的专家一同进行筛选，遵从筛选意见统一性原则，确定 68 篇与初筛标准相符的文献。

(6) 文献的深度阅读筛选。对初筛得到的 68 篇文献进行深度阅读筛选。深度筛选标准为：文献的研究主题是否涉及产学研协同创新的障碍因素，若是则通过深度阅读筛选，反之则不通过。采取与初步筛选一致的方式来控制文献筛选信度，最终选定 52 篇文献。

三、编码提炼流程

从检索得到的文献中提取制约产学研协同创新障碍因素，编码提炼流程参见图 10.2。

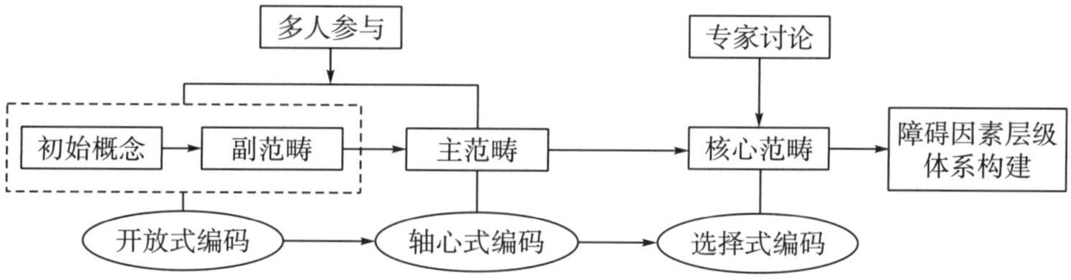

图 10.2　产学研协同创新障碍因素编码提炼流程

开放式编码是将原始材料分解、提炼、赋予概念、重新组合，形成副范畴的过程（余泳泽和刘大勇，2013）。轴心式编码是将开放式编码结果按照潜在脉络或因果关系进行类聚，形成主范畴的过程（李金兰，2011）。选择式编码是通过描述现象的“故事线”来提炼核心范畴，建立核心范畴与主范畴间的逻辑关联（Claser，1978）。

为了确保数据编码过程的信度，综合采用多人参与、专家讨论等信度控制手段。开放式编码和轴心式编码由多位研究者共同参与，编码结果由研究者经过多次讨论确定。在选择式编码阶段，邀请产学研合作领域专家对编码结果进行讨论评判，从而确认核心范畴的设立及最终故事线是否符合现实情形。

四、产学研异质性关键障碍识别流程

依据所构建的障碍因素层级体系，运用决策试验与评价实验室方法（DEMATEL）来研究产学研协同创新中产学研异质性障碍与其他障碍因素的影响关系，从而更好地说明产学研异质性障碍在障碍因素层级体系中的地位。选取 DEMATEL 方法的主要原因如下：

DEMATEL 方法可以充分考虑产学研异质性障碍与其他障碍因素的影响关系，给出障碍因素的重要程度，并识别出各障碍因素属于原因因素还是结果因素，有效弥补产学研协同创新研究方法论的不足。具体流程参见图 10.3。

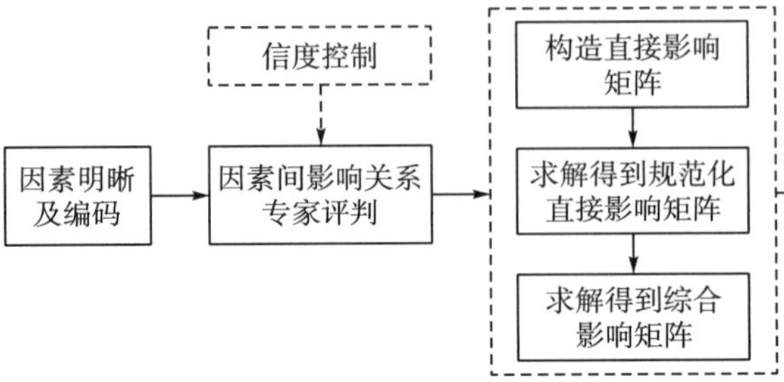

图 10.3　产学研异质性关键障碍的识别流程

决策试验与评价实验室法(DEMATEL)是为了解决复杂的系统问题而提出的。该方法运用图论和矩阵工具分析系统各因素之间的影响关系。其中，直接影响矩阵表示系统两两因素之间的直接影响关系，综合影响矩阵表示系统两两因素之间包括直接和间接的总的影响关系。通过对综合影响矩阵的运算，得出每个因素的中心度和原因度。运用该方法进行产学研异质性关键障碍识别的基本流程如下(孙新波和齐会杰，2012)。

(1) 从研究目的出发，确立需要进行分析的障碍因素，并将障碍因素分别记为 $F_1,F_2,F_3,\cdots,F_n$。

(2) 组建专家小组，邀请专家对各因素之间的影响关系进行评判，采取“无=0、弱=1、中=2、强=3”的四级评分规则评价 F_i 对 F_j 的影响程度，构造因素间的影响关系有向图，进而将其转化成 n 阶矩阵形式，由此得到直接影响矩阵 $\boldsymbol{X}$。为了保证专家评价结果的信度，专家评价过程遵循以下几点原则：①确认专家对因素内涵有着较为清晰的认知，并能对其进行解释；②保证专家评价过程的独立性；③若专家之间的评价结果差距过大，及时与相应专家进行沟通，了解其评价思想，并对评价结果进行调整修正。

(3) 通过归一化原始关系矩阵，即求出矩阵 $\boldsymbol{X}$ 各行元素之和，将矩阵 $\boldsymbol{X}$ 各元素除以各行元素之和的最大值，得到规范化直接影响矩阵 $\boldsymbol{N}$。进一步，基于公式 $\boldsymbol{T}=\boldsymbol{N}(\boldsymbol{I}-\boldsymbol{N})^{-1}$（$\boldsymbol{I}$ 为单位矩阵)，运算获得综合影响矩阵 $\boldsymbol{T}$。

(4) 计算出各因素的影响度 D、被影响度 R、中心度 $D+R$ 和原因度 $D-R$。影响度 D 即为 T 的各行元素之和，表示 F_i 对其他各因素的综合影响程度大小。被影响度 R 即为 T 的各列元素之和，表示 F_i 被其他各因素的综合影响程度大小。中心度为 $D+R$，表示 F_i 在因素体系中的重要性大小。原因度为 $D-R$，用以衡量该因素在因素体系当中为原因因素还是结果因素，若 $D-R>0$，则该因素为原因因素，表示其对其他因素的影响大，原因因素较稳定，其状态较难改善；若 $D-R<0$，则该因素为结果因素，表明该因素受其他因素影响大，其状态随着原因因素状态的改善及结构的调整而发展变化。

(5) 基于各因素的中心度和原因度绘制四象限因果关系图，分析产学研异质性障碍在障碍因素层级体系中的地位并从中识别主体异质性引致的关键协同障碍。

第二节 障碍因素提炼

一、开放式编码

将原始期刊论文中的相关内容进行概念化和范畴化，包括初始概念提取、副范畴归纳两个环节。①初始概念提取：对最终选定的52篇文献进行深度阅读和分析，将与“产学研协同创新的障碍因素”相关的描述做好标记。在统计操作上，同一篇文献的同一观点仅记录一次，而不同论文中阐述的类似观点则分别进行记录。基于以上统计准则，经过多次整理分析，得到207个开放式编码点。由于开放式编码点中有些是重复或内容接近的，于是对这207个开放式编码点展开进一步的提炼，最终获得84个初始概念，以“a+序号”的形式进行编号。②副范畴归纳：对提取出的初始概念进行反复比较分析，将含义相近的初始概念逐级聚合形成副范畴，最终获得24个副范畴，以“A+序号”的形式进行编号(参见表10.1)。

表10.1 开放式编码示例

原始材料	初始概念	副范畴
主体之间彼此缺乏了解，相互间的防卫多于信任，合作中容易出现障碍(王发明，2009)。	缺乏了解a1 相互防范a2	A1 人际信任缺失(a1，a2，a4)
每个协同方都有不同于其他主体的文化特性和利益诉求……从而演化为精神文化冲突，造成高校与科研院所之间、企事业单位之间的信任危机(张邵丽和于金龙，2016)。	精神文化差异a3 信任危机a4	A2 组织文化差异(a3，a5)
正是由于这些制度文化差异导致协同主体之间相互掣肘、离散、冲突或摩擦，造成资源无法共享、知识正常流动受阻(张邵丽和于金龙，2016)。	制度文化差异a5 资源无法共享a6 知识流动不畅a7	A3 资源流动障碍(a7，a10，a15)
目前，我国由于企业、高校和科研机构的评价机制社会保障体制不同，导致人员交流出现障碍(陈宝明，2009)。	考核机制差异a8 社保体制差异a9 人才流动不畅a10	A4 管理制度差异(a8，a9，a11)
校企间不同的用人聘任制度以及不同的人才评价机制制约了智力资源在校企间的流动(将兴华和吴伟，2016)。	用人制度差异a11	A5 资源共享障碍(a6，a12，a13，a14)
虽然名义上资源共享，但是在实际操作过程中，对于经费的利用、重点实验室的使用合作单位之间差别较大，有的创新资源甚至只能自己单位部门能用，兄弟单位部门难以共享(聂秀平，2014)。	资金共享不畅a12 设备共享不畅a13	
企业、高校、科研院所等创新主体的资源条块分割，科技力量自成体系，既分散又重复(谢鸿全等，2014)。	资源条块分割a14	
……	……	……
合　计	84个初始概念	24个副范畴

二、轴心式编码

发现和建立副范畴间的联系，拟按照两条路径开展。①路径一：基于“条件→行动/互动策略→结果”编码范式(Corbin and Strauss，1990)，将开放式编码得到的副范畴联结在一起，得到主范畴。如，副范畴 “信息沟通障碍”、“人际信任缺失”与“人际关系不协调”可以在范式模型下形成一条轴线：“产学研主体间存在信息沟通障碍→主体间难以进行良好沟通以建立信任关系→主体无法通过沟通、信任构建协调稳定的合作关系”，由此将上述 3 个副范畴进一步整合为主范畴“关系协调障碍”。②路径二：将两个及以上的副范畴直接合并为一个主范畴。如，副范畴 “技术能力差距”和“商业能力差距”可以合并为“能力异质性障碍”。以此方法类推，最终将 24 个副范畴归并为 10 个主范畴(参见表 10.2)。

表 10.2 轴心式编码结果

副范畴	主范畴	主范畴内涵
管理制度差异 组织结构差异	制度异质性障碍	产学研主体制度属性差异导致的协同创新瓶颈
个体认知差异 组织文化差异 战略目标差异	文化异质性障碍	产学研主体文化属性差异导致的协同创新瓶颈
技术能力差距 商业能力差距	能力异质性障碍	产学研主体能力禀赋差异导致的协同创新瓶颈
资源共享障碍 资源流动障碍 资源匹配障碍	资源互动障碍	产学研主体之间创新资源交互不畅导致的协同创新瓶颈
信息沟通障碍 人际信任缺失 人际关系不协调	关系协调障碍	产学研主体之间人际鸿沟导致的协同创新瓶颈
利益分配冲突 知识产权冲突	利益协调障碍	产学研主体之间权益冲突导致的协同创新瓶颈
知识学习门槛 学习能力不足	交互学习障碍	产学研主体之间知识学习转化困难导致的协同创新瓶颈
政策引导不到位 政策支持不到位 法律保障不到位	政策环境障碍	宏观政策缺陷导致的产学研协同创新瓶颈
社会文化体系缺陷 社会价值体系缺陷	社会环境障碍	社会氛围欠缺导致的产学研协同创新瓶颈
市场缺乏有效竞争 市场创新需求不足	市场环境障碍	市场制度缺陷导致的产学研协同创新瓶颈

三、选择式编码

分析轴心式编码结果，将 10 个主范畴与现有理论进行对接和互动比较，归纳出核心范畴。①主范畴“制度异质性障碍”“文化异质性障碍”“能力异质性障碍”皆与主体异质性相关，可归纳为核心范畴“产学研异质性障碍”。②主范畴“资源互动障碍”“关系协调障碍”“利益协调障碍”“交互学习障碍”反映的是产学研主体交互过程的阻滞因素，可归纳为核心范畴“产学研交互过程障碍”。③主范畴“社会环境障碍”“政策环境障碍”“市场环境障碍”反映的是产学研外部环境，可归纳为核心范畴“外部环境障碍”。参见表 10.3。

表 10.3　选择式编码结果

主范畴	核心范畴	核心范畴内涵
制度异质性障碍 文化异质性障碍 能力异质性障碍	产学研异质性障碍	产学研主体特质差异导致的协同创新瓶颈
资源互动障碍 关系协调障碍 利益协调障碍 交互学习障碍	产学研交互过程障碍	产学研主体之间跨界交互迟滞导致的协同创新瓶颈
政策环境障碍 社会环境障碍 市场环境障碍	外部环境障碍	外部环境缺陷导致的产学研协同创新瓶颈

综合选择式编码结果，形成如下故事线：“产学研交互过程障碍”作为过程因素，对协同创新有着最为直接的制约作用；“产学研异质性障碍”作为内在因素，是产学研交互过程障碍的重要前因变量；“外部环境障碍”作为环境因素，对产学研交互过程障碍具有强化作用。三者共同构成产学研协同创新的瓶颈。

第三节　障碍因素层级体系构建

一、产学研异质性障碍

(1)制度异质性障碍。制度异质性障碍主要包括组织结构和管理制度两方面的差异性。首先，由于组织性质的不同，我国大学和科研机构作为非营利性组织，在组织结构方面一般表现出典型的科层制特点，该特性又使其呈现出严密、僵化的特征(孙天华，2004)；而企业作为营利性组织，其处在动态变化的市场环境中一般面临着巨大的市场竞争压力，为了适应动态变化的外部市场环境，其组织结构通常较为灵活。由于组织结构灵活性方面存在的显著差异，产学研在决策效率、市场反应力等多个方面均呈现出较为明显的距离。其次，在用人、考核等制度设计方面的不同倾向，主要表现为企业比较关注经济性指标而大学和科研机构较为关注学术性指标，使得知识、人才等要素在产学研之间的共享转移受到一定的阻滞。

(2)文化异质性障碍。企业同大学和科研机构由于长期相互孤立于经济领域和科技领域，二者形成了截然不同的文化体系，主要包含个体认知、组织文化、战略目标方面的差异性。大学和科研机构多是将自身定位于纯粹的科技角色，专注于知识的创造与传播，往往忽视了知识面向市场的应用转化；而企业多是将自身定位于纯粹的经济角色，以经济利益为导向，专注于知识的应用转化，往往忽视了社会价值的实现。两类主体在角色定位方面的不同倾向，使其在思维方式、价值取向等认知要素上呈现出较为显著的差异。此外，企业组织内部营造了较为浓厚的商业文化氛围，而大学和科研机构组织内部营造了较为强烈的学术文化氛围。由于文化特性方面的不同，造成了产学研之间研发行为的离散和不一致，从而致使能力禀赋差异的产生和累积。在协同创新实践当中，产学研之间学术文化和商业文化的差异性往往容易演化成两者之间的冲突和摩擦，造成产学研之间合作关系的脆弱。

(3)能力异质性障碍。企业、大学和科研机构之间的能力差异主要包含两个方面，即技术能力方面与商业能力方面。技术能力方面的差距主要体现在企业相较于大学和科研机构对前沿技术的敏感性较弱且技术研发能力水平较低；商业能力方面的差距主要体现在大学和科研机构相较于企业用户需求发掘能力、用户需求反应能力及技术成果应用转化能力水平较低。各创新主体能力禀赋的差异性作为协同创新活动开展的关键动因，对于协同效应的实现有着至关重要的作用(顾兴燕和银路，2010)。然而，产学研过大的能力禀赋差异一方面使得双方缺乏共同认知基础，阻碍彼此间的协调配合；另一方面使其在技术研发子环节中易形成对彼此的过度依赖，无法深度参与到整个创新价值链过程，同时难以突破知识学习门槛。

二、产学研交互过程障碍

(1)资源互动障碍。产学研之间协同关系的建立往往是基于各协同主体所拥有的优势资源，各协同方有形或无形资源的互动整合是互补效应达成的基础(屈维意等，2011)。但在实际产学研交互过程中，往往存在多种不利因素限制着资源在各协同主体之间的共享和流动，其中包括技术保密行为、共享机制缺陷等因素导致的资源封闭，以及技术供需偏差导致的资源无法有效对接匹配，资源的交互障碍由此形成。

(2)关系协调障碍。实现协同效应的一个重要条件是协同主体之间的有效沟通(董碧娟，2016)。但在实际产学研交互过程中，因为存在文化距离、知识距离等因素，各协同主体通常缺乏共同语言、难处同一语境，加之信息沟通渠道的不畅通，信息沟通障碍由此形成。由于缺乏良好的信息沟通，合作双方难以对彼此展开深入的了解，同时也无法产生对合作前景的良好预期，从而难以构建起互利共赢导向下的信任关系，最终容易引致合作后期的种种纠纷，进而阻碍产学研主体之间的资源互动和交互学习。

(3)利益协调障碍。产学研主体之间多方共赢的实现是协同创新的出发点和落脚点，同样也是维系持久、稳健协同关系的核心。在利益协调过程中，各协同主体关注的焦点通常来自两个方面，分别是有形经济收益的分配，以及无形知识资产的分配。在目前的理论研究和实践探索当中，以上两方面的利益协调问题均尚未得到很好的解决。在现实的产学研协同创新实践中，由于各协同主体对自身的创新投入有着自己的一套评价标准，利益认同有所差异，加之技术或知识难以估值定价、中立权威的技术估值平台缺失，各协同方的利益关系往往难以调和，进而阻碍了产学研主体之间的资源互动和交互学习。

(4)交互学习障碍。通过知识学习过程来扩充各协同主体的知识库，增强各协同主体的创新能力是协同创新的重要目标，而这一过程的核心在于各协同主体对所需显性或隐性知识资源充分地识别、消化和吸收。但在实际的产学研交互过程中，由于受到知识学习门槛、主体自身知识学习能力不足等不利因素的制约，产学研主体之间知识学习转化困难，难以形成高价值知识资源“识别-消化吸收-再创造”的良性循环。

三、外部环境障碍

(1)政策环境障碍。产学研协同创新是一项复杂的系统工程，尤其在产学研深度融合战略背景下，政策的支持引导与法律法规的切实保障对于产学研结合有着十分重要的意义。但在实际的协同创新过程中，政府作用往往未能得到良好的发挥，尚且存在许多不到位之处。政策引导方面，激励机制设计和执行缺陷等问题难以驱动各协同主体跨越组织边界开展面向前沿技术开发的协同创新活动。政策支持方面，财税政策制定缺乏可操作性、产学研合作研发关键环节缺乏资金或平台支持等问题使得协同创新缺乏有效的条件支撑。法律保障方面，知识产权保护不力、产学研合作行为的监督约束不力等问题使得合作双方的权益难以得到切实保障，进而遏制了协同意愿。

(2)社会环境障碍。相较于欧美发达国家，我国当前整体的创新能力仍处于较低水平(李仲琦和焦建华，2018)。来自以下两方面的社会环境因素在一定程度上制约着我国创新能力的提升：一是创新文化浸润不充分，尚未形成鼓励冒险、宽容失败的创新文化氛围；二是国民的创新意识还比较薄弱，倾向于商业模式的创新，尚未完全认识到前沿科技创新对于我国创新型国家建设，以及突破发达国家核心技术封锁的重要性。社会环境层面的不利因素使得产学研协同创新的外驱力不足。

(3)市场环境障碍。目前我国企业发展方式还是处于要素驱动发展和效率驱动发展阶段，整体尚未步入内生增长、创新驱动发展阶段(Hansen and Birkinshaw，2007)。大多数企业尚可依赖现有技术或基于现有技术的微小创新攫取商业价值，承担高风险进行前沿科技创新的动力不足，从而未能充分发掘和利用组织内外部创新资源，进一步致使大学和科研机构的中等适用技术无法得到应用转化而闲置。特别地，部分处于垄断地位的企业掌握大量资源，但由于缺乏市场竞争压力和危机意识，过度依赖技术引进，尚且缺乏对引进技术的消化吸收再创新，原始创新更加无从谈起。

第四节　产学研异质性关键障碍识别

一、障碍因素间因果关系分析

前面运用扎根理论方法得到由产学研异质性障碍、产学研交互过程障碍和外部环境障碍构成的障碍因素层级体系。在此基础上，将一级障碍因素自左向右依次编码为C_1、C_2、C_3，二级障碍因素自左向右依次编码为F_1、F_2、F_3、…、F_{10}。

邀请 6 名产学研协同创新研究领域的专家组成专家群体(专家群体的分组结构如表 10.4 所示)，依据四级评分规则对二级障碍因素之间影响关系的强弱程度进行评分，将得到的分数计算均值并取整从而建立直接影响矩阵 $\boldsymbol{X}$，如表 10.5 所示。

表 10.4　专家群体的分组结构

属性	分组	人数	比重/%	属性	分组	人数	比重/%
单位	高校	3	50	最高学历	硕士	2	33
	科研机构	1	17		博士	4	67
	企业	2	33	参与的产学研合作项目数量	5～8 项	2	33
工作年限	5～8 年	3	50		8 项及以上	4	67
	8 年及以上	3	50				

表 10.5　直接影响矩阵

二级因素	F_1	F_2	F_3	F_4	F_5	F_6	F_7	F_8	F_9	F_{10}
F_1	0	2	2	3	1	0	2	0	0	0
F_2	3	0	2	2	3	2	1	0	0	0
F_3	0	0	0	2	2	0	3	0	0	0
F_4	0	0	1	0	2	2	1	0	0	0
F_5	0	2	0	3	0	3	2	0	0	0
F_6	0	0	0	2	2	0	0	0	0	0
F_7	0	0	1	0	1	1	0	0	0	0
F_8	0	0	0	2	2	2	0	0	1	2
F_9	0	0	0	1	1	0	0	1	0	1
F_{10}	0	0	0	1	0	0	0	0	0	0

依据 DEMATEL 方法步骤，运用 MATLAB R2013b 对直接影响矩阵 $\boldsymbol{X}$ 进行计算，得到综合影响矩阵 $\boldsymbol{T}$，如表 10.6 所示。

表 10.6　综合影响矩阵

二级因素	F_1	F_2	F_3	F_4	F_5	F_6	F_7	F_8	F_9	F_{10}
F_1	0.047	0.204	0.247	0.404	0.279	0.182	0.308	0.000	0.000	0.000
F_2	0.256	0.111	0.266	0.434	0.463	0.367	0.291	0.000	0.000	0.000
F_3	0.009	0.040	0.050	0.248	0.253	0.126	0.305	0.000	0.000	0.000
F_4	0.009	0.040	0.105	0.120	0.248	0.247	0.153	0.000	0.000	0.000
F_5	0.044	0.191	0.086	0.389	0.200	0.386	0.256	0.000	0.000	0.000
F_6	0.008	0.036	0.029	0.232	0.223	0.097	0.063	0.000	0.000	0.000
F_7	0.005	0.021	0.090	0.067	0.129	0.124	0.048	0.000	0.000	0.000
F_8	0.010	0.043	0.037	0.292	0.270	0.275	0.077	0.006	0.077	0.161
F_9	0.005	0.021	0.018	0.145	0.134	0.071	0.038	0.077	0.006	0.089
F_{10}	0.001	0.003	0.008	0.086	0.019	0.019	0.012	0.000	0.000	0.000

依据表 10.6 的数据，分别计算出各个二级障碍因素的影响度、被影响度、中心度和原因度，计算结果如表 10.7 所示。

表 10.7　二级障碍因素相关指数计算结果

二级因素	影响度 D	被影响度 R	中心度 $D+R$	原因度 $D-R$
F_1	1.671	0.394	2.065	1.276
F_2	2.187	0.710	2.897	1.478
F_3	1.030	0.936	1.967	0.094
F_4	0.923	2.416	3.339	-1.494
F_5	1.552	2.217	3.768	-0.665
F_6	0.688	1.894	2.582	-1.206
F_7	0.482	1.551	2.033	-1.068
F_8	1.248	0.083	1.332	1.165
F_9	0.605	0.083	0.689	0.522
F_{10}	0.148	0.231	0.360	-0.102

据表 10.7 的数据，以中心度为横坐标轴，原因度为纵坐标轴，绘制如图 10.4 所示的二级障碍因素因果关系图。

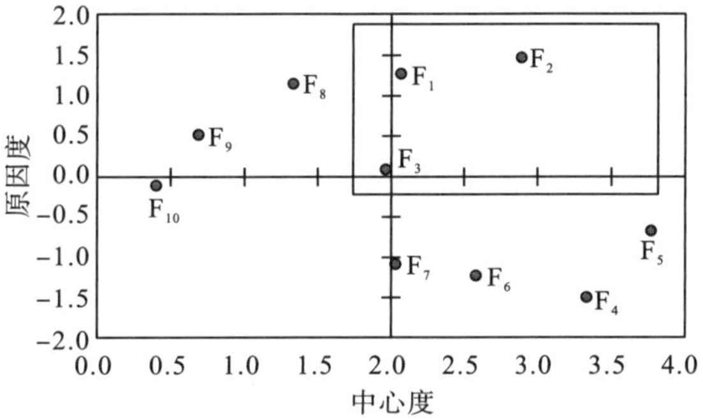

图 10.4　二级障碍因素四象限因果关系图

二、产学研异质性关键障碍分析

从图 10.4 可以看出，产学研异质性障碍中的制度异质性障碍(F_1)、文化异质性障碍(F_2)和能力异质性障碍(F_3)均位于或邻近第一象限，三者均具有较高的中心度和原因度，可视为障碍因素层级体系中核心阻尼因素(Shih and Wu，2004)。其中，文化异质性障碍(F_2)的原因度和中心度均最高，制度异质性障碍(F_1)次之，能力异质性障碍(F_3)的原因度和中心度均最低，这表明 F_1、F_2 和 F_3 的重要性程度排名为 $F_2>F_1>F_3$。因此，掌握核心阻尼因素，从根本上破解由产学研主体制度属性、文化属性及能力禀赋差异造成的协同障碍对于协同创新系统的有序运行起着至关重要的作用。基于此，后文主要从产学研异质性关键障碍的破解入手，探讨产学研协同创新的实现机制及路径。

第十一章　产学研异质性关键障碍的同质化破解机制

第一节　产学研同质化过程及最优水平

一、产学研同质化过程解析

余泳泽和刘大勇(2013)在研究我国区域创新效率的外溢效应时，借鉴 Hansen 和 Birkinshaw(2007)提出的创新价值链的概念，构建了一个三阶段创新价值链模型(如图 11.1 所示)。模型中，创新价值链被划分成了三个阶段，分别是基础研究、应用研究和生产运作阶段。鉴于此，本章将企业、大学和科研机构主要从事的业务分为三类，即生产运作、基础研究和应用研究，这三类业务系创新价值链上的三个核心环节。一般情况，企业主要占据生产运作环节，大学主要占据基础研究环节，科研机构主要占据应用研究环节。创新价值链的三个阶段之间存在着强关联性和互补性，前一阶段作为后一阶段的运行基础，后一阶段的运行效果可以作为前一阶段运行效果的反馈。

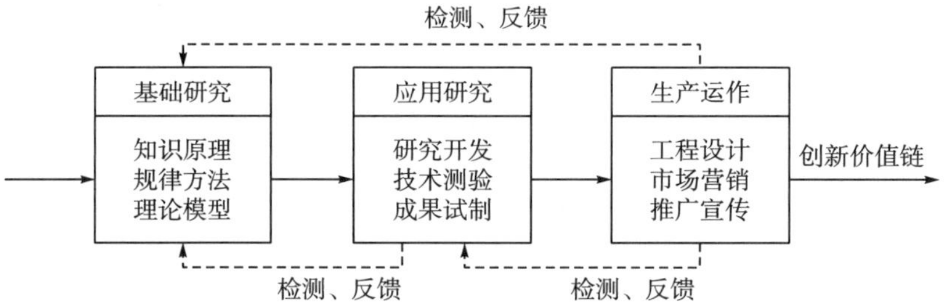

图 11.1　余泳泽和刘大勇(2013)的三阶段创新价值链模型

设 $i(i=1,2,3)$ 代表产学研主体类型，其中 i=1 代表企业，i=2 代表大学，i=3 代表科研机构。$j(j=1,2,3)$ 代表产学研业务类型，其中 j=1 代表生产运作，j=2 代表基础研究，j=3 代表应用研究。$a_{ij}(a_{ij}\in[0,1])$ 表示第 i 类主体分配在第 j 类业务上的事业权重(第 j 类业务领域知识存量占比)，且 $\sum_{j=1}^{3}a_{ij}=1(i=1,2,3)$。由此定义产学研三大主体的事业权重矩阵如下：

$$A=\begin{bmatrix} a_{11} & a_{12} & a_{13} \\ a_{21} & a_{22} & a_{23} \\ a_{31} & a_{32} & a_{33} \end{bmatrix} \tag{11.1}$$

在式(11.1)中，第一行(a_{11},a_{12},a_{13})为企业在生产运作、基础研究、应用研究三项业务上的事业权重；第二行(a_{21},a_{22},a_{23})为大学在生产运作、基础研究、应用研究三项业务上的事业权重；第三行(a_{31},a_{32},a_{33})为科研机构在生产运作、基础研究、应用研究三项业务上的事业权重。上述关系的坐标图形表达如图 11.2 所示。

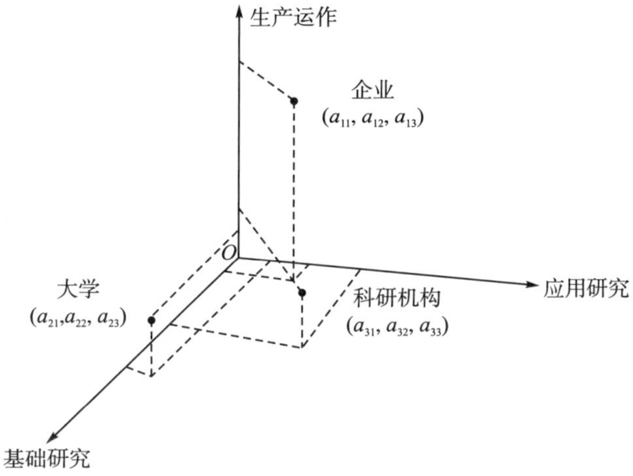

图 11.2　产学研三大主体的事业权重结构

考察图 11.2，产学研三大主体之间的差异化程度可由其事业权重坐标距离来衡量。考虑到不同主体的事业权重是互不相关的，我们可以选择变式的欧式距离公式来计算上述距离(Shih and Wu，2004；Woerter，2009)。由此定义：

$$D=\frac{1}{M}\left(\sqrt{\sum_{j=1}^{3}(a_{1j}-a_{2j})^2}+\sqrt{\sum_{j=1}^{3}(a_{1j}-a_{3j})^2}+\sqrt{\sum_{j=1}^{3}(a_{2j}-a_{3j})^2}\right) \tag{11.2}$$

其中，

$$M=\max\left(\sqrt{\sum_{j=1}^{3}(a_{1j}-a_{2j})^2}+\sqrt{\sum_{j=1}^{3}(a_{1j}-a_{3j})^2}+\sqrt{\sum_{j=1}^{3}(a_{2j}-a_{3j})^2}\right) \tag{11.3}$$

在本章研究情形下，$M=3\sqrt{2}$，$\max(D)=1$，$\min(D)=0$。因此，D 的取值范围为$[0,1]$。

当 $D=\max(D)=1$ 时，产学研三大主体的差异最大，此时，企业只从事生产运作，大学只从事基础研究，科研机构只从事应用研究。

当 $D=\min(D)=0$ 时，产学研三大主体的差异最小，此时，三大主体分布在三大业务的事业权重完全相同(皆为 1/3)。

一般情况下，$0<D<1$。当 D 由 1 向 0 变化时，产学研三大主体之间的差异逐渐缩小，这种差异逐渐缩小的过程就称之为同质化。

二、产学研同质化最优水平分析

(一)产学研协同效应：产学研之间的同质化互补效应

产学研主体之间的互补性源于它们之间的差异性，这种内在的互补性特征是产学研协同创新联合体构建和协同创新活动运行的基础。基于资源依赖理论，获取互补性资源或能力是成员加入联盟最主要的动因之一。然而，在现实的产学研协同创新实践中，各协同主体之间显著的差异性往往又引起了诸多协同障碍，如制度冲突、文化排斥和能力水平不匹配，进而导致各协同主体难以进行良好的知识协作，使得协同效应无法最终实现。因而，产学研之间适度的同质化对于其互补性的发挥及协同效应的实现起着十分重要的催化和保障作用。

“协同效应”源于协同理论(synergetic)。协同理论认为，组成系统的各要素之间、要素和系统之间、系统和系统之间、系统和环境之间存在着协同作用，当外界控制参量达到一定的阈值时，要素之间相互联系、关联代替独立、竞争，并占据主导地位，导致系统从无序状态走向有序状态，即“协同导致有序”，从而产生“1+1＞2”的整体效应，即协同效应。企业、大学和科研机构本质上是知识链上的组织，知识要素在产学研子系统之间的流动促成了协同效应的实现。因而，从知识管理角度而言，产学研协同效应的形成重点突出知识要素的运动从无序走向有序，从差异走向协调一致，从而实现整体效益大于各部分效益之和(胡园园等，2015)。但是，由于文化、制度等组织要素的巨大差异性，产学研之间往往呈现出各自为战、条块分割、貌合神离的局面，这种局面不利于知识的共享创造，而知识链协同效应实现的核心标志恰是各组织通过知识的共享、交流与整合创造出新知识(蔡彬清等，2013)。

综上所述，本章从同质化互补的角度出发，将产学研协同效应的形成过程描述如下：通过同质化消解主体异质性引致的关键协同障碍，促使产学研之间互补性知识要素的运动从无序状态走向有序状态，从而实现互补性知识的高效互动整合，产生“1+1＞2”的非线性作用的过程，而这种非线性作用表现为知识的创新和涌现。在此，将产学研协同效应量化为互补性知识互动整合带来的协同创新系统知识存量增长比率(杨玉香和周根贵，2012)。产学研互补性知识整合前协同创新系统知识总量记为TK^1，知识整合后协同创新系统知识总量记为TK^2，则产学研协同效应为

$$\mathrm{Syn}=\frac{TK^2-TK^1}{TK^1} \tag{11.4}$$

(二)产学研同质化最优水平分析

产学研协同创新内涵中蕴含着协同理论的核心思想，其实质是通过知识要素的协同实现协同效应以达到产学研之间知识共享和知识创造的目的。为了能够充分体现协同创新的本质特征，将产学研协同效应作为产学研协同创新效果的评价变量来探讨同质化水平促进协同创新的有效范围。设产学研之间的同质化水平为$H(H\in[0,1])$，协同效应系数为$\lambda(\lambda>0)$，将H用D简单表示如下：

$$H=1-D \tag{11.5}$$

基于前文的分析，产学研协同效应的形成基础是主体之间的互补性，而互补性源于差异性，也是知识分工的依据；同质化则是产学研协同效应的形成保障，也是知识协作的基石。产学研主体之间的差异化水平和同质化水平需达到一定平衡才能达成高效的知识分工协作，进而使得协同效应水平实现最优。在此，进一步借鉴吴先华等(2008)的研究，利用同质化互补的乘法效应来表示产学研协同效应如下：

$$\mathrm{Syn}(D)=\lambda HD=\lambda H(1-H) \tag{11.6}$$

由式(11.6)可知，当$H=1$，$D=0$时，此时产学研之间的同质化水平最大，协同效应最小，为 0；当$H=0$，$D=1$时，此时产学研之间的同质化水平最小，协同效应最小，为 0；当$D=H=0.5$时，产学研之间的同质化水平处于适中状态，协同效应最大，为0.25λ。

由此可见，产学研之间的同质化水平与协同效应呈倒 U 形关系，存在一个最优同质化水平H^*和最优协同效应水平Syn^*，即在一定范围($0<H<H^*$)内，同质化水平是促进产学研协同效应的，如图 11.3 所示。后文将具体分析在$0<H<H^*$这一区间范围内，产学研同质化是如何通过破解异质性关键障碍来促进协同创新的。

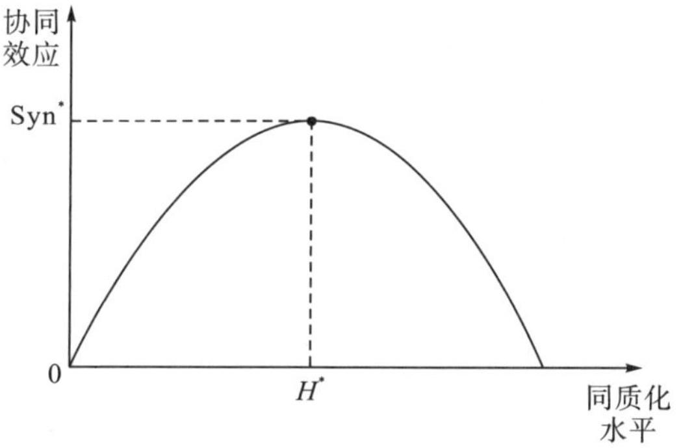

图 11.3　产学研同质化水平与协同效应的关系

第二节　制度异质性障碍的同质化破解机制

一、制度异质性障碍的形成机制分析

企业、大学和科研机构由于组织特性的差异，在长期的经营管理实践中形成了截然不同的制度特征，主要表现在人事选拔、激励制度等方面。企业在进行人事选拔和人才激励时，通常会以经济性指标对人才的价值和贡献进行评价，如在选拔人才时倾向于考察候选人在相关岗位上的从业经验、历史运营管理绩效等；而大学和科研机构通常会关注相应的学术性指标，如论文、专利等学术成果发表情况。

组织制度的差异往往会导致各协同主体利益诉求的不同，相应地会引发科研行为、动机等要素的差异性和多样性。如若这种制度差异性在协同创新过程中被忽视或管理不善，将会进一步加剧各协同主体之间行为的离散和摩擦，使得整个协同系统内耗增加，陷入一种混乱无序的状态(黄速建和王钦，2007)，最终致使各协同主体难以结成紧密的目标实现体和利益共同体，协同困境由此形成。制度异质性障碍的形成机制如图 11.4 所示。

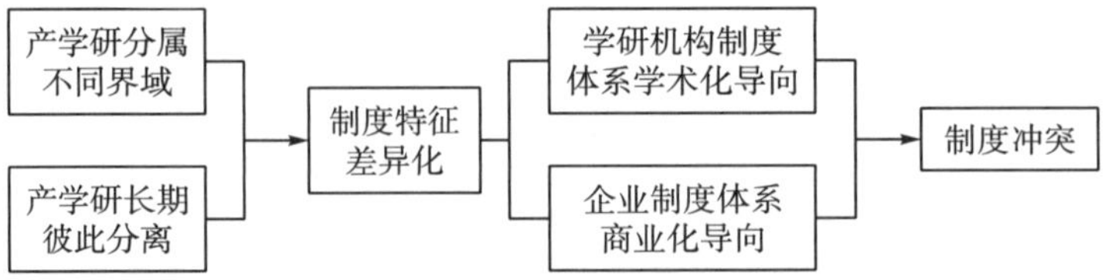

图 11.4 制度异质性障碍形成机制模型

二、制度异质性障碍的同质化破解机制分析

组织制度与组织功能相伴而生、相互依存，随着产学研主体组织功能的拓展，即企业功能向创新价值链前端延伸，大学和科研机构功能向创新价值链后端延伸，组织制度通常会进行相应调整以便与之相适应，如企业会在绩效考核体系中加入学术性指标以激励员工参与创新活动；大学和科研机构会在绩效考核体系中加入经济性指标以调动科研人员参与成果转化活动的积极性，产学研主体之间组织制度一致性由此得到提升，加之建立和完善协同创新联合体层面的制度协调机制，最终将会实现产学研之间制度的协调和统一。制度异质性障碍的同质化破解机制如图 11.5 所示。

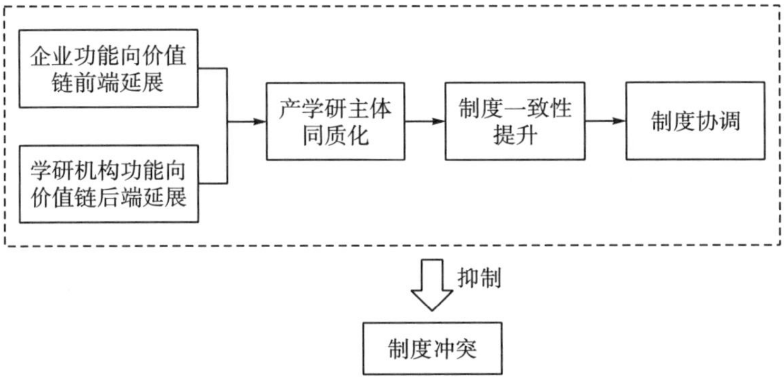

图 11.5 制度异质性障碍的同质化破解机制模型

第三节 文化异质性障碍的同质化破解机制

一、文化异质性障碍的形成机制分析

组织文化是一种嵌入在人际关系中的信念和规范，它对组织成员的思维模式、价值取向和行为方式均有着十分重要的引导作用，同时也成为组织在知识选择过程中对知识重要

性和价值性的判定准则。组织文化主要包括三个层面，分别为价值观、组织制度和组织行为层面，其中，价值观是组织文化的内核，组织制度是组织文化的外化表现，并最终呈现为组织行为(刘冰锋，2013)。

由于分属不同的界域，且长期处于分离的状态，企业、大学和科研机构在经营管理实践过程中形成了彼此截然不同的价值取向和行为规范，主要表现如下(蓝晓霞，2014；张邵丽和于金龙，2016)：①企业文化有着明显的商业价值导向，关注研究课题的应用性及商业化变现能力，追求对知识创新成果的私有和独占。②大学文化有着明显的学术价值导向，重视学科研究或学术创新，追求研究课题的前沿性和理论性，强调知识创新成果的公有性和独创性。③科研机构注重实践研究或应用研究，其文化具备较强的实践性和应用性，但与大学文化有着较强的共性。

协同创新过程中，随着产学研主体之间互动的深入，组织间的文化差异逐渐凸显，从而带来认知的不平衡，各协同主体的不良情绪由此产生。产学研主体之间显著的文化差异性在协同创新过程中如果被忽视或未能善加管理，势必会演变为文化冲突，主要表现为学术文化和商业文化之间的相互排斥，进而形成协同障碍。文化异质性障碍的形成机制如图 11.6 所示。

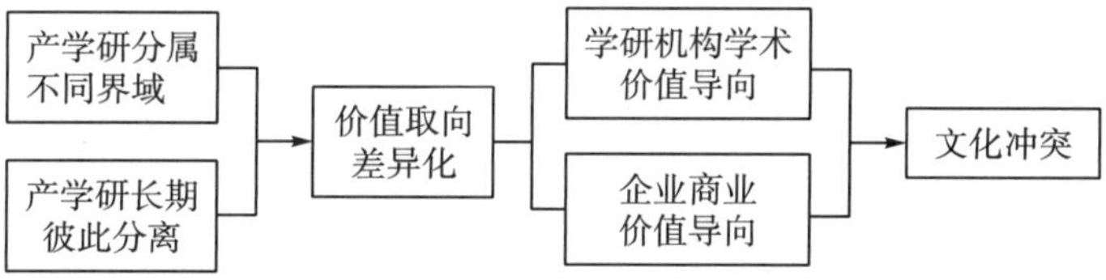

图 11.6　文化异质性障碍的形成机制模型

二、文化异质性障碍的同质化破解机制分析

产学研协同主体之间的文化差异源自各自在社会分工体系中的不同定位，其中，企业立足于商业界，专注于知识变现；大学和科研机构立足于学术界，专注于知识创造与传播。通过业务跨界推动同质化，产学研主体在跨界实践中不断更新和积淀自己的组织文化，逐步认识、理解彼此差异化的价值观、行为方式等，并产生文化交集(刘冰峰，2013；陈菲琼和黄义良，2011)。

协同创新过程中，异质文化进一步碰撞、交汇，通过有效的文化差异管理方式(如建立双向沟通机制、共同价值观等)最终实现彼此间的文化适应、认同和包容，而这种对彼此差异化的价值观、研究精神、行为方式等方面的相互适应、包容和认同即文化相容(徐梦丹，2018)。产学研主体之间的文化相容确保了协同创新过程中多元文化并存的状态，促进了多元文化之间的借鉴融合，最终会抑制产学研之间的文化冲突。文化异质性障碍的同质化破解机制如图 11.7 所示。

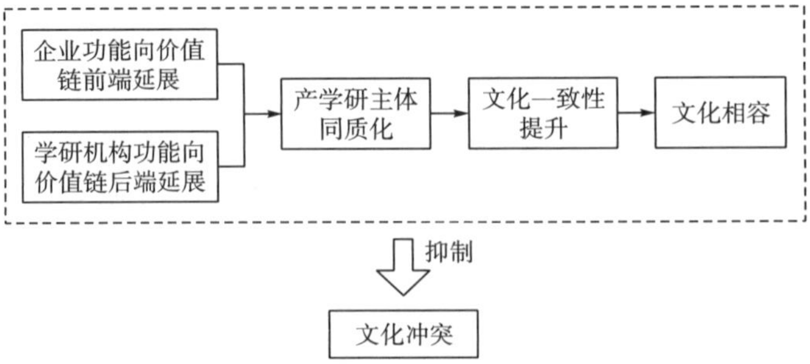

图 11.7 文化异质性障碍的同质化破解机制模型

第四节 能力异质性障碍的同质化破解机制

一、能力异质性障碍的形成机制分析

企业、大学、科研机构三大主体由于分别占据了创新价值链的不同环节，因而形成了差异性较为显著的能力系统。基于资源依赖理论，能力异质性是产学研协同创新的基础，也是各协同主体参与协同创新的主要动力之一。早期，我国模仿苏联的科技体制，大学和科研机构承担着基础研究和应用研究的主要任务，大部分基础研究和应用研究经费都流向了大学和科研机构，导致基础研究和应用研究成果多集中于大学和科研机构（顾兴燕和银路，2010）。此外，由于基础研究具有“不针对任何专门或特定应用”的特点，而应用研究的主要目的是获取新知识，加之二者都具有研发周期长、短期内难以变现的特点，使得企业对基础研究和应用研究重视程度较低，投入也相对较少，最终导致企业的基础研究能力和应用研究能力相对较弱。

大学和科研机构在基础研究和应用研究方面具备的优势能力恰是新产品和新技术开发前期所需的能力，但其缺乏产品和新技术开发后期和商业化阶段所需的能力，如对市场需求的把控能力、技术商业化经验等，导致了大学和科研机构的新技术和新产品不能快速商业化。而企业恰恰在新技术开发后期所需能力方面占据优势地位，由此便构成了产学研主体能力的内在互补性特征，这为协同创新活动中的分工与专业化奠定了基础。然而，能力水平差距又为协同主体之间的有效互动带来一定的挑战。如果协同主体之间的能力水平差距过大将会引致合作研发中的过度依赖行为，以及协同主体之间在能力水平上表现出的不相匹配现象，影响知识消化吸收和应用转化的效果，最终致使协同创新绩效低下，协同障碍由此形成。能力异质性障碍的形成机制如图 11.8 所示。

图 11.8 能力异质性障碍的形成机制模型

二、能力异质性障碍的同质化破解机制分析

产学研协同创新强调的是各协同主体之间围绕知识创新目标的良性互动，而非简单的“知识发送-知识接受”行为，这种良性互动恰是建立在协同双方能力水平匹配的基础上。产学研协同创新过程中，各协同主体不仅需要发挥各自的能力优势，同时也需要弥补自身的能力短板，积累和培育自身知识吸收能力，进而跨越协同创新中的技术吸收门槛，实现与合作伙伴的良性配合。

通过业务跨界推动同质化，产学研主体将逐步扩充和完善自身的能力系统，弥补自身的能力短板，提升自身的知识消化吸收和应用转化能力。在此基础上，协同创新联合体建立和完善一定的交互学习机制(如制定基于信息技术的知识共享流程，搭建知识交互学习平台等)，帮助产学研主体快速理解和掌握彼此的关键性技术知识，从而实现产学研之间的有效配合(刘克寅，2015)。能力异质性障碍的破解机制如图 11.9 所示。

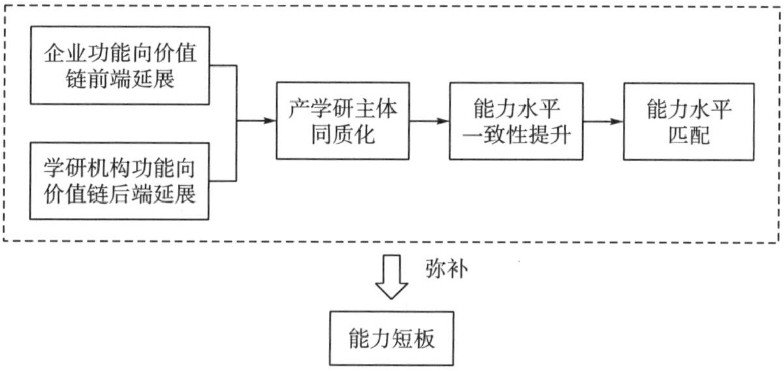

图 11.9　能力异质性障碍的同质化破解机制模型

第十二章　产学研同质化互补动态演化路径

第一节　同质化驱动下的产学研协同创新过程

产学研协同创新过程实质是产学研各主体之间知识共享、创造，从而形成知识优势的过程，这一过程也即为知识交互过程(吴悦和顾新，2012；龙跃等，2016)。产学研协同关系的形成基础是它们之间所具备的知识互补性，具体而言即为基础研究知识、应用研究知识和生产运作知识之间所具备的互补性，同时只有当互补性知识产生交互作用时，知识互补性的效用才能得以发挥，进而才能实现整体优于部分之和的效果(贾宪洲和叶宝忠，2010)。基于此，本章将产学研协同创新过程视为知识交互过程，在知识交互过程中逐步实现知识互补整合及协同效应。

美国学者加伯利·苏兰斯基(Gabriel Szulanski)将组织内部的知识交互过程划分为四个阶段(Szulauski，1996)：启动(initiation)、实施(implementation)、调整(ramp-up)和整合(integration)。各阶段之间存在着明确的里程碑式的界限，如第一阶段进入标志是产生知识转移需求，第二阶段进入标志是做出知识转移决定，第三阶段进入标志是初次使用转移而来的知识，第四阶段进入标志是从知识转移中获得满意的绩效，具体如图 12.1 所示。其中，启动阶段涉及需求发现和满足该需求的知识源识别；实施阶段涉及知识在知识发送方和知识接受方之间的共享转移；调整阶段涉及知识接受方对转移而来的知识进行调整，从而对新的情境加以适应；整合阶段涉及知识接受方将转移而来的知识加以制度化并成为自身知识储备的一部分。苏兰斯基在知识交互过程模型中强调知识交互过程不仅仅是简单的“知识发送-知识接受”行为，更是一个知识重建的过程。该模型的前两个阶段表明知识交互是有计划、有目的的知识共享，而非偶然的、盲目的行为结果，明确的知识交互动机是知识交互活动开展的前提。模型的后两个阶段表明成功的知识交互是知识发送方和知

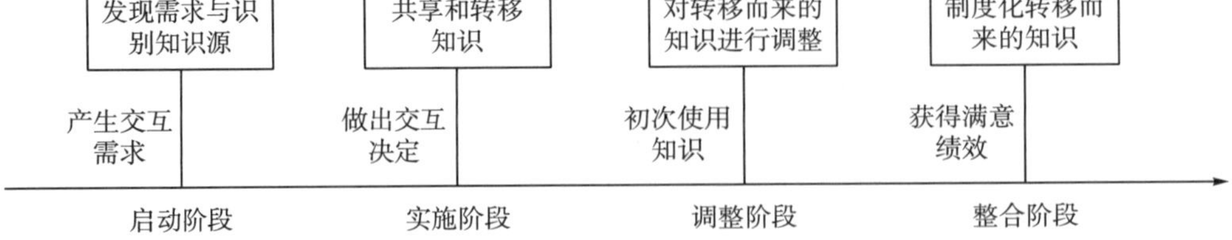

图 12.1　苏兰斯基(1996)的知识交互过程四阶段模型

识接受方共同努力的结果。

产学研跨组织知识交互过程与组织内部的知识交互过程相似，但其更加强调知识在组织之间的双向共享转移，以及互补性知识整合所带来的知识创新效果，故本章将苏兰斯基对组织内部知识交互过程的阶段划分引入产学研协同创新的知识交互过程研究中，并对其加以调整。从知识创新的角度看，可以将产学研协同创新的知识交互过程划分为三个递进演化的阶段，分别是知识组织阶段、知识融合阶段和知识增殖阶段，同质化在不同阶段所起的作用有所差别，如图 12.2 所示。其中，知识组织阶段主要包括知识互补源识别和知识交互网络搭建环节；知识融合阶段主要包括双向的知识共享和知识转移环节；知识增殖阶段主要包括知识创新和知识扩散吸收环节。历经以上三个阶段后，产学研主体之间最终实现充分的知识互补整合及协同效应。

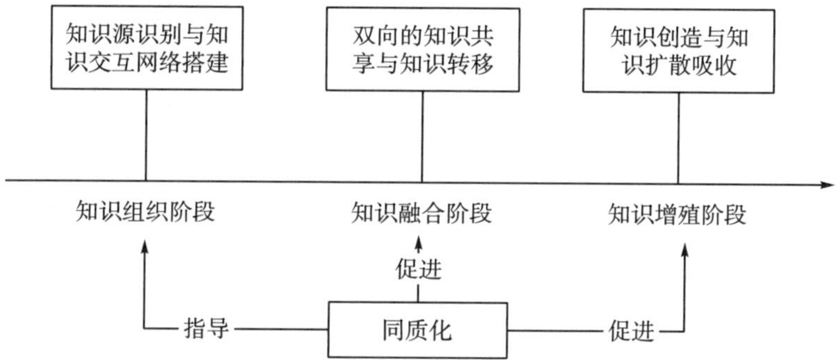

图 12.2　同质化驱动下的产学研协同创新过程三阶段模型

一、知识组织阶段

产学研各主体通常是以契约为基础、以需求为导向初步结成协同关系，进而围绕共同的技术创新目标共享整合各种知识资源。协同需求产生对知识资源的需求，从而驱动产学研协同创新的知识交互过程进入知识组织阶段，该阶段包括知识互补源识别和知识交互网络搭建两个子环节。

产学研协同创新联合体是以各协同主体所拥有的优势知识资源为基础构建而成的，因此对于协同伙伴的选择尤为重要。在选择协同伙伴时，首先需衡量自身的知识缺口，通过与外部市场需求的比对发现自身的知识差距，此外，还需评估协同伙伴与自身的同质化水平，以便能够在结成协同关系之后在一定程度上防范由主体异质性带来的协同风险，进而使得协同关系更为牢靠。

在协同伙伴选择完成之后，知识组织阶段开始进入下一个环节，即知识交互网络的搭建。在该环节，协同伙伴之间需进一步明确各自拥有的互补性知识资源，以及为达成技术创新目标和市场需求所需要的知识资源集合，并初步搭建相应的交流沟通渠道，营造良好的知识交互环境，为产学研知识交互进入知识融合阶段奠定基础。由于该阶段的主要任务是构建伙伴关系及初步搭建知识共享转移渠道，各协同主体之间尚未开展面向知识创新任务的分工协作，彼此间的协同关系较为松散，优势知识资源尚处于分散状态，因此对协同主体之间的同质化水平要求不高。上述过程如图 12.3 所示。

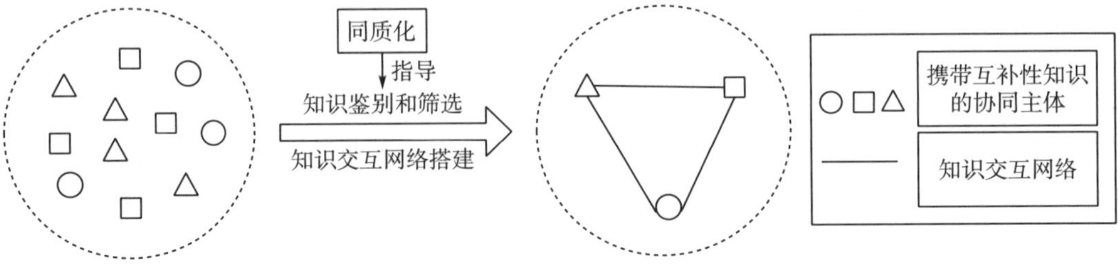

图 12.3 同质化驱动下的产学研协同创新知识组织过程

二、知识融合阶段

知识交互网络初步构建完成后，便推动产学研协同创新的知识交互过程进入知识融合阶段。该阶段是产学研协同创新具体运作过程的初始环节，是知识创造和扩散吸收的基础。在知识融合阶段初期，各协同主体根据各自的知识优势展开知识分工，并基于契约关系和共同目标，产生知识共享意愿。但由于相互间的不熟悉，各协同主体对彼此的行为往往存在较大的不确定性，彼此间的信任水平较低，知识共享意愿较弱，知识共享程度也相应偏低，这将直接影响知识创新的效果。此时，协同创新联合体需建立一定的奖惩机制来提升协同主体之间的信任水平。随着产学研协同创新的知识交互过程的深入，在信任机制等联盟机制的保障和驱动下，各协同主体的知识共享意愿提升。

产学研协同主体产生足够的知识共享意愿后便进入到知识转移阶段，该阶段需要确定转移的知识形态，进而建立和完善相应的知识转移渠道。协同创新联合体转移的知识一方面来源于联合体内部分散、无序的知识，通过对其进行筛选、分类和整理组成新的知识系统以适应协同创新目标；另一方面来源于联合体外部的显性知识，如市场需求信息、技术需求信息等。这些协同创新联合体外部知识源可以对联合体自身的知识缺口进行补充，还有益于各协同主体对技术变革方向以及市场需求动向加以把控。

针对不同类型的知识，知识转移方式有所差别，显性知识一般通过联盟的正式机制实现共享转移，如基于信息技术制定的知识共享流程等；隐性知识的共享一般依托于联盟中的非正式机制，其主要是指人员面对面的交流沟通。该阶段往往伴随着产学研之间较为频繁的交流互动，各种异质性冲突容易在该阶段产生，因此需要一定水平的同质化来保证产学研之间有效的沟通，从而实现知识的转移扩散。适度的同质化水平能够通过促进文化相容性、制度协调性和能力水平匹配性进一步提升彼此间的情感认同和行为协调一致程度，以此提高知识的共享转移效率。上述过程如图 12.4 所示。

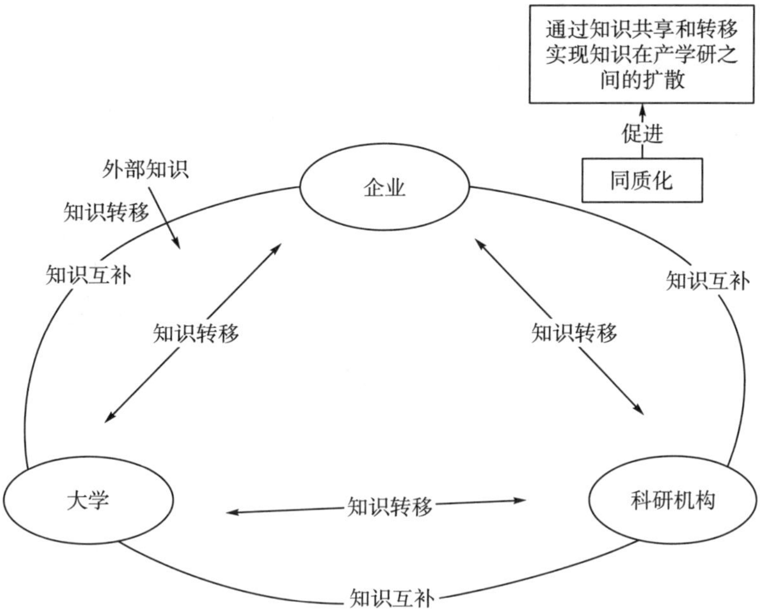

图 12.4 同质化驱动下的产学研协同创新知识融合过程

三、知识增殖阶段

伴随着协同创新联合体内外部知识持续地共享、转移，产学研协同创新的知识交互过程进入到最为核心的阶段，即知识增殖阶段。该阶段包括两个子环节，即知识创造和扩散吸收环节。协同创新联合体知识的创造过程，在宏观上表现为新技术的研发，在微观上表现为联盟中显性知识和隐性知识在转移和相互转化过程中的扩充增长。两种知识形态的相互转化恰是知识创造的核心。日本学者野中郁次郎(Ikujiro Nonaka)和竹内弘高(Hirotaka Takeuchi)在其构建的 SECI 模型(Nonaka and Takeuchi，1995)中描绘了组织内部知识创造的四种基本模式，即社会化(socialization，隐性知识向隐性知识的转化)、外化(externalization，隐性知识向显性知识的转化)、综合化(combination，显性知识的整合)和内化(internalization，显性知识向隐性知识的转化)，整个知识创造过程伴随着两种形态知识的相互转化、相互补充，形成一股不断扩充增长的知识螺旋。产学研协同创新是一种跨组织知识创新模式，SECI 循环不仅发生在组织内部，更多地会在组织之间进行。

通过异质性知识在各协同主体之间频繁地共享转移和碰撞集成，不断激发产生新知识，最终形成全新的产学研知识库。该阶段，各协同主体间交流互动的频率不断提高，彼此间的信任水平也逐渐增加，促进了联盟内部显性知识和隐性知识的交流汇集。通过不断挖掘协同主体间的互补性知识资源及联盟外部的互补性知识，并对转移而来的互补性知识加以组合，不断创造出新知识，最终实现协同创新系统知识的扩充增长与螺旋上升。

知识扩散吸收阶段是产学研知识交互的提升阶段。这一阶段主要涉及知识的组织内部化过程，协同创新联合体通过各种活动把新知识扩散转移到更多的协同主体，协同主体通过消化吸收这些新知识并基于这些新知识进行二次创新，不断提高自身的创新能力，从而提升整个协同创新联合体的动态适应能力。知识增殖阶段为实现产学研协同效应的最终阶段，在该阶段，各协同主体之间的交流互动更加频繁，彼此间需要高度的情感认同和行为协调一致才能确保知识的高效互补整合，因此该阶段对产学研之间的同质化水平要求较高。上述过程如图 12.5 所示。

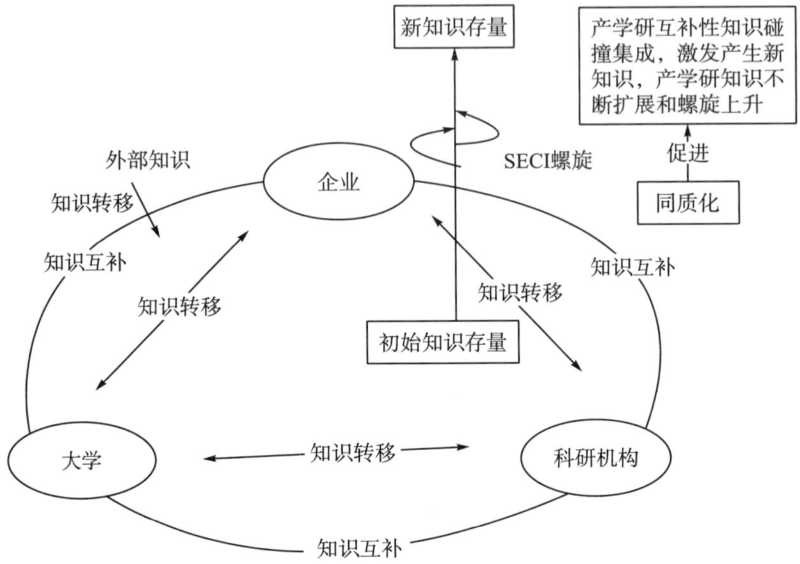

图 12.5　同质化驱动下的产学研协同创新知识增殖过程

第二节　产学研同质化互补动态演化路径模型

一、产学研知识库显隐性知识之间的相互作用

基于前文的分析可以看出，在产学研协同创新的知识交互过程中，从知识的共享转移到创造学习，各协同主体之间的交流互动逐渐密切，同时伴随着显性知识和隐性知识在组织内和组织间的相互转化和相互补充。为了简化模型，在此仅考虑 SECI 模型中知识创造的内化和外化两种典型模式，以此来描述显隐性知识相互转化过程。设产学研知识库 t 时刻的知识存量为 $K(t)$，其中显性知识的存量为 $K_a(t)$，隐性知识的存量为 $K_b(t)$，显性知识的初始存量为 $K_a(0)=K_{a0}$，隐性知识的初始存量为 $K_b(0)=K_{b0}$，k_{ab} 表示显性知识隐性化的程度，即显性知识内化的程度，k_{ba} 表示隐性知识显性化的程度，即隐性知识外化的程度。由于隐性知识外化较难，显性知识内化较易，因而可认为 $0<k_{ba}<1$，$k_{ab}=1$。依上可建立显隐性知识相互促进与转化模型如下：

$$\frac{\mathrm{d}K_a(t)}{\mathrm{d}t}=k_{ba}K_b(t) \tag{12.1}$$

$$\frac{\mathrm{d}K_b(t)}{\mathrm{d}t}=k_{ab}K_a(t)=K_a(t) \tag{12.2}$$

联立式(12.1)、式(12.2)可得

$$K_a(t)=A_1e^{\sqrt{k_{ba}}t}+B_1e^{-\sqrt{k_{ba}}t} \tag{12.3}$$

$$K_b(t)=A_2e^{\sqrt{k_{ba}}t}+B_2e^{-\sqrt{k_{ba}}t} \tag{12.4}$$

其中A_1、B_1、A_2、B_2均为常数。由式(12.1)、式(12.3)可解得

$$A_1=\frac{K_{a0}+K_{b0}\sqrt{k_{ba}}}{2} \tag{12.5}$$

$$B_1=\frac{K_{a0}-K_{b0}\sqrt{k_{ba}}}{2} \tag{12.6}$$

由式(12.3)、式(12.5)、式(12.6)可知：

$$K_a(t)=A_1e^{\sqrt{k_{ba}}t}+B_1e^{-\sqrt{k_{ba}}t}=\frac{K_{a0}+K_{b0}\sqrt{k_{ba}}}{2}e^{\sqrt{k_{ba}}t}+\frac{K_{a0}-K_{b0}\sqrt{k_{ba}}}{2}e^{-\sqrt{k_{ba}}t} \tag{12.7}$$

同理可知：

$$K_b(t)=A_2e^{\sqrt{k_{ba}}t}+B_2e^{-\sqrt{k_{ba}}t}=\frac{K_{b0}\sqrt{k_{ba}}+K_{a0}}{2\sqrt{k_{ba}}}e^{\sqrt{k_{ba}}t}+\frac{K_{b0}\sqrt{k_{ba}}-K_{a0}}{2\sqrt{k_{ba}}}e^{-\sqrt{k_{ba}}t} \tag{12.8}$$

进而可知：

$$K(t)=\frac{(K_{a0}+K_{b0}\sqrt{k_{ba}})(1+\sqrt{k_{ba}})}{2\sqrt{k_{ba}}}e^{\sqrt{k_{ba}}t}+\frac{(K_{b0}\sqrt{k_{ba}}-K_{a0})(1-\sqrt{k_{ba}})}{2\sqrt{k_{ba}}}e^{-\sqrt{k_{ba}}t} \tag{12.9}$$

对式(12.9)求导可得

$$\frac{dK(t)}{dt}=\frac{(K_{a0}+K_{b0}\sqrt{k_{ba}})(1+\sqrt{k_{ba}})}{2}e^{\sqrt{k_{ba}}t}+\frac{(K_{a0}-K_{b0}\sqrt{k_{ba}})(1-\sqrt{k_{ba}})}{2}e^{-\sqrt{k_{ba}}t} \tag{12.10}$$

(1)当$K_{a0}-K_{b0}\sqrt{k_{ba}}>0$时，显然$\frac{dK(t)}{dt}>0$，此时$K(t)$随时间$t$的增大而增大。

(2)当$K_{a0}-K_{b0}\sqrt{k_{ba}}<0$时，由式(12.10)易知：

$$\frac{dK(t)}{dt}>\frac{(K_{a0}+K_{b0}\sqrt{k_{ba}})(1+\sqrt{k_{ba}})}{2}+\frac{(K_{a0}-K_{b0}\sqrt{k_{ba}})(1-\sqrt{k_{ba}})}{2}=K_{a0}+k_{ba}K_{b0}>0 \tag{12.11}$$

此时，$K(t)$亦随时间t的增大而增大。

由此可见，无论$K_{a0}-K_{b0}\sqrt{k_{ba}}$的符号为正或为负，$K(t)$均为时间$t$的增函数。即随着时间$t$的推移，产学研知识库的知识存量在显性知识和隐性知识的相互转化过程中不断提升，直至达到协同创新系统所允许的知识存量上限。

二、产学研同质化互补动态演化路径模型构建

一般而言，产学研协同创新的知识交互过程第一阶段的主要任务是面向市场需求和技术创新目标构建知识互补网络，各协同主体之间尚未发生实质性的知识交互行为，交流互动频率较低，持续时间较短，因此系统知识存量增长幅度相对较小；第二阶段主要涉及产学研之间的知识分工与专业化，产学研之间交流互动频率提升，持续时间加长，系统知识存量增长幅度增大；第三阶段主要涉及产学研之间互补性知识的碰撞集成，交流互动进一

步深入，持续时间进一步延长，系统知识存量增长幅度进一步增大。假定产学研知识库初始知识存量为K_0，在产学研协同创新的知识交互过程第一阶段、第二阶段、第三阶段之后知识存量的增量分别为ΔK_1、ΔK_2、ΔK_3，产学研协同效应系数λ始终维持不变，且产学研同质化水平$0<H<H^*$。结合式(11.4)、式(11.6)可得一阶段后系统实现的总协同效应为

$$\mathrm{Syn}^{(1)}=\lambda HD=\lambda H(1-H)=\frac{\Delta K_1}{K_0} \tag{12.12}$$

二阶段后系统实现的总协同效应为

$$\mathrm{Syn}^{(2)}=\lambda HD=\lambda H(1-H)=\frac{\Delta K_1+\Delta K_2}{K_0} \tag{12.13}$$

三阶段后系统实现的总协同效应为:

$$\mathrm{Syn}^{(3)}=\lambda HD=\lambda H(1-H)=\frac{\Delta K_1+\Delta K_2+\Delta K_3}{K_0} \tag{12.14}$$

求解式(12.12)、式(12.13)、式(12.14)得

$$H^{(1)}=0.5-\sqrt{0.25-\frac{\Delta K_1}{\lambda K_0}} \tag{12.15}$$

$$H^{(2)}=0.5-\sqrt{0.25-\frac{\Delta K_1+\Delta K_2}{\lambda K_0}} \tag{12.16}$$

$$H^{(3)}=0.5-\sqrt{0.25-\frac{\Delta K_1+\Delta K_2+\Delta K_3}{\lambda K_0}} \tag{12.17}$$

根据式(12.15)、式(12.16)、式(12.17)易知，$H^*>H^{(3)}>H^{(2)}>H^{(1)}>0$，由此可以得到产学研协同创新过程演进环节对应于不同协同效应范围的同质化水平，结果如表 12.1 所示。

表 12.1 产学研协同创新过程演进环节的协同效应及其所需的同质化水平

产学研协同创新过程演进环节	产学研协同效应	同质化水平 H
知识封闭阶段→知识组织阶段	$0\sim\mathrm{Syn}^{(1)}$	$0\sim H^{(1)}$
知识组织阶段→知识融合阶段	$\mathrm{Syn}^{(1)}\sim\mathrm{Syn}^{(2)}$	$H^{(1)}\sim H^{(2)}$
知识融合阶段→知识增殖阶段	$\mathrm{Syn}^{(2)}\sim\mathrm{Syn}^{(3)}$	$H^{(2)}\sim H^{(3)}$

注：为了便于进行演化环节的划分，在此将产学研主体正式结成协同关系前的状态称为知识封闭阶段，该阶段产学研主体尚未发生知识交互行为。

基于表 12.1 的求解结果，构建了产学研同质化互补动态演化路径模型，如图 12.6 所示。从图中可以直观地看出，随着产学研协同创新沿着“知识组织阶段-知识融合阶段-知识增殖阶段”进行过程演进，产学研主体之间的知识交互行为呈现出不同的特征，协同效应水平在不断提高，对同质化水平的要求也在逐步提升。

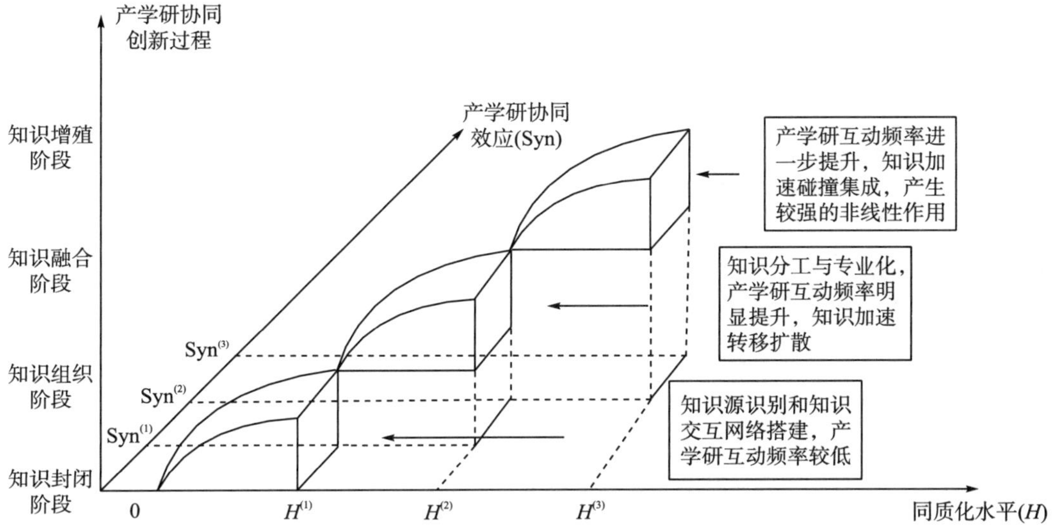

图 12.6　产学研同质化互补动态演化路径模型

第四篇

科技经济主体跨界融合知识互补：
基于场域交互的产学研知识互补机制

第十三章　产学研知识互补核心概念及研究基础

第一节　概 念 背 景

一、核心概念

（一）知识互补性

当今社会，知识在各项组织中的重要性不断提高，组织对知识资源的获取、创造、累积和运用的能力，决定了其竞争力的高低。众多学者指出，产学研协同创新联盟形成的直接和根本原因，是企业、高校、科研机构三方的知识具有互补性，发挥知识的互补性效益不仅能提升各组织的竞争实力，还能提升联盟整体的创新绩效。

知识互补性是知识协同效应的来源。综合前人的相关探索，作者认为，知识互补性是指多项知识综合利用所产生的效用大于各自单独发挥的效用值之和，包括关联性和异质性两个维度。其中，异质性是多样化的来源，也是知识创新的潜力所在，一般认为，合作伙伴间的知识异质性越大，则创新的潜力越大；而知识关联性是沟通和交流的基础，关联性决定了创新潜力实现的可能性。因此，最优的知识互补性往往达到了异质性与关联性的平衡。当合作伙伴间具有相似的基础知识，同时具有不同的专门知识时，协同效应才能发挥应有的价值。

（二）产学研知识互补

基于动态视角，知识互补的本质是将多种相互关联的异质知识集合在一起产生协同效应，这种集合是超级加性的，即组合知识集比单纯的知识集相加拥有更多的嵌入式知识。因此，本章将产学研知识互补定义为：在协同创新背景下，以互补知识为基础，产学研三方在完善自身和项目知识体系、提高知识价值的目标引导下，通过彼此间的知识交流与互动各取所需，使分散的、异质的互补知识有效聚合与匹配，从而激发创新，实现知识整体效益大于各组成部分效益之和的知识活动。其中，互补知识是指，产学研三方所拥有的为协同创新目标所需、具有互补性的知识。

根据产学研知识互补的定义，可从以下三方面特征进一步理解其内涵。

(1)产学研知识互补是以需求为导向的知识活动。产学研联盟往往面向重大科技研发项目(或计划)，这些项目所涉及的活动范围往往十分广泛，需要投入不同领域、不同种类、不同层次的知识来破解各式各样的实际问题，而产、学、研任何一方往往不能独自提供项目所需的全部知识。因此，满足项目知识需求同时完善自身知识体系，是联盟形成的最主要动机和目的，其一切知识活动也紧紧围绕这个主题。知识互补与知识转移、知识共享等活动过程最大的区别在于，知识互补并非仅由知识势差引发，而是以互补知识做基础、以需求为导向，尽量避免无效的知识流动，在相互填补知识缺口的过程中，准确、快速地进行交流与融合，这就使得联盟内部的互补知识可以有效运转，高度聚合。

(2)产学研知识互补的自组织特性。自组织是不存在外部指令，系统按照相互默契的某种规则，各尽其责而又协调地自动形成有序结构，具有协同性、自转换性和自调节性的特点(徐振洲和顾新,2013)。产学研知识互补不是对分散的异质知识进行简单的静态叠加，它由一系列具有导向性的互补知识流汇聚而成，是多元知识之间互动耦合的过程。作为一个开放的知识创新系统，产学研联盟通过不断地与外界进行知识交换，系统输入负熵流，会自组织向有序状态演进(韩蓉和林润辉，2014)。具体而言，即联盟主体会根据战略目标和项目进展状况自动调整不同阶段的知识交互，使系统整体产生自我调节和自我优化能力，从而使互补过程呈现出典型的自组织演化特性。

(3)产学研知识互补与协同创新过程相伴相生。产学研协同创新是企业、高校和科研机构以各自的优势资源和能力进行技术开发和产品转化的协同创新活动。一方面，知识互补促进协同创新。三大主体通过知识的交流与互动，充分吸收彼此的优势知识资源，使联盟内部催生出丰富又密集的交叉知识，从而引发思维碰撞，产生知识创新。而这创新即是知识互补大于知识单独作用效果之和的那部分额外收益。因此，一方面，知识互补是提升知识价值、促进创新涌现的动力源泉；另一方面，协同创新效果反向触发知识互补。创新成果的吸收必然导致各主体知识信息量和质量的升华，从而造成联盟知识网络内知识流的扩大和更新，由于产学研联盟的自组织特性，这种扩大或更新的知识流必然引发全新一轮互补，如此循环演变，逐步实现知识资源的整体创新与优化。

(三)产学研知识互补的场

事实上，面对高度复杂的研发计划或项目，产学研联盟内部会产生多个不同的知识场，合作过程中密集的知识流动和创新都发生在不同维度、不同类型的场中。每个场都对应知识子领域的一部分专业知识，且这部分知识具有相对的独立性，可以和其他场的知识相互区别，每个场作为一个知识节点，能相对独立地开展知识活动。这就使得，对知识互补的研究可以从场的理念入手。因此，将产学研知识互补的场看作是组织环境中的知识场(以下简称“场”或“知识场”)，是知识互补的实现平台和载体，并通过不同场的交互来探析三大主体间的知识互补过程。根据场的相关概念，产学研知识互补的场主要包括以下四种基本构成要素。

(1)主题，即场的参与者以什么问题为中心进行知识聚集、沟通和学习。主题也是知识场的场核，场中的知识都围绕主题开展，且服务于主题。也正是由于主题的不同，使场与场之间相互区别，形成相对独立的知识单元。

(2)愿望，是指场的参与者与场内或场外的其他知识主体进行交流互动的愿望。这种愿望是实现场内运行与不同场间知识交互的关键，其强弱程度在一定程度上决定了场的运行效果。

(3) 载体，指场的参与者进行知识沟通、传播所使用的载体，如文件、图表、语言等。知识不可能凭空产生，不同类型的知识有不同类型的表达方式，也就应使用不同类型的载体。载体具有一定程度的共同性，为场的参与者所普遍认可或熟知，是构成场的一项基本要素。

(4) 规则，指场的参与者之间对于发送和接受知识的理解和运用规则。如：场中各类知识的普遍交流渠道和方式。知识主体以统一的规则进行沟通，没有合理有效的规则，场也就无法形成。

一般而言，场的知识主体是指场内的知识活动参与者，也可称为场的参与者，而知识客体则是指知识本身。产学研知识互补的场具有开放性和动态性的特征(沈贵平和任红波，2004)，开放性是指，场是一个开放的空间，它与场的外部环境有着资源、能量、信息的交换。开放性是知识场不断创新、优化的根本保障；动态性是指场内新老知识的沉淀与更新，即场会由于内、外部知识的相互作用而不断变化和发展。

(四) 场域

在布迪厄的实践社会学中，“场域”是一个非常重要的概念。他认为，“场域”是指场的边界，在高度分化的社会里，社会世界是由具有相对自主性的社会小世界构成的，这些社会小世界就是具有自身逻辑和必然性的客观关系的空间——“场域”，社会科学的真正作用对象并非个体，场域才是基本性的，必须作为研究操作的焦点(Bourdieu and Wacquant，2004)。

产学研知识互补的场虽与社会科学中的场有所差别，但产学研知识互补的场也是一个特定的时间与空间范畴，它是有范围的，场的范围是特定时间下实体空间、虚拟空间和精神空间的统一体，因有意义的知识活动而产生，且该范围并不是固定不变的，它既抽象又具体、既开放又相对有界，对应场内知识所处的特定时间与空间(林长逵和万迪昉，2008)。本章将场对应的时空范围称为“场域”，场的物理边界和虚拟边界都受场域约束。

场域是一个时空的连接，并超越时空，具有一种此时此地的性质。场内知识活动以及参与者知识内容的改变，都会引起场域变化，若有意义的知识交互一直存在，场域就可以无限延伸。

(五) 场域交互

相对独立的不同场，通过知识主体的活动彼此进行交流和沟通，使知识在场与场之间进行转移与融合，满足各自发展过程中的信息、技术等知识需求，由于场内知识或知识活动的变化就意味着场域的变化，且这种知识交互是以特定的场为媒介展开的，因此，本书称这种不同场之间的知识交互活动为“场域交互”。如，两个处于不同知识子领域的工作小组(即不同场)，围绕某一主题在某时某地进行交流沟通和学习(不管是通过面对面交流或是视频会议等方式)，这个过程就可以称为“场域交互”。

知识互补产生于知识主体之间的交互作用，是一个持续不断的、共同提升的过程，而场域交互是场的参与者进行跨场域知识交流的行为，是产学研知识主体深入沟通、知识聚合的联合行动，这种行动以场对应的软硬条件为支撑，且受其约束。相对独立的异质知识场通过场域交互实现知识的传递、共享以及创新要素的集聚，构建一个个激发创新的知识互补平台。因此，本书认为，场域交互是实现知识互补的基本途径。

二、相关理论

（一）知识管理理论

知识经济时代作为新的社会发展阶段，人们的生产、生活及思维方式发生了重大变化。知识作为一种尤为特殊的资源，其管理方式与其他事物不同。自 20 世纪 90 年代起，知识管理便已成为管理学中的重要研究领域（吴价宝和卢珂，2013）。知识管理包括知识的获取、转化、转移、整合、创新等一系列知识活动，是一个动态的管理过程。目前，知识管理的核心内容主要包括三个方面：知识转化、知识转移和知识整合。

1. 知识转化

知识转化涉及知识的维度划分。一般认为，以存在形式和可否编码为标准，知识主要可以分为隐性知识和显性知识两大类。在知识管理理论中，知识转化主要是指显性知识与隐性知识之间的相互转化。其中，流传最广的，便是野中郁次郎的 SECI 模型（Nonaka et al.，2000），如表 13.1 所示。

表 13.1 显性知识与隐性知识的转化

	隐性知识	显性知识
隐性知识	社会化 （从隐性知识到隐性知识的转化）	外化 （从隐性知识到显性知识的转化）
显性知识	内化 （从显性知识到隐性知识的转化）	综合化 （从显性知识到显性知识的转化）

根据 SECI 模型，知识的相互转化会包含四个阶段：社会化（socialization）、外化（externalization）、综合化（combination）、内化（internalization）。社会化代表隐性知识之间的转化，是异质主体间分享经验、技能诀窍等隐性知识并创造新隐性知识的过程；外化是隐性知识转化为显性知识，是借助归纳、演绎等方式，将知识主体脑海中混乱、抽象的隐性知识具体化、概念化，从而形成概念性显性知识的过程；综合化代表显性知识转化为显性知识，是将概念化的知识转化为可通过语言、文字等方式表达的系统化显性知识的过程；内化则是显性知识转化为隐性知识，即知识主体通过吸收系统化的显性知识而不断学习、提升，生成新的隐性知识的过程。SECI 四个阶段形成一种螺旋上升结构，循环往复，致使组织知识体系逐渐优化、不断升级。

2. 知识转移

知识转移，是两个及两个以上的个体或组织之间，知识接受方从知识发送方获取知识的过程（Culter and Wolfe，1989）。知识可借助不同的方式进行转移，如技术转让、人员互动、文献发表等。知识转移主要包括知识发送和知识接受两个阶段，由于知识资源的特殊性，知识的转移活动并不会使知识发送方失去知识，而是一旦转移成功，知识发送方和知识接受方都会拥有相应的知识资源，从这个意义上讲，知识共享的本质也是知识转移，知识转移有利于知识组织的整体进步。

知识管理理论认为，有效的知识转移是知识管理的基本保障，必须为组织知识转移提供良好的内外部条件。知识管理以信息管理为基础，是信息管理更加深入、明确和具体的体现。大量学者从信息管理的视角来考虑知识转移过程，认为其主要包括四方面要素，即知识转移的主体、客体、媒介和情境(Cummings and Teng，2003)。知识发送方和知识接受方达成某种知识转移决策后，在一定的情境条件下，通过多种方式对所要传递的知识进行编译和转译，使知识通过某种媒介进行转移，而转移过程中存在诸多噪声，它们会对知识转移过程进行干扰，常常导致成本增加甚至知识失真，从而降低知识转移效率。

3. 知识整合

知识整合是指，运用科学方法对组织内杂乱无序的知识进行梳理、联结和集成，从而构建具有协同作用的新知识体系的活动(Inkpen，1996)。作为知识管理的重要环节，知识整合的关键在于解决来自不同领域或不同知识主体的知识不兼容问题，使各方知识不再只是简单地汇聚叠加，而是相互渗透，实现真正意义上的协同。

知识整合的效率受到知识主体的整合意愿、整合能力、信任关系，知识本身特性、组织氛围、外部环境等多个因素影响，具有路径依赖性弱、目标导向性强、人本依赖性强的特点。而知识创新是产品、技术创新的前提和基础，更是知识经济时代经济增长的主要推动力，是知识整合的终极目标，也是知识管理的最终目标。

(二)场理论

1.“场”的起源

“场”的概念最早源于物理学，由麦克斯威尔在 19 世纪提出，用于描述电磁现象。物理学中的场理论认为，电荷周围存在的一种特殊物质——静电力场，这种物质虽然难以描述，但它确实存在，且必须通过电场，电荷间才能产生互相作用。物理学中的场，是传递物质间相互作用的媒介，正是由于传递相互作用的场的存在，才形成了物质连续性和间断性的统一。

随着知识经济与管理理论的发展，许多学者逐渐意识到，社会中也存在各式各样的场，尽管社会科学中各种场的构成与物理学中的场基本不同，但这种场所表现出的效应与作用却和物理学中的场非常相似(刘宗凯，2011)。场理论自 20 世纪 80 年代初期便逐渐应用到科研管理领域，并取得了一定的理论成果，场思维也已经作为一种新的整体观应用于社会和管理科学的研究。

2. 知识场

场在社会科学中的解释是，场是物质存在的一种基本形式，具有能量、动量和质量，能传递实物间的相互作用。爱因斯坦认为，场实际是指，物质体系各要素之间在相互作用中因传递或交换物质、能量、信息而形成并所凭借的一种中间载体和时空处所(王国红等，2010)。随着知识管理理论的兴起，知识场也开始崭露头角，吸引了众多学者的关注和探讨。

关于知识场的界定，本章引用知识管理的集大成者野中郁次郎的观点，其在SECI模型中提到的“Ba”的概念被广泛接受。他认为，知识不能单独存在，它的生成和传递都离不开特定的载体，场(“Ba”)是连接时间与空间的知识创造场所，也是知识转移、共享及利用的平台(何荣利，2008)。场可以是一个实质的场所，也可以是一个虚拟的空间，如办公场所，网络社区、精神空间等。

知识场是各个领域、各个主体知识间相互作用的媒介，包含知识转移、传播及知识创造的各要素以及各要素间的作用关系(徐振洲和顾新，2013)。知识场中充斥着大量的知识流和知识能，且知识场具有动力学性质，能够对知识的集聚和扩散进行驱动，各个主体在知识场中完成知识的传递和创新。

尽管场理论在知识管理领域尚处于探索阶段，但场将知识活动要素与知识主体行为联结起来，融为一个整体，以至于研究知识活动时不单考虑知识活动本身，还要考虑场内的驱动因素和条件限制，这就使得场理论在分析知识转移机理、知识活动所需的软硬条件等重要且用传统研究方法难以辨析的问题上，有着不可替代的优势。

三、研究背景

产学研协同创新联盟是以企业、高校和科研机构为主体，以协同创新为基本任务，优势互补、风险共担、利益共享的正式非合并合作形式(以下简称“产学研联盟”或“联盟”)。党的十九大明确提出，要加快建设创新型国家。这就使得我国推进产学研协同创新极具迫切性。首先，我国产业界的独立研发能力远远落后于发达国家，大量企业忽视内部研发的系统设置和战略布局；其次，我国高校普遍处于市场脱离状态，人才培养和科技创新与现实的社会需求存在较大差异；最后，我国科研机构一直处于半事业、半企业的尴尬状态，在实施重大研发项目、科技成果与市场接轨等方面后劲不足。因此，企业、高校或科研院所都难以独自承担创新驱动发展的战略任务。而产学研协同创新将企业代表的应用创新知识体系和高校、科研机构代表的理论创新知识体系结合起来，实现基础研究与市场开发的融合，对科技成果向生产力转化有显著的提升作用，是促进我国科技进步与经济发展的重要突破口。

日本经济学家Sakakibara(1997)的研究表明，企业参与合作创新最主要的动机就是获取合作伙伴的互补性知识资源。在知识经济和创新型国家的时代背景下，产学研协同创新的本质是企业、高校、科研院所这三类主体在知识结构上的互补性，这种知识互补性为产学研之间的合作共赢留下了巨大的空间。但是，拥有互补性知识资源并不等于实现了协同创新，事实上，只有当主体间的知识在一定的驱动条件下，彼此发生交互、补充和碰撞，即进行动态知识互补时，协同创新才真正开始发挥作用。知识互补与协同创新过程密不可分，是对产学研联盟知识资源的充分利用和交叉创造，是联盟一项至关重要的知识活动，可以说，知识互补的实现效果和效率决定了协同创新的成败。因此，为提高协同创新绩效，加强产学研知识互补就显得尤为重要。

然而，知识不能单独存在，它的生成和传递都离不开特定的载体。场（“Ba”）是连接时间与空间的知识创造场所，也是知识转移、共享及利用时所处的平台。场可以是一个实质的场所，也可以是一个特别的空间，如办公场所，网络社区、精神空间等。不同类型、不同领域的知识在各种各样的场中进行识别、共享与融合，正是通过不同场之间知识的交互(本章称为场域交互)，企业和学研机构才得以实现真正的知识互补。因此，将场看作是知识互补的实现平台和载体，并从场域交互的理念入手，探析产、学、研三大主体间的知识互补过程及其驱动因子。

第二节 国内外研究现状

一、产学研协同创新的相关研究

从现有研究成果来看，学术界对产学研协同创新给予了极大的关注和积极的探索。国内的研究热点一开始主要集中在产学研协同创新的内涵、影响因素、运行机制或模式、绩效评价等方面。随后，许多学者从知识管理的角度进行探索，如研究产学研协同创新的知识流动、知识转移或共享、知识协同等，却鲜有学者对产学研知识互补的发生机制进行深入探讨。

余维新和顾新等(2017)认为，产学研协同创新是指企业、高校和科研机构投入各自的优势知识，共同进行技术开发的协同创新活动。柳洲(2018)认为，产学研协同创新是具有特定“结构-功能”的复杂网络系统，该系统以知识创新为首要任务，以价值创造为最终目的，包含价值创造、知识增值、战略优化 3 层含义。

杨陈等(2016)基于效用理论视角研究了产学研协同创新机制有效性的影响因素，提出创新主体主客观效用差异越小，协同创新机制越有效，此外，IT 能力、地理位置邻近性、隐性知识供需匹配度、创新主体间关系嵌入机制、创新主体间文化相似性对协同创新机制具有显著正向影响。黄菁菁(2017)的研究表明，产学研协同创新的效率低，其主要原因在于知识成果转化效率低下，且 R&D 能力、企业规模、政府政策支持等也对协同创新有显著影响。

方炜和赵洁(2019)基于合作博弈理论，以产学研协同创新活动为对象，研究了创新主体间的治理风险分担问题。从参与主体风险偏好、风险承担能力、风险管理能力以及风险损益出发，建立了产学研协同创新治理风险分担机制。

余维新和熊文明等(2018)构建了关系产权激励机制下的产学研协同创新博弈模型，结果表明，最优的关系产权激励系数可以为产学研协同创新提供一个合理的利益分享模式和行为框架，实现激励相容。产学研协同创新应面向产业链，进行知识产权资本化，同时避免一次性知识交易，建立长期稳定的合作关系。

窦超等(2019)提出，传统的产学研协同创新模式主要包括大学科技园、共建科研基地、人才联合培养和交流模式以及市场化的科技中介服务组织四种类型，而欠发达地区由于发展水平局限性，比较适合人才创新驱动中心的协同创新模式。

George（2002）为评价产学研协同创新绩效，设计了专利数、研发中的新产品数、投入市场的新产品数率等评价指标。王海军等（2017）基于前人的研究设计了系统的、相互关联的“产学研+”协同创新绩效评价指标体系，包含先进性、经济性和可靠性3个一级指标及下辖的9个二级指标。

关于产学研协同创新的知识管理，Elias（2000）认为，产学研协同创新的本质是知识流的跨组织架构，信任与互动是产学研合作的基础，知识共享是产学研协同的动力，而知识管理、资源共享、人员分配在产学研协同创新中具有重要作用。

汤勇力等（2018）提出，产学研知识互动可分为合作研究、人员流动、研究服务与支持和科研成果商业化4种类型，而企业所属的产业类别、企业内部的研发活动、创新策略以及知识属性都对企业的产学研知识互动行为存在显著影响。

罗琳（2017）等提出了产学研协同创新的知识协同影响因素理论模型并进行了相应的实证分析。结果表明，组织之间的协同意愿、知识异质性以及组织知识能力等因素对产学研协同创新的知识协同存在显著的促进作用，而知识协同机制在影响因素对知识协同绩效的影响过程中发挥中介作用。

刘春艳和陈媛媛（2018）分析了产学研协同创新团队的知识转移过程，认为知识转移是产学研联盟协同创新活动的本质，产学研知识转移的要素主要包括主体、客体、媒介和情境四个方面。

苏州（2018）认为，知识是产学研合作创新中重要的战略资源和冲突来源，通过对知识的有效管理能够实现产学研各方的协同合作，进而提高创新效率与水平。而化解产学研各类主体之间的冲突，需要高度统一的知识管理目标，合理有效的知识管理体系以及完善健全的知识管理环境。

二、知识互补性的相关研究

关于知识互补性内涵的研究，汪丁丁（1996）在《知识的经济学性质》中首次提出“知识互补性”这个概念，即人类知识的各个部分之间有一种“互补性”，使得两项知识混合相加产生的效用大于各自单独发挥的效用值之和。

Kim（2015）认为，知识互补性是指知识存量能够通过互补知识成分之间的相互作用产生协同价值；陈祖胜（2015）提出，知识互补性包括差异性和关联性两个维度，知识在关联基础上的差异才称为互补，知识的关联性可以有效促进差异知识建立联系，容易实现对差异知识的吸收，可以增强知识互补性带来的“1+1＞2”的增值效应。

刘洋（2015）提出，知识的互补性是指知识之间存在着互为解释或互相强化的关系，并首次从动态视角定义了创意产业组织单元间的知识互补。他认为，创意产业组织单元间的知识互补主要是指集群中某一组织单元所拥有的生产技术、加工工艺、市场、进货渠道、管理方式等资源，通过创意产业组织单元间的合作与交流，创意人员和管理人员流动、新组织的衍生及其人员正式或非正式的沟通，能够成为整个集群伙伴共享的公共知识，从而产生创意产业组织单元间的知识溢出活动。

Cassiman 和 Veugelers(2002)的研究表明，充分利用企业内外部知识的互补性可以增强生产能力，提升创新实力。Baum(2003)等认为知识互补水平对企业创新伙伴的选择及知识网络的演化有显著影响。Novak 和 Stern(2007)则明确指出，知识资源互补性是交流与合作的基础，在垂直一体化中各方应该相互利用彼此的互补性资源。

Kim 等(2012)的研究发现，协同作用的来源是资源互补性，当其中一个因素的水平提高导致其他互补因素的水平提高时会形成更高的边际收益。李煜华(2012)等也认为，互补性知识是企业创新的重要源泉和核心竞争力，并基于 BP 神经网络设计了创意产业集群知识互补度的评价指标体系和评价模型。

Kyung 等(2012)研究了供应链中的知识互补和知识交互，他们提出，知识互补性是指知识存量能够通过互补知识成分之间的相互作用产生协同价值，只有当合作伙伴的互补知识资源都存在并且可以获得时，协同才是可行的。知识交流的基本条件是互补性知识的存在，知识供应链合作伙伴间的知识互补性越强，源公司开发相关创新知识所需的投入就越少，因此，可以更有效地实现协同效应。

施建刚等(2014)基于知识互补性研究了项目团队成员的知识共享激励机制，认为异质知识成员相互合作组成的团队在有效的知识共享背景下能够产生协同效应，这种基于知识互补性的协同即为知识位势组合的协同，有利于团队整体知识位势的提升。贾宪洲等(2017)指出，如果缺乏对知识互补性理论的足够了解和充分重视，整个社会在技术创新实践中不能有意识地运用和发挥各种知识的互补作用，也就谈不上互补经济的实现问题。

三、产学研知识互补的相关研究

学术界关于产学研知识互补的研究相对较少，且主要用其表征企业和学研机构的知识关系，即认为产方和学研方具有知识互补性，还有学者基于知识互补视角研究产学研协同创新，但侧重点仍主要在于知识互补(性)的重要性及其对创新绩效的影响。

Maryann(1994)从公司规模的角度出发研究产学研知识互补效应，他认为，大公司更擅长开发自己的实验室和创造知识，而小公司在利用大学实验室的溢出效应方面表现出比较优势，即相比大企业，小企业更多地依赖产学研联盟的知识互补效应。

Antonelli(2008)通过构建经济学模型提出并验证了产学研合作主要有知识互补和知识替代两种模式，其中，知识替代一般是出于节约成本的考虑，知识互补则是创新的主要来源。

王开良和秦慧(2016)提出，产学研联盟的根本目的是通过获取合作伙伴的互补性知识来实现协同创新。温平川和傅璧(2015)基于知识互补性视角构建了产学研协同创新的收益模型，研究表明，互补性知识的积累程度、互补性知识的协调效率以及互补性经济程度均会对产学研协同创新产生显著的正向影响。

黄友兰等(2016)认为，产学研合作创新的本质就是企业、高校、科研机构这三大主体在知识结构上的互补，并从互补过程中的知识共享、知识转移以及知识互补后的创新应用三个方面分析了产学研合作创新的知识互补机理。

李盛竹和付小红(2014)的研究发现，知识互补对创新产出有显著的促进作用，而互补性知识的应用情况受到以企业为主导的产学研合作激励机制的影响。

张喜征等(2016)研究了知识互补性视角下跨组织协同创新的知识配置，提出知识互补性意味着各组织拥有不同领域的知识背景，如何有效识别这些碎片化的模块知识并将其有机整合起来是企业协同创新过程中面临的现实问题。

四、现有研究评述

现有研究为产学研知识互补提供了丰富的理论基础，但仍存在以下不足。

首先，关于产学研协同创新的研究主要集中在内涵界定、影响因素、运行模式、绩效评价、知识转移等方面，却鲜有学者从产学研知识互补的角度探索协同创新的本质。

其次，学术界普遍将知识互补当成表征主体间知识关系的静态特征变量，一般是指主体间的知识存在互补关系，即对知识互补性的探讨。且相关研究普遍局限于互补性的内涵、特征及作用效果，而将知识的动态互补过程当成一个“黑箱”，鲜少涉足“黑箱”内部的运行机理。

最后，知识互补是实现产学研协同创新的关键，而如何使企业和学研机构的互补知识产生最大限度地交叉运转、价值增值，以及完成这种运转和增值需要哪些驱动因子尚不明了，互补绩效的提升措施也少有探讨。

第十四章　产学研知识互补理论架构

第一节　产学研知识互补的基本要素

一、产学研知识互补的主体

知识活动的主体，即与知识活动客体相对应的，能够主导自身知识行为的个人、团队或组织。本章的产学研知识互补主体是指，直接参与知识互补活动的企业、高校和科研机构，每个主体又由多个知识活动参与者(也称知识主体)构成。

企业拥有丰富的生产经验及市场知识，能较好地引导创新成果满足市场需求；高校具有多学科融合的综合性知识，知识类型普遍偏基础性和原理性，为科技创新提供基础支撑；科研院所研究实力雄厚，紧跟前沿技术知识和研究方向，与高等院校相比，知识范围较窄，但在相关领域的研究更为深入(林轩，2011)。由于企业知识主要运用于产品生产及市场化，而高校和科研机构的知识主要为基础性、原理性知识，且作用相似，主要运用于基础研究和科技研发，因此，参考学术界的普遍做法，将高校与科研机构视为一个整体，简称“学研机构”或“学研方”。一般而言，产方和学研方的知识领域虽存在一定程度的重叠和交叉(表 14.1)，但却具有明显不同的知识优势和知识缺口，知识结构差异较大。

表 14.1　产方与学研方知识体系对比分析

	企业	学研机构
知识管理目标	经济利益最大化，提高产品技术含量、获取竞争优势	科学技术知识的传递和发展，保障科研经费、提高科研水平，培养创新人才
知识内容	生产知识、市场知识较多，理论知识、研发知识较少	理论知识、研发知识较多，生产知识、市场知识较少
主体知识性质	实践性、应用性	原理性、基础性
知识主要来源	知识吸收和实践	自然和社会知识的原生态创造
知识开放程度	基本处于封闭状态	基本处于开放状态
主要知识成果	技术、产品	发明专利、学术论文
知识价值衡量	商业价值	研究价值

从知识管理的目标看，企业的目标在于实现经济利益最大化，提高产品技术含量、获取竞争优势，学研机构则希望实现科学技术知识的传递和发展，同时保障科研经费、提高科研水平，培养创新人才；在各自的知识存量方面，产方是生产知识、市场知识相对较多，理论知识和基础研发知识相对较少，而学研方则正好相反。其次，企业的知识主要来源于知识吸

收和实践，具有较强的应用性，而学研机构的知识主要来自自然和社会知识的原生态创造，注重知识的原创性。再则，企业的知识成果主要表现为技术和产品，其价值高低的衡量标准在于其商业价值，且出于经济利益最大化的考量，为了保持竞争优势，企业知识一般处于封闭状态。学研机构的知识成果则往往是发明专利和学术论文，其价值高低的评判标准主要在于其研究价值，由于学研机构的研究不以经济效益为主导，带有一定的社会性和公益性，且学研机构本身就是相对开放的组织，这就使得学研方的知识基本处于开放状态。

二、产学研知识互补的客体

产学研知识互补的客体，是互补过程中主体之间所传递和作用的对象，即知识。产学研联盟的互补知识主要运用于协同创新项目，且项目运行的各个阶段均存在企业和学研机构的知识互补活动。因此，可以从协同创新项目的知识需求来具体探讨产学研知识互补的知识内容，如图 14.1 所示。

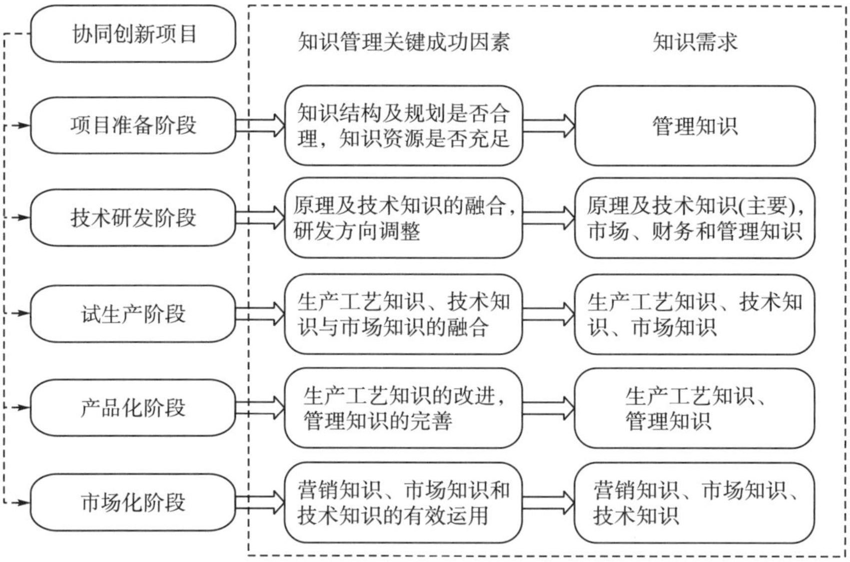

图 14.1　协同创新项目的知识需求识别

(1)项目准备阶段的知识需求。任何项目都不可能毫无计划、毫无准备地开展，项目准备阶段的目的是制定清晰可行的项目规划并准备项目所需的各类资源。在此阶段，知识管理的关键成功因素是知识结构和知识规划具有合理性，以及是否具备项目实施所需的知识资源。此阶段必须识别出项目所需的知识类型，确保知识来源，调整知识结构，同时做好合理的知识规划。因此，项目准备阶段所需要的知识主要为管理知识，产方和学研方主要进行管理知识的动态互补。

(2)技术研发阶段的知识需求。技术研发阶段的目的是产出切实可用的科技成果。科技成果的产出效果是项目成功的关键所在。在此阶段，知识管理的关键成功因素是吸收融合产方、学研方不同类别的原理知识和技术知识，以及对研发方向做出适当调整。此过程需要用到原理、技术知识、引导研发方向的市场知识、控制研发成本的财务知识，以及协调工作的管理知识。然而，由于技术研发阶段的根本目标是实现科技成果的产出，因此，产方和学研方的原理、技术知识是最关键的知识，这两样知识的互补运用是技术研发成功的关键。

(3) 试生产阶段的知识需求。试生产阶段的主要任务是测试和调整科技成果。项目成员利用生产、经营等方面的知识产出样品并进行测试，再根据测试结果找出样品缺陷和不足，从而通过技术和原理知识不断改善研发成果。在此阶段，知识管理的关键成功因素是生产工艺知识、技术知识与市场知识的综合运用，目的是改进科技成果从而获得符合市场需求的成熟样品。因此，试生产阶段所需的知识主要为技术知识、生产工艺知识和市场知识，联盟内部主要进行这三类知识的互补。

(4) 产品化阶段的知识需求。产品化阶段的目标是实现样品向产品的转化。在此阶段，知识管理的关键成功因素在于生产工艺知识的改进和管理知识的完善，生产工艺知识主要包括生产技术知识、操作程序知识、生产设备知识等，管理知识则主要用于优化资源配置和协调内部矛盾，通过不断改善工艺和管理知识，可以提高产品的生产水平、提高生产效率。因此，产品化阶段所需的知识主要是生产工艺知识和管理知识，企业和科研机构主要进行这两类知识的互补与运用。

(5) 市场化阶段的知识需求。市场化阶段的主要任务是将生产出的产品投入市场，转化为流通的商品，并逐步赢得市场。在此阶段，知识管理的关键成功因素是营销及市场知识的有效运用和技术知识的保驾护航。营销和市场知识的运用主要是为了拓展市场，具体包括营销管理知识、客户关系管理知识、财务知识、应对环境变化所需的政策知识等。而来自用户和竞争对手的反馈信息则要求技术或产品不断改进，以应对激烈的市场竞争，即技术知识在市场化过程中也必不可少。因此，市场化阶段所需的知识主要为营销知识、市场知识和技术知识，联盟的知识互补也主要围绕这三类知识展开。

由协同创新项目各阶段的知识需求可知，产学研知识互补的客体知识内容主要包括六个方面：管理知识、原理知识、技术知识、生产工艺知识、市场知识以及营销知识。在项目进行的不同阶段，联盟需要运用的主要知识不同，所进行的互补活动知识内容也就存在明显差别。

三、产学研知识互补的媒介

何荣利(2008)将学科知识间相互作用的媒介称为知识场。韩毅(2008)也指出，知识的吸收和传递是通过场进行的。知识互补不可能凭空产生，必须依赖于某种媒介进行传递。而场是知识生成、转移和创造时所处的平台和载体，正是组织中的场承载着组织知识的运动。因此，本章将产学研知识互补的媒介界定为场。

场又分为普通场(“generic Ba”，以下简称“G-Ba”)和特殊场（“specific Ba”，以下简称“S-Ba”）。“G-Ba”是指日常的、通用的知识互动平台和场所，而“S-Ba”则是指，在具体情境下，为达成特定目标而生成的特殊的场(Creplet，2000)。本章将高校、企业、科研机构内部的日常的场视为“G-Ba”，而将需要进行组织间知识互补的协同创新计划或项目中的场视为“S-Ba”。“S-Ba”不仅是组织间互补知识的转移通道与知识联结的界面接口，还是知识创新的互动场所，产、学、研三方的知识通过“S-Ba”汇聚交融，且各个“S-Ba”也不是彼此独立的，而是能够通过多种方式与其他“S-Ba”产生动态的、非线性的场域交互。

随着知识互补的深入开展，所有时间、空间维度上的“S-Ba”逐渐构成一个多维立体结构，Nonaka 等将之称为场的动态分形结构，该结构能够同时提供多元的观点和视角，激发新知识的创造(Nonaka et al.，2014)。因此，“S-Ba”是产学研知识互补的关键枢纽，它的顺畅运转与交互能够使多元化的知识充分互补，从而不断凝聚、发酵、升华，为协同创新提供延绵不绝的动力(孟潇和张庆普，2016)。

为形象直观地阐释知识互补的内在运行机理，设定联盟内三大独立的知识主体都对应若干个“G-Ba”，一个协同创新项目或计划则由多个“S-Ba”构成，每个“S-Ba”都对应一个特定的知识互补单元，并通过各类场的生成、识别和运转来模拟产学研知识互补的动态演化过程。

四、产学研知识互补的情境

情境，在社会心理学中是指影响事物发生或对机体行为产生影响的环境条件(杨治良和郝兴昌，2016)，本章将其解释为知识在传输、吸收、利用和创新等活动过程中所依赖的客观条件因素，是进行知识互补时所处的外部环境和状态。情境是知识转移要素与环境的有机契合，更是知识互补得以顺利进行的重要基础，其对产学研知识互补的影响主要来自两个方面：市场和政府。

(1)市场因素。产学研联盟的主导力量是企业，创新成果的市场表现在很大程度上代表了知识互补的实现效果。产方和学研方知识互补活动最重要的外部动因是获得经济利益，这些利益常常通过面向市场的产品或技术创新来实现。由于科技研发项目通常具有难度高、投入大、周期长等特征，而企业自身的科研能力大都有限，为抓住市场机会，产方便倾向于和高校、科研机构等研发能力强、科技成果丰富的组织进行合作，这就是产学研联盟形成的初衷。

然而，在知识经济的时代背景下，知识更新迭代速度加快，技术生命周期也越来越短，仅靠单纯的产品模仿或学研机构技术转让并不能使企业获得良好的发展，不断变化的市场需求和激烈的市场竞争使得企业必须切实完善知识体系，提高自身创新能力以抓住转瞬即逝的商机。且在严峻的市场环境面前，不能投入应用的创新成果，其经济价值会不断缩水，高校和科研院所出于研发项目的资金需求和人才培养需求，也需要吸收企业的市场应用知识以实现科技成果的市场化和人才的全面培养。正是基于市场作用下产方和学研方的能力提升需求，产学研联盟的知识互补活动才得以全面展开。

(2)政府因素。相比欧美等发达国家，我国的市场经济仍有待完善，目前，市场因素还不能绝对促进产学研联盟的运行和知识互补活动的开展，尤其是那些高投入、高风险、收益缓慢的重大基础研究项目，市场作用的效果更是有待提高。在此情境下，就需要政府制定相关政策以扶持产学研联盟的发展，为知识互补提供外部支持条件。一般而言，政府因素对产学研知识互补的影响分为直接作用和间接作用两个维度。直接作用是指，政府部门亲自组织存在互补关系的产、学、研三方组成协同创新联盟，直接引导联盟的运行，并给予一定的经费支持，以实现企业、学研机构的知识互补和对重大科技研发项目的联合攻关。间接作用则是指，政府制定相关的法律法规和政策条件来支持协同创新联盟的发展，为产学研知识互补营造良好的外部生态环境。

第二节　产学研知识互补的目标

一、完成协同创新项目

产学研联盟面向的协同创新项目往往是重大科技研发项目，“重大”通常意味着前沿的研究目标、漫长的研究开发周期、复杂而多样的知识需求、应用性的知识成果和巨额的资金投入(孟潇和张庆普，2016)。这类项目是科技与管理创新的重要载体，是科研成果市场化的有效途径，也是实现产学研联盟利益需求的关键手段，因此，完成协同创新项目是产学研知识互补的首要目标。

通过对协同创新项目各阶段的知识需求分析，结合企业及学研机构的知识特征，得到项目实施知识需求与产学研知识体系的对应关系，如图 14.2 所示。

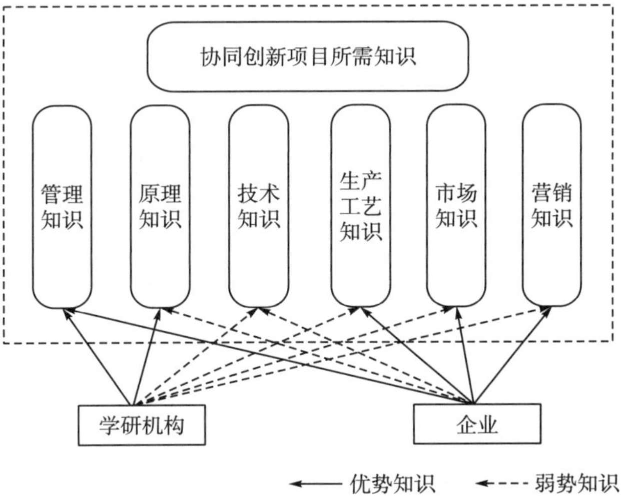

图 14.2　协同创新项目知识需求与产学研知识体系的对应关系

协同创新项目的知识需求主要由六大类构成：管理知识、原理知识、技术知识、生产工艺知识、市场知识和营销知识。通过对我国学研机构和企业知识体系的总体情况分析可以发现，双方均为独立的组织结构，都能提供丰富的管理知识。除此之外，学研机构普遍能为科研项目提供丰富的原理知识和技术知识，而在生产工艺知识、市场知识以及营销知识方面较为薄弱。企业则与之相反，通常在生产工艺知识、市场知识和营销知识上具有明显的优势，但原理知识和技术知识方面却不尽人意。

知识互补的一项重要任务是推进知识要素的整合和优化。虽然部分实力雄厚的企业或学研机构可以独自承担提供重大科技研发项目所需的全部知识，但这样的组织毕竟少之又少，多数组织出于自身实力的局限性，往往选择通过实施协同创新项目来获取相关利益。且事实上，诸如华为、中国中车、清华大学等实力强大的机构都在践行产学研知识互补之路，产方与学研方知识的聚合不仅可以更加系统、全面地满足协同创新项目知识需求，还有利于在知识交互的过程中创造出新的交叉性知识，从而促进创新涌现，保障协同创新项目顺利进行。

二、促进组织自身发展

产学研协同创新联盟本质上是一个获取、共享与利用互补性知识的学习系统，知识互补活动的出现绝非偶然。区别于一般产学研合作过程中技术转让、委托开发式的知识转移，产学研知识互补的一个重要目标便是优化产方和学研方的知识体系，切实提升各组织的综合竞争力。

就学研机构而言，知识互补过程中吸收企业生产、应用方面的知识可以弥补其知识结构的缺陷，一方面促进应用型人才的培育，另一方面，则有利于科研成果的转化和理论知识的实践；就企业而言，吸收学研机构基础研究、技术研发方面的知识有利于紧跟科技前沿，提升科研水平和创新能力，从而增强企业的核心竞争力。且产学研知识互补还常常引起思维碰撞，激发创新性知识，产生“1+1＞2”的知识增值效果。即是说，企业和学研机构参与知识互补会使双方知识体系更加完善，综合实力得以提升，因此，促进组织自身发展是产学研知识互补的重要目标。

第三节 产学研知识互补的场域交互模型

场域交互是产学研知识互补的基本实现方式，若想深刻理解动态知识互补，便应先分析场域交互的运行机理。类似于电磁场的电流，知识场内外也存在着知识流，知识流代表着知识的定向流动，交互场间知识流的大小反映出场域交互的有效程度，而不同类型的知识，其交互方式也各不相同。

一、场中知识的维度划分

知识本身具有复杂性、嵌入性、隐含性和专有性 4 个特征，这 4 个特征会在客观上增加知识转移的难度(Szulanski，1996)。其中，知识的复杂性不仅会降低知识的可转移性，还会影响知识接受方对知识的吸收程度；嵌入性指知识黏性让知识之间难以融合；知识的专有性使知识难以从一方转移到另一方；知识的隐含性则加深了知识理解和学习的难度。这些特性阻碍了场与场之间的联结，且不利于具体分析场域交互的运行机理。实证研究表明，组织间知识的有效划分有利于取得更高的合作创新绩效(Akira，2002)。因此，本章基于学者们关于知识分类的探讨，将产学研联盟各个场的异质知识划分为显性知识、技能维度的隐性知识和认知维度的隐性知识三大类。

显性知识是指能够以文字、图表、公式、语言等编码化方式表达出来的结构性知识。这类知识往往清楚明了，便于识别和传递，如某图表的绘制方法、生产设备的操作流程等就属于显性知识。这种知识可以通过编码来表达和交流，在传输过程中可以不受损失，具有较高的可学习性和客观性，在正规的教育体系和商业世界中很容易习得和分享(李涛和李敏，2010)。

技能维度的隐性知识是指组织成员在工作方法、经验诀窍、问题解决逻辑等方面的隐性知识。例如，高级技工通过长年实践，积累了大量经验和惯性技巧，但对于这种经验和技巧却难以准确表述。这类来自亲身工作经历、高度个人化且难以编码的知识就属于技能维度的隐性知识。虽然技能维度的隐性知识难以向组织内的其他成员传递和表达，但随着语言调制机制的不断完善和成员间的相互交流，可以进行联结学习，此类隐性知识往往能在一定程度上实现“显性化”，即便不能显性化，由于可以借鉴或积累相关经验，同类状况再次发生时也常常能够处理得更好。

认知维度的隐性知识是指组织成员所具有的价值取向、目标认知、思维模式等方面的隐性知识。认知维度的隐性知识根植于每个组织成员的心灵深处，并对其行事风格、沟通意愿、工作态度等产生决定性的影响，这类隐性知识不仅缺乏显性化所需的语言调制机制，还缺乏显性化的动力，是内隐性最高的知识。组织间异质的认知维度隐性知识往往难以进行沟通和交互，且一旦处理不当，还会阻碍显性知识和技能维度隐性知识的转移。

二、产学研知识互补的场域交互模型

由于三种类型的知识具有各自的特点，场与场之间的知识交互也应采取不同的方式。借鉴赵国杰和郝文升(2012)提出的知识生成转化的三层嵌切球模型，本章基于知识分类提出产学研知识互补的场域交互模型，如图 14.3 所示。

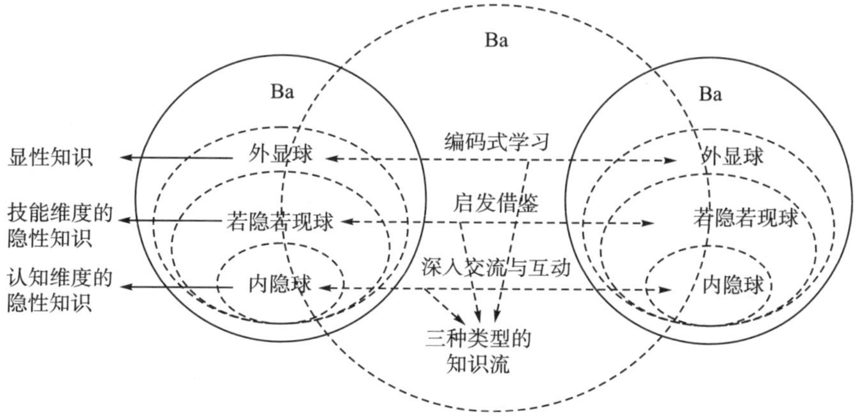

图 14.3　产学研知识互补的场域交互模型

产学研联盟中，当不同场相互靠近时，一旦发生场域交互，便会生成新的知识场。这种新的知识场可以看作是一种知识组合场。新的知识场若是由同一组织内的“G-Ba”交互生成，则新生成的场仍为组织内部的“G-Ba”，若参与交互的是不同组织内的“G-Ba”或者交互场中存在“S-Ba”，则新生成的知识组合场便为“S-Ba”。由于原理相同，为便于理解，本章在产学研知识互补过程中不讨论“S-Ba”发生场域交互生成的更复杂、更高层次的知识组合场间的场域交互，只考虑“G-Ba”和“S-Ba”层面的场域交互。因此，产学研知识互补究其根本，便是凭借联盟内“G-Ba”间的场域交互不断产生“S-Ba”，并通过“S-Ba”的运转和交互发挥知识的互补性效益，优化产方和学研方知识体系同时产生创新知识的过程。

具体而言，三层嵌切球模型的不同球体不代表包含关系，而象征着知识的外显程度，三个球体相切于同一个点，是指三个球体与包裹着它们的“Ba”均有可以直接相互作用的接触点或路径(赵国杰和郝文升，2012)。根据本书知识的维度划分，显性知识对应外显球，认知维度的隐性知识对应内显球，技能维度的隐性知识属于中性知识，是知识的一种重要形态且大量存在，对应若隐若现球。

(1)外显球对应显性知识，通过编码式学习的方式进行场域交互。由于显性知识可编码化，具有易识别、易传递、易吸收的特点，且显性知识一旦成功获取，就能迅速融入原有知识体系并实现知识的有效应用。因此，针对“Ba”与“Ba”之间的显性异质知识，可以通过编码式学习的方式进行知识交互，即借助语言、文字、图表等调制机制，不同场域的知识活动参与者相互学习，从而实现显性知识在“Ba”与“Ba”之间的扩散和传递。

(2)若隐若现球对应技能维度的隐性知识，通过启发借鉴的方式进行场域交互。技能维度的隐性知识虽然是隐性知识，具有难以言传、复杂度高的特点，但这类知识与“技能”紧密相连，常常表现为工作经验、方法诀窍、技能认知等。技能维度隐性异质知识的相互交融可能导致任务完成方法、解决问题逻辑等方面的不同，从而引发工作冲突，对协同创新产生显著的正向影响(Cassiman and Veugelers，2002)。组织成员可以交流和观察他人的技能诀窍得到启发，再加以借鉴，通过亲身实践深化理解并积累相关经验，从而掌握技能维度的互补知识。即“Ba”与“Ba”之间的技能维度隐性异质知识可以通过启发借鉴的方式进行知识交互。

(3)内隐球对应认知维度的隐性知识，通过深入交流与互动的方式进行场域交互。认知维度的隐性知识并没有好坏之分，但当这类知识存在显著差异时，往往表现为对其他成员的排斥、厌恶或价值否定，最终导致合作伙伴间缺乏信任。这类知识本身就具有隐含性和嵌入性，“Ba”与“Ba”之间认知维度隐性知识的异质性还极易引发交流障碍和人际关系冲突，知识转移缺乏动力。面对这类知识，除非深入接触，找到彼此的关联性或共同点进行认知互动，否则难以转移。因此，“Ba”与“Ba”认知维度的隐性异质知识，唯有通过参与者的深入交流与互动才可能进行转移。

场是知识互补的平台和载体，场域交互是知识互补的基本实现形式。基于知识划分的场域交互不是对科层和分工的回归，而是对实现形式的深入。不同场对应不同的知识内容，而产学研互补过程中任何时间、任何空间发生的场域交互活动，都应该清楚界定所要转移或吸收的知识流中的知识类型，根据其在三切球中所处的位置采取对应的交互方式，如此，才能保障知识互补的效果和效率。

第十五章　基于场域交互的产学研知识互补动态演化过程

产学研知识互补是一个漫长且复杂的过程，创新是其产生的“1+1＞2”的额外收益，也是知识互补的关键成果。但创新不可能一蹴而就，而是一个持续进行、厚积薄发的过程。少数“G-Ba”之间的场域交互并不足以激发知识互补的全部潜能，只有当合作进行到较为成熟的阶段，各个时空的“G-Ba”与“S-Ba”均产生不同层次的相互作用实现整体知识互补时，突破性创新成果的出现才成为可能。为更加详细地阐释产学研知识互补，本章引入“微创新”和“大创新”的概念，分别对应局部和整体两个知识互补动态演化过程。

第一节　局部知识互补与整体知识互补

一、局部知识互补与微创新

局部知识互补是指，产学研联盟内少部分场之间进行场域交互产生微创新的知识互补活动。微创新表现为对原有知识系统小的改进和创新，产生微创新需要系统一部分或者一小部分知识的聚合与运用。

由于“S-Ba”是进行组织间知识互补的协同创新计划或项目中的场，每个“S-Ba”都对应一个特定的知识互补单元，负责完成协同创新项目知识子领域的微创新。因此，为形象直观地阐释知识互补的内在运行机理，将单个“S-Ba”看作是局部知识互补的载体，并通过“S-Ba”的生成和运转刻画产学研局部知识互补的演化过程。

二、整体知识互补与大创新

自组织临界性理论认为，开放系统经过漫长的自组织演化，在一定阶段必然发生某种相变，到达一种自组织临界状态，处于这种状态的系统有最大的演化性、复杂性和创新性（於崇文，2000），局部一个微小的扰动都可能通过“多米诺效应”充分放大，进而影响整个系统，使之呈现最丰富的反应。

根据自组织临界性理论，产学研知识互补是一个由小及大、从局部到整体的动态演进过程。随着局部知识互补不断展开，产生微创新的“S-Ba”持续生成和运转，“S-Ba”之间开始产生非线性的场域交互，知识互补逐渐由局部向整体渗透，进入稳健、协同的整体知识互补阶段。

因此，整体知识互补是指，以局部知识互补为基础，产学研联盟内大部分甚至全部场之间进行场域交互从而产生大创新的知识活动。大创新表现为对原有系统明显的改进与创新，产生大创新必须调动系统大部分甚至全部的知识。

第二节　产学研局部知识互补演化过程

一、创新主体的知识状态

在不同的知识状态下，创新主体会产生不同的自组织行为。借鉴赵国杰和郝文升(2012)的知识状态划分理论，本章根据创新主体自身和其他主体对问题的了解程度，将主体所处的知识状态分为四种类型：弗晰态，是创新主体“自己不知，其他主体知”的状态；混沌态，是创新主体“自己不知，其他主体也不知”的状态；扩散态，是创新主体“自己知，其他主体不知”的状态；澄明态，是创新主体“自己知，其他主体也知”的状态。

二、产学研局部知识互补动态演化过程

根据各主体知识状态的变化及其相应的自组织行为，本章将局部知识互补划分为知识识别、知识共享和知识融合 3 个递进阶段，并构建了局部知识互补的阶段演化模型，如图 15.1 所示。3 个阶段不是独立存在的，它们联系紧密，知识“识别、共享、融合”构成一次完整的局部知识互补，对应单个“S-Ba”的生成和运转，且这一过程不断发展，循环演变。

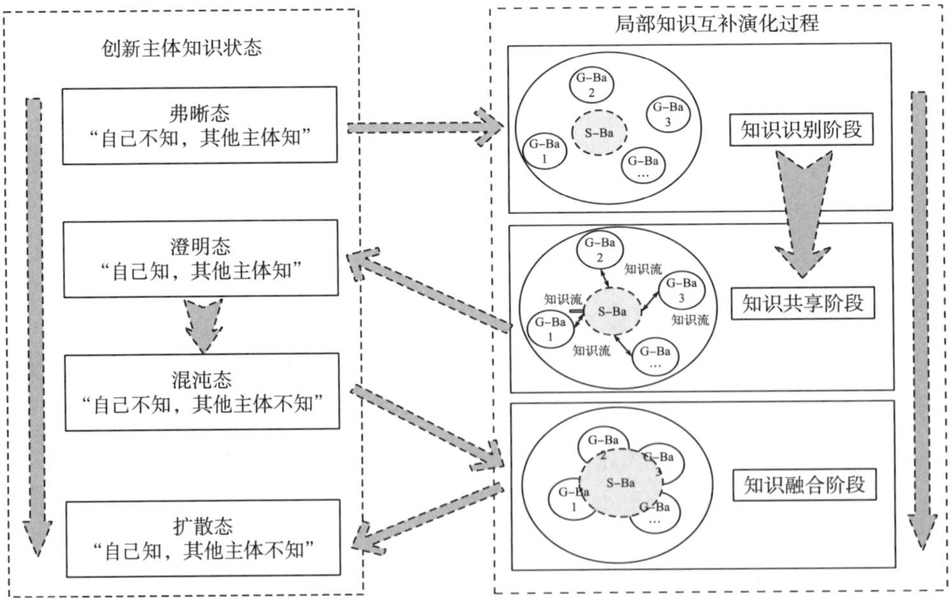

图 15.1　产学研局部知识互补的动态演化模型

(1)知识识别阶段。此阶段是局部知识互补的准备阶段，对应互补场的搜寻匹配以及场内知识结构的识别，是 S-Ba 的生成过程。针对协同创新项目各阶段所需的知识，联盟各大创新主体都具有一定的知识储备，也存在各自的知识缺口，而产学研三方的知识储备和知识缺口之间彼此存在互补关系，各主体均处于“自己不知，其他主体知”的弗晰态，从而产生知识互补的动力。此时，各创新主体内部的“G-Ba”必然会对联盟内其他主体的“G-Ba”加以识别，根据项目需求搜寻出可以互补的场进行匹配，确定场内互补知识的类型和结构以及应该采取的交互方式，并着手建立相应的“S-Ba”，为知识互补做好前期的准备工作。

(2)知识共享阶段。此阶段对应“S-Ba”中互补知识的共享交互过程。“S-Ba”初步建立之后，联盟内的各“G-Ba”根据场内知识的维度划分，分别采取对应的交互方式向“S-Ba”输入项目所需的储备知识，同时通过“S-Ba”获取互补知识以弥补自身知识缺口，即以“S-Ba”为载体进行“G-Ba”之间的场域交互。而“S-Ba”则拥有参与交互的全部知识，这些被共享的知识成为创新联盟的公共资源。且由于知识资源本身的特殊性，知识的转移并不会使“知识发送方”失去知识，而是一旦共享成功，“知识发送方”和“知识接受方”都会拥有相应的知识资源。因此，通过知识共享阶段的实施，各创新主体进入“自己知，其他主体也知”的澄明态。

(3)知识融合阶段。此阶段对应“S-Ba”中互补知识凝聚、升华、产生微创新的过程。通过知识共享，创新主体与“S-Ba”均实现了互补知识的汇聚与叠加。但由于知识量的累积和知识领域的拓宽，各创新主体会在项目的实施过程中逐渐发现许多新的问题，而碎片式的知识共享并不能在短时间内提出这些问题的解决方案，即产学研三方进入“自己不知，其他主体也不知”的混沌态。此时，就要求发现新问题的各主体，以“S-Ba”内的共享知识为接口，实现“G-Ba”与“S-Ba”的相互交融，通过对所获取的互补知识进行消化吸收与整合，从而凝练知识，进行知识体系的局部改良和创新以解决相关问题，进入“自己知，其他主体不知”的扩散态。而“S-Ba”由于与相应的“G-Ba”相互交融，因此也获得相应的微创新知识，从而实现一次完整的局部知识互补。

知识沿时间和空间的互补性使得各创新主体的知识库不断丰富和提升，继而在协同创新过程中又一次发现自身知识缺陷和联盟其他成员的知识优势，重新进入“自己不知，其他主体知”的弗晰态，随之开始新一轮的局部知识互补，如此循环演变，多个“S-Ba”在不同的时间和空间维度上生成、运转，逐渐实现知识结构的升级和微创新的累积。由于“S-Ba”是局部知识互补的实现场所，而每一次“S-Ba”的生成和运转都带动了组织间知识的转移与融合，因此，随着互补活动的持续进行，产、学、研三大知识主体也联系得愈发紧密。

第三节　产学研整体知识互补演化过程

一、BS 生物演化模型

Bak-Sneppen 生物演化模型(以下简称 BS 模型)通过简单的规则模拟复杂生态系统中多个物种变异的自组织过程，为自组织临界性的相关研究提供了有效工具。BS 模型中，

L^d个物种被排在一个具有周期边界的d维网格上，每个物种的适应度为f_i，适应度的初始取值为区间[0,1]上的随机数，每个微小时间段内，具有最小适应度的物种发生变异并影响它的$2d$个邻居，即这$2d+1$个物种在区间[0,1]上重新获取适应度（贾武等，2006）。两代生态系统过渡期间所进行的变异称为雪崩，随着变异的持续进行，不同时间段的最小适应度呈现阶梯式增长，雪崩发生的范围不断扩大，直至到达生态系统整体的自组织临界状态，引发最大规模的雪崩。

产学研三方通过局部知识互补所产生的大量微创新，不仅在时间上前后相关、空间上紧密相连，而且微创新可以进行积累与融合。这两方面的特性正好对应雪崩的两个基本特征：紧致性和递阶结构。且产学研联盟从局部知识互补产生微创新到整体互补产生大创新的过程与BS模型中物种变异引发生物更新换代的过程有相似的运行轨迹。因此，借助BS模型来系统刻画产学研知识互补的整体演化过程。

二、产学研整体知识互补动态演化过程

对应BS模型，作出如下设定：将针对特定项目的由若干“S-Ba”组成的产学研知识系统视为具有周期边界的d维网格，包含L^d个进行局部知识互补的不同单元，即L^d个“S-Ba”，每个“S-Ba”都有$2d$个邻居且对应一个知识互补难度，互补难度越低则知识越好交融，短时间内也就越容易实现互补产生微创新（对应生态系统中某物种的变异），知识互补难度f_i的初始取值为[0,1]上均匀分布的随机数。以二维空间为例，产学研知识互补由局部向整体的动态演化过程如图15.2所示。

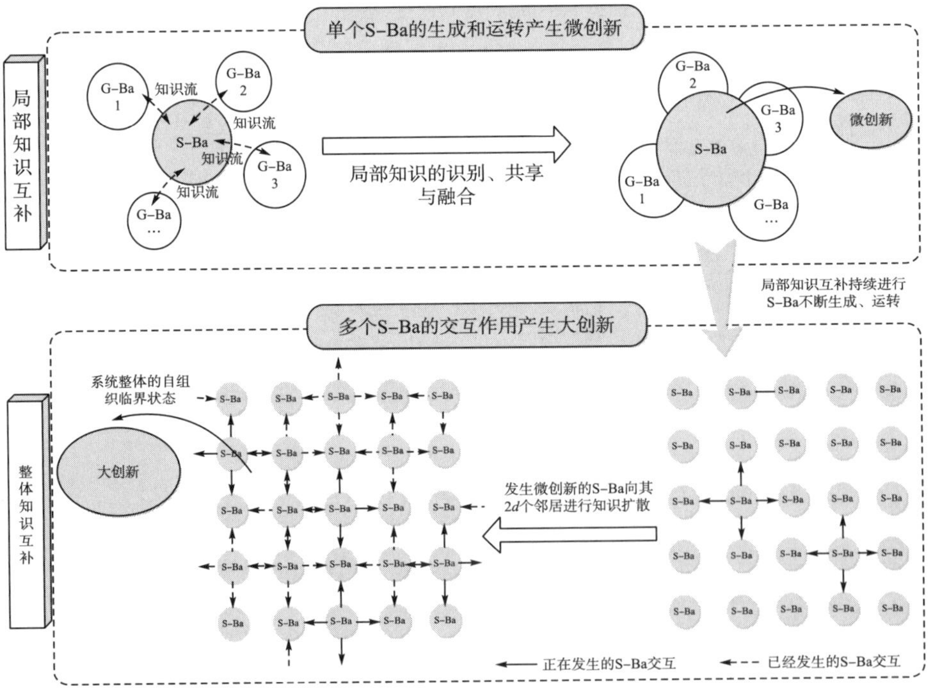

图15.2 二维空间产学研知识互补由局部向整体的动态演化过程

在一个很小的时间段 t_1，拥有最小知识互补难度 $f_{\min}(t_1)$ 的"S-Ba"经过知识识别、共享和融合的过程，率先完成局部知识互补，产生微创新，同时以强度 α 向其 $2d$ 个邻居进行知识扩散(若最先完成微创新的"S-Ba"与邻居之间距离为 r，则距离 r 与强度 α 存在显著的负相关关系)，从而，这 $2d+1$ 个"S-Ba"会在[0，1]上获取新的知识互补难度。随后，无论哪个或哪些"S-Ba"获得最小知识互补难度，都会率先产生微创新，并向其 $2d$ 个邻居注入新的知识和思维方式。如此循环演变，微创新逐渐积累且各"S-Ba"的联系愈加紧密。

$F(t)$ 为隙距函数，表示经过 T_i 时间段后 $f_{\min}(t_1)$ 到 $f_{\min}(t_i)$ 中的最大值，$F(t_i)=\max\{f_{\min}(t_i')，0\leqslant t_i'\leqslant t_i\}$，它随时间发生跳跃式增长。产学研联盟知识系统在 $F(t)$ 未发生跳跃时总体状态趋于稳定，即只通过"S-Ba"的局部知识互补产生微创新而不发生系统整体的大创新。

而当 $F(t)$ 从一个 $F(t_n)$ 值跳跃到邻近的另一个较高 $F(t_{n+1})$ 时，则后来的 $f_i<F(t)$ 的概率陡然增加，"S-Ba"也就更容易、更大范围地实现互补产生微创新。对应整体知识互补过程，即当难度较大的创新实现后，受其影响，接下来的互补过程往往会更易实现，创新数量也会明显增加。且由于"S-Ba"间持续的场域交互，所调动的互补知识关联性更强，也更加丰富和全面，从而导致创新规模也不断扩大，当规模超过某个阈值时，即产生系统整体的大创新。

通过以上分析可以发现，产学研知识互补是一个逐渐渗透的过程。单个"S-Ba"经过知识的识别、共享与融合实现局部知识互补，产生微创新。而随着"S-Ba"的持续生成和运转，"S-Ba"之间产生密集的交互作用，系统进入整体互补阶段，大量相互关联的微创新不断积累。经过长时间的自组织演化，遍布于时间、空间的"S-Ba"逐渐发展出高度的协调性和关联性，最终达到系统整体的自组织临界状态，引发大范围"雪崩"(大创新)，使产学研联盟不断突破知识瓶颈，完成协同创新的最终目标。

因此，产学研知识互补的关键在于充分调动组织内外部资源，实现"S-Ba"内的局部知识互补和"S-Ba"之间的动态交互，而碎片式、叠加式的知识堆砌并不能激发创新反应，这也是许多联盟虽拥有互补知识资源，也付出了诸多努力，却始终不能实现协同创新目标的根本原因。

第四节　基于场域交互的产学研知识互补过程效应函数

由产学研知识互补过程可知，场域交互是产学研知识互补的根本，其实现效果在很大程度上决定了知识互补的绩效。本章借助空间向量模型分析不同场之间的知识互补度，并结合欧几里得度量的计算公式，构造基于场域交互的产学研知识互补过程效应函数，用以阐释互补绩效与互补过程中关键变量间的关系，以期更加深入地剖析产学研知识互补。

由于"S-Ba"的生成和交互始于最初的"G-Ba"之间的场域交互，因此，为简化模型，作出以下假定。

假定一：协同创新项目对应一个超级知识组合场 S(这个超级知识组合场是经无数个小

“S-Ba”的相互作用而形成)，且这个超级知识组合场中包含 m 个相互作用的“G-Ba”，见图 15.3。

假定二：每两个“G-Ba”发生场域交互便生成一个“S-Ba”，产生一次局部知识互补(当然，受知识互补性和场间距离等因素的影响，“G-Ba”之间相互作用的局部知识互补效果可能趋近于 0)，联盟整体的知识互补通过无数的局部知识互补生成和相互作用来实现。

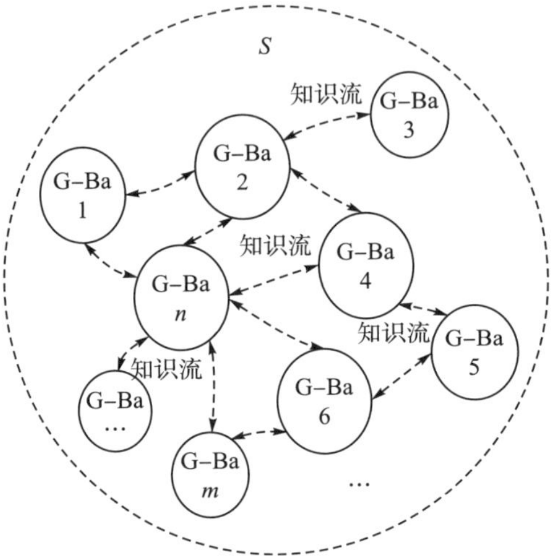

图 15.3　超级知识组合场 S 中含 m 个相互作用的“G-Ba”

一、局部知识互补过程效应函数

协同创新项目对应的超级组合知识场 S 所具有的知识点，和某“G-Ba” B_i(以下简称知识场 B_i)所具有的各知识点的知识量用向量分别表示为

$$S=\{Q_1,\ Q_2,\ Q_3,\cdots,Q_n\} \tag{15.1}$$

$$B_i=\{q_{i1},\ q_{i2},\ q_{i3},\cdots,q_{in}\} \tag{15.2}$$

其中，q_{ij} 是知识点 Q_j 在知识场 B_i 中的知识量，当 $q_{ij}=0$ 时，说明知识场 B_i 中不含知识点 Q_j。

知识点 Q_j 在知识场 B_i 的知识结构中出现的频率为 f:

$$f=\frac{q_{ij}}{\sum_{j=1}^{n} q_{ij}} \tag{15.3}$$

知识场 B_i 拥有的知识点 Q_j 的权重表示为

$$w_{ij}=f\times\log\frac{m}{m_j}=\frac{q_{ij}}{\sum_{j=1}^{n} q_{ij}}\times\log\frac{m}{m_j} \tag{15.4}$$

其中，m 为协同创新项目中知识场的总数；m_j 表示含知识点 Q_j 的知识场数量。知识场 B_i

的知识点权重向量：

$$W_i=\{w_{i1},\ w_{i2},\ w_{i3},\cdots,w_{in}\} \tag{15.5}$$

知识场 B_i 和知识场 B_p 的知识关联度用双方知识元权重向量的夹角余弦值来表示：

$$\mathrm{SIM}(B_i,B_p)=\frac{\sum_{j=1}^{n}(w_{ij}\times w_{pj})}{\sqrt{(\sum_{j=1}^{n}w_{ij}^2)\times(\sum_{j=1}^{n}w_{pj}^2)}} \tag{15.6}$$

知识互补性其实是建立在关联性上的异质性，知识关联性将不同知识资源联结起来，形成知识交互的基础，而知识的异质性则体现了知识组合的多样性和丰富性，是互补性知识资源价值增值的根本来源。由于基于关联性的异质性构成互补性，而最优水平的互补性是异质性与关联性之间的平衡，且知识的异质性、关联性与知识互补性均呈现倒 U 形关系，结合相关学者的研究(陈祖胜等，2015；刘克寅，2015)，定义知识场 B_i 和知识场 B_p 的知识互补度为

$$\begin{aligned}H(B_i,B_p)&=\mathrm{SIM}(B_i,B_p)\times\left[1-\mathrm{SIM}(B_i,B_p)\right]\\&=\frac{\left[\sum_{j=1}^{n}(w_{ij}\times w_{pj})\right]\times\sqrt{(\sum_{j=1}^{n}w_{ij}^2)\times(\sum_{j=1}^{n}w_{pj}^2)}-\left[\sum_{j=1}^{n}(w_{ij}\times w_{pj})\right]^2}{(\sum_{j=1}^{n}w_{ij}^2)\times(\sum_{j=1}^{n}w_{pj}^2)}\end{aligned} \tag{15.7}$$

式中，$H(B_i,B_p)$ 为知识场 B_i 和知识场 B_p 的知识互补度，$H(B_i,B_p)$ 值越大，则交互场的知识互补性越高。

然而，知识互补性虽是产学研知识互补的必要条件，但不同场之间仅仅存在互补知识并不能必然导致场域交互的发生，因为场域交互是一种社会活动，需要一定的社会资源条件来提供动力。在其他条件一定的情况下，有利于场域交互的资源条件(包括物质和非物质条件)越多，则驱动力越大，场域交互的作用效果也就越好。此外，场域交互活动还受到场间距离的影响，两场之间的距离越大，则互补知识受到的转移阻力越大，越不容易在场间流动，交互效果也就越差。因此，以场域交互顺畅度代表场域交互的运行效果，引用欧几里得距离公式计算知识场间的距离，定义场域交互顺畅度 α_{ip} 的表达式为

$$\alpha_{ip}=\frac{F_{ip}}{r_{ip}} \tag{15.8}$$

$$r(i,p)=\sqrt{(\mu_1 r_{1(i,p)})^2+(\mu_2 r_{2(i,p)})^2} \tag{15.9}$$

其中，F 为场中知识主体受到的场域交互驱动力，包括来自知识主体自身、媒介和外部环境三个方面的驱动力；$r(i,p)$ 为发生交互活动的知识场之间的距离，一般而言，知识主体之间的距离主要包括物理距离、知识距离和心理距离三个维度，但本书中，将知识距离归入了知识互补性维度(表征知识异质性)，用于反映场与场之间的知识互补度 $H(B_i,B_p)$，因此，这里的 $r(i,p)$ 是场与场之间基于物理距离和心理距离维度的综合距离；$r_{1(i,p)}$ 为知识场 B_i 和知识场 B_p 的物理距离，表示彼此之间的空间距离；$r_{2(i,p)}$ 为知识场 B_i 和知识场 B_p 的心理距离，反映两个场中知识主体彼此之间的文化差异和信任基础；μ_1、μ_2 分别为物理距离、心理距离对场域交互的影响系数。

从产学研知识互补的实现过程可知，互补知识是基础，场域交互是保障，其中，互补知识包括知识互补性和知识存量(包括知识的“质”与“量”)两个维度，即场与场知识互补绩效主要由三方面因素决定，即交互场的知识互补度、知识存量以及场域交互顺畅度，且这三个维度对互补绩效的影响并非简单相加的关系，而是任一值趋近于0，则整个知识互补过程必然走向失败。

因此，知识场 B_i 和知识场 B_p 的知识互补绩效可表示为

$$d_{ip}=(1+\lambda)w_\alpha\alpha_{ip}\ w_cC_{ip}w_hH(B_i,B_p) \tag{15.10}$$

$$C_{ip}=\sqrt{{C_i}^2+{C_p}^2} \tag{15.11}$$

$$C_i=\delta_i\sqrt{{q_{i1}}^2+{q_{i2}}^2+\cdots+{q_{in}}^2} \tag{15.12}$$

其中，d_{ip} 为知识互补绩效；C_{ip} 为知识场 B_i 和知识场 B_p 的综合知识存量；C_i 为知识场 B_i 的知识存量；δ_i 为知识场 B_i 的知识质量；w_α、w_c、w_h 分别为场域交互顺畅度、知识存量以及知识互补度对知识互补的影响系数；λ 是场域交互的知识创新系数，为(0，1)上的随机数，(1+λ)代表互补知识场进行场域交互的知识增值系数，λ 值越大，则说明场域交互的创新效果越好，产生的创新知识价值越高。

将式(15.7)、式(15.8)、式(15.9)、式(15.11)、式(15.12)代入式(15.10)，即可得产学研知识互补过程效应函数：

$$d_{ip}=\frac{(1+\lambda)\mathrm{w}_\alpha w_cw_hF\sqrt{\delta_{\mathrm{i}}^2({q_{i1}}^2+\cdots{q_{in}}^2)+{\delta_p}^2({q_{p1}}^2+\cdots+{q_{pn}}^2)}\left[\sum_{j=1}^n(w_{ij}\times w_{pj})\right]\times\{\sqrt{(\sum_{j=1}^n w_{ij}^2)\times(\sum_{j=1}^n w_{pj}^2)}-\left[\sum_{j=1}^n(w_{ij}\times w_{pj})\right]^2\}}{\sqrt{(\mu_1r_{1(i,p)})^2+(\mu_2r_{2(i,p)})^2}\times(\sum_{j=1}^n w_{ij}^2)\times(\sum_{j=1}^n w_{pj}^2)} \tag{15.13}$$

由式(15.13)的推演可知，局部知识互补过程中，场域交互顺畅度、交互场的知识互补度和知识存量是决定互补绩效 d_{ip} 的关键要素，三者与互补绩效均存在正相关关系。知识互补度和知识存量分别表征交互场的知识结构、信息量和质量，而场域交互顺畅度又受到场域交互驱动力 F 以及场间距离 r 的影响。在其他条件一定的情况下，驱动力 F 越大，则互补绩效越高。场间距离 r 由知识场间的物理距离 r_1 和心理距离共同决定，在其他条件一定的情况下，场间距离越大，则场域交互顺畅度越低，知识互补绩效也就越差。

二、整体知识互补过程效应函数

由于协同创新项目所对应的 m 个相对独立的知识场可产生 $\frac{m(m-1)}{2}$ (即 C_m^2)对场域交互，即产生 $\frac{m(m-1)}{2}$ 对局部知识互补(当然，局部知识互补绩效可能趋近于 0)，生成 $\frac{m(m-1)}{2}$ 个“S-Ba”，而整体互补绩效可看作局部知识互补的综合作用结果，因此，产学研知识互补的整体绩效 D：

$$D=f(d_{12},d_{13},\cdots,d_{1m},d_{22},d_{23},\cdots,d_{2m},\cdots,d_{m(m-1)}) \tag{15.14}$$

引入欧几里得度量可表示为

$$D=(1+\lambda')\sqrt{(\beta_{12}d_{12})^2+(\beta_{13}d_{13})^2+\cdots+(\beta_{22}d_{22})^2+\cdots+(\beta_{2m}d_{2m})^2+\cdots+(\beta_{m(m-1)}d_{m(m-1)})^2} \tag{15.15}$$

其中，β_{ij} 为知识场 B_i 和知识场 B_j 局部知识互补的影响系数；λ' 取(0, 1)上的随机数，代表 $\frac{m(m-1)}{2}$ 个“S-Ba”进行场域交互的综合知识创新系数。

由式(15.15)可知，要提高产学研整体知识互补绩效，应从提升局部知识互补绩效着手。这就意味着：一方面，要选择恰当的合作对象，在条件允许的情况下，尽量与具有较高知识互补性和知识存量的伙伴展开合作；另一方面，要致力于利用各种社会资源条件提高场域交互驱动力，同时，应注意采取措施降低场间距离，减少由于空间距离或文化差异等因素造成的交互阻力，从而提高场域交互顺畅度，促进互补绩效的提升。

考虑到企业和学研机构的知识互补性、知识存量以及场域交互驱动力都会对产学研知识互补产生正向驱动作用，故将知识互补性、知识存量以及有利于促进场域交互的资源条件(包括知识互补主体、媒介、外部环境三个维度的物质、非物质条件)均视为产学研知识互补的驱动因子，且驱动因子运行良好时，场间距离对互补绩效的干扰也会大大减少，由此，可以得出，驱动因子是产学研知识互补的命脉所在。

第十六章　基于场域交互的产学研知识互补驱动因子分析

由上一章的分析结果可知，产学研知识互补驱动因子是企业和学研机构动态知识互补的运行关键，诸多产学研联盟协同失败的原因，就是没有充分认识和利用互补过程中的驱动因子，导致场域交互活动低频且低效，动态互补流于形式。因此，本章将全面剖析产学研知识互补过程的活动要素，深入挖掘驱动因子，并对其进行定量分析，以期理清各因子的相对重要性及彼此间的内在作用关系，从中探求提高互补绩效的途径。

第一节　产学研知识互补的驱动因子提取

一、产学研知识互补的驱动模型

根据前面的分析，产学研知识互补是围绕主体和互补知识展开的复杂知识活动，是由局部知识互补不断累积、动态演化而来，这也就意味着，知识识别、知识共享以及知识融合活动存在于产学研知识互补的全过程。其中，知识共享的实质是多主体、多方向的知识转移，知识融合包括知识的整合与创新。目前，国内外关于产学研知识互补的研究还处于起步阶段，尚无清晰、明确的驱动因素分析。因此，本章基于前人的相关研究（表 16.1），从知识互补过程涉及的知识活动入手，深入挖掘产学研知识互补的驱动因子。

表 16.1　产学研知识互补过程驱动因子的相关研究

知识活动	驱动因子研究	来源
知识识别	知识异质性（包含存量和结构两方面）对知识识别阶段具有正向影响	戴勇（2016）
	合作意愿会促进组织间知识识别	Szulanski（1996）
	主体的知识能力是知识生产、发送、传递、吸收、整合以及创新能力的综合，交互双方具有较好的知识能力时，能更清晰地识别自身知识的需求和双方知识的价值	Cumming（2004）
知识共享	产学研协同创新的知识转移绩效受到知识特性、知识源、知识受体以及知识转移情景的影响，其中，组织学习文化、激励机制、沟通体系、信任机制有利于促进知识转移	杨洪和吴想（2012）
	知识互动平台的建设会促进知识转移。知识互动平台则拥有知识中介的作用，可为创新联盟营造良好的知识交流氛围，有利于组织成员在平台中建立和强化彼此间的信任关系	杨波和徐升华（2010）
	信任、团队协作精神、沟通渠道、激励机制，以及合理的制度和管理办法都有利于产学研协同创新团队知识转移绩效的提升	刘春艳等（2017，2018）
	场是实体空间、虚拟空间和精神空间的统一体，场的有效性直接决定着知识转移的效果	李景峰和刘宗凯（2010）

续表

知识活动	驱动因子研究	来源
知识共享	企业知识转移必须考虑三方面要素：知识转移的主体、客体，以及知识转移的媒介：场。知识主体方面的因素包括：主体间的知识结构差异、能力强弱，以及社会关系紧密度；客体方面的因素主要在于知识的可编码程度；场本身的因素包括：场的范围和场内基础建设、场的氛围、场的规则和激励机制	刘宗凯(2011)
	产学研协同创新的知识共享受到联盟成员的知识共享愿景、组织能力匹配、信任、知识特性、知识转移渠道、组织间距离、沟通等因素影响，其中，知识共享愿景、组织能力匹配、信任、知识转移渠道以及沟通对知识共享存在促进作用	王毅和吴贵生(2001)
	市场因素和政策因素是产学研联盟知识共享的外部动因。其中，市场因素主要是源于经济利益的驱动作用，政策因素主要源于政府对产学研联盟的直接组织、财务支持，以及促进联盟发展的一系列支持政策	孟庆伟(2012)
	知识融合是产学研协同创新的关键，成员的合作意向与态度、知识存量、知识互补性、多渠道沟通以及知识传递速度，对产学研三方知识融合存在显著的正向影响	张忻等(2015)
	场包括有形的场和无形的场，会场、知识互动平台等属于有形的场，而组织氛围、文化构成无形的场。知识创造的关键在于创造合适的场，场的创造比知识本身还要重要	郭琳(2012)
	社会关系网络蕴含了丰富的知识、信息、资金、人才等创新资源。强社会关系网络有利于知识资源的聚集、融合与合理配置，是知识互动的正向驱动因素	肖琳等(2018)
	政府与市场的结合作用是产学研联盟知识创新的重要动力来源	罗琳等(2017)
	政府制定的各项支持政策为产学研知识创新提供了有利条件，提高了协同创新的可能性和知识转移的积极性，对联盟的知识流动绩效有显著的正向促进作用	徐玫等(2017)

系统梳理前人的相关研究，发现产学研知识互补所涉及的驱动因子主要来自主体、客体、媒介和情境四个方面。由此，结合产学研知识互补过程的相关特点，得出产学研知识互补的驱动模型，如图 16.1 所示。

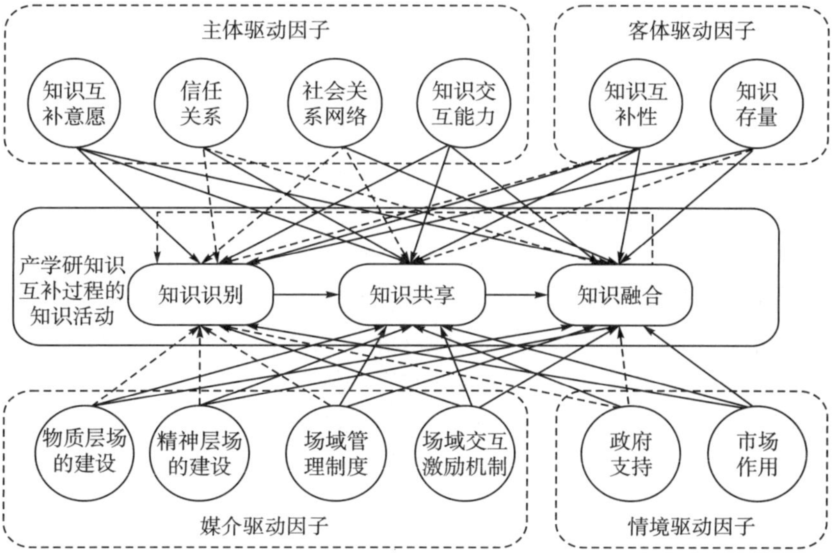

图 16.1　产学研知识互补的驱动模型

二、产学研知识互补的驱动因子

（一）产学研知识互补的主体驱动因子

(1)知识互补意愿。互补意愿是知识互补活动的直接驱动力，对知识互补的全过程均存在驱动作用，其强弱程度直接影响各组织场中知识主体参与知识活动的积极性，互补意愿越强，知识主体也就越愿意参与跨组织知识识别、共享与融合。

(2)信任关系。信任关系主要对知识共享产生驱动。当产方和学研方相互信任时，能有效降低知识交互的成本和各方固化的抵触意识(尤其是隐性知识共享)，彼此会更倾向于共同进步，构建组织间的竞争合力。

(3)社会关系网络。社会关系网络主要对知识融合过程产生驱动。社会关系网络代表着组织丰富的知识、资金、人才等创新资源。在强社会关系网络下，组织拥有较大的社会资本优势，更容易实现创新要素的聚集与融合，并能优先获得政府或社会各界的支持，从而实现知识资源的有效配置。

(4)知识交互能力。知识交互能力对知识互补全过程均存在驱动作用。知识交互能力是指，知识主体作为知识发送方，能准确识别和评估知识接受方的需求，并根据需要传递的知识类型选择合适的方式清楚表达自身知识，将其传递出去，同时，作为知识吸收方，能有效吸收内外部知识，并将其与自身实际相融合，转化为适应自身发展的新知识的能力。知识主体的知识交互能力对场域交互的知识传递和吸收有正向影响，当各主体拥有较高的知识交互能力时，知识的识别、共享与融合过程会更加顺畅。

（二）产学研知识互补的客体驱动因子

(1)知识互补性。知识互补性会对知识互补全过程产生驱动作用。在知识识别阶段，知识活动参与者会依据互补性原则来寻找伙伴(何郁冰，2012)，而在知识共享和融合阶段，互补性能明显降低合作各方的排斥与干扰。合作伙伴间知识的互补性越大，可供交换的知识种类越多，知识转移效能也就越高。

(2)知识存量。知识存量主要对知识识别和知识融合阶段产生驱动效果。知识存量由信息量和价值量两个维度构成，分别反映了知识的“量”和“质”。信息量是指知识所提供的信息多少；价值量是指知识解决特定问题的适合度与匹配度，以及这些知识的先进性、可靠性、不可复制性等认知属性。较高的知识存量反映了组织系统良好的知识生产能力和综合竞争力，场的参与者知识存量越大，则场域交互过程中知识的理解和吸收效果往往越好。

（三）产学研知识互补的媒介驱动因子

(1)物质层场的建设。场的建设状况(尤其是“S-Ba”的建设状况)也会对知识互补的实现效果产生直接影响。由于场的实体空间通常指会议厅、实验室等具体的物理空间，而虚拟空间一般指通过计算机和互联网技术等制造的网络平台，场的这两种空间都以物质层面的建设为基础，因此，本章称为物质层场的建设。物质层场的建设在于构建组织间的知识交互平台，为企业与科研机构的知识识别、共享与融合提供良好的硬件、软件支撑。

(2)精神层场的建设。本章将场的精神空间的建设称为精神层场的建设。精神层场的建设在于构建兼容并包、合作创新的场的氛围。这种氛围使企业和学研机构更容易理解和尊重彼此的组织文化、需求，在意见相左或发生矛盾时能够坦诚相告、合作解决，从而降低场域交互过程中的信息损耗和噪声干扰，有利于共同愿景的产生，为后续的长期合作奠定基础。

(3)场域管理制度。场域管理制度具体包括各个场的资源分配与利用规则、场中知识主体的行为规范、权利与义务等。场域管理机制应因时因地制宜，从联盟整体的角度制定统一且相对完善的规则。合理的场域管理机制有助于优化资源配置，有效规范场中知识主体的行为，控制机会主义风险，保障产学研知识互补过程有序运转。

(4)场域交互激励机制。场域交互激励机制包括协同创新成果利益分配制度和促进合作伙伴沟通交流的其他激励机制。一般而言，若非有利可图(这里的利不仅包括物质利益，还包括精神利益)，出于惰性和利益保护，知识主体往往难以主动学习和交流。而激励机制在一定程度上引导着知识主体的行动，在合理的场域交互激励机制下，场的参与者由于利益驱动，迫切渴望获得知识互补所带来的好处，倾向于积极主动地学习，且热情高涨，这就使得场域交互活动频繁而高效。

(四)产学研知识互补的情境驱动因子

(1)政府支持。政府支持包括政府的直接支持和间接支持。直接支持是指政府直接引导协同创新联盟，对产学研知识互补活动进行引领或协调，并直接给予土地、资金等资源支持；间接支持则是指政府制定“促进产学研深度融合或协同创新”的相关政策及法律法规，如税收减免、财政补贴、人才引进和科技成果保护制度等，这类政策为协同创新提供了良好的外在条件，对知识互补过程有明显的驱动作用。

(2)市场作用。市场作用可分为协同创新成果市场价值的拉动作用，以及竞争压力的推动作用。出于趋利本能，协同创新项目的价值越高，则联盟越想完成协同创新目标；市场竞争越激烈、创新需求越旺盛，各组织提升自身竞争实力的愿望也就越迫切，产学研知识互补的活跃度也就越高。

第二节 BP-DEMATEL 模型构建

一、BP-DEMATEL 简介

决策试验和评价实验法(DEMATEL)是美国 Bastille 国家实验室提出的运用图论与矩阵论原理进行系统因素分析的方法，可用于解决现实生活中复杂问题的因素识别、重要性排序以及因果关系提取等问题。该方法通过因素间的逻辑关系建立直接关联矩阵，测算每个因素的中心度与原因度，从而明确各因素在系统中的重要程度和因果关系，达到辨识关键因素的目的。DEMATEL 方法具有一定的科学性和合理性，在方案选择、绩效评价、因素分析等多个研究领域得到广泛应用。

驱动因子分析为产学研知识互补的具体实践提供了理论依据。将 DEMATEL 方法引入产学研知识互补的驱动因子研究中，可以系统分析因子间的因果关系，辨识出知识互补过程的关键驱动因子，从而提出改善互补绩效的针对性管理建议。

由于传统的 DEMATEL 方法没有以实际案例或客观数据为依托，极大地依赖于少数专家对因子间作用关系的主观判断，且当因子或指标相对较多时，面对复杂系统，通过专家打分来获取因子间的直接关联矩阵比较困难。因此，学术界普遍采用各类改进的 DEMATEL 方法来进行研究。如将粗糙集或模糊集理论、BP 神经网络、关联矩阵等方法与 DEMATEL 结合运用，以改善 DEMATEL 方法专家赋值主观性的缺陷(孙雯等，2018)。其中，将 BP 神经网络运用到直接关联矩阵赋值阶段的 BP-DEMATEL 研究法已较为成熟。

BP-DEMATEL 方法主要优化了通过调查问卷或专家打分来直接获取因素间作用系数的过程，降低了传统 DEMATEL 方法的主观性，且通过从输出层经隐含层向输入层逆向传递误差信息的过程，增强了驱动因子与绩效评价间的关联，从而使得分析结果更加具有科学性与合理性。因此，借鉴成全等(2016)的做法，引入 BP 神经网络对驱动因子间的直接关联矩阵进行求解。具体流程图如图 16.2 所示。

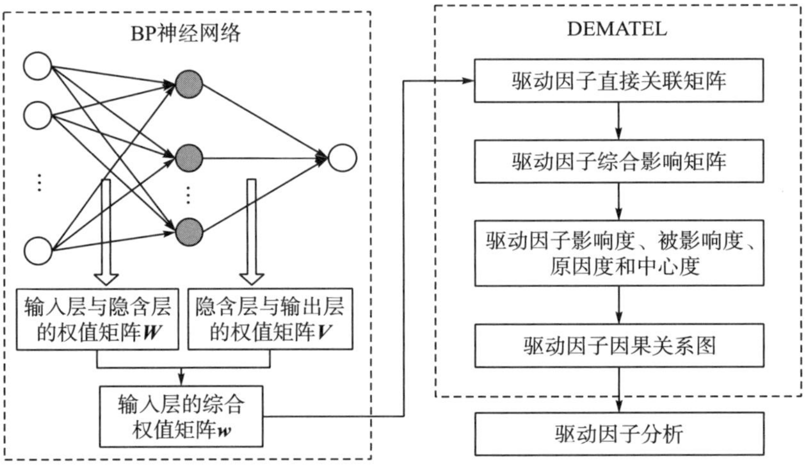

图 16.2 BP-DEMATEL 流程图

二、BP 神经网络运算

人工神经网络(artificial neural network，ANN)由海量信息处理单元组成，它是以现代神经科学为基础，通过模拟神经系统加工、记忆和对信息进行反应的方式，形成的一种类似人脑的信息处理系统，具有非线性、自适应和自组织的特点。

BP 网络(back-propagation NN)是信号正向传播、误差反向传播的多层神经网络，适用于复杂非线性问题的描述，共有 3 个层次：输入层、输出层以及位于两者之间的隐含层。其中输入和输出层都是 1 层，中间层则可以是 1 层或多层。各层均包含若干个神经元，同层的神经元之间彼此独立，而相邻层次的神经元相互连接。BP 神经网络的输入信息从输入层经隐含层向输出层传递。每对神经元的连接上均有一个加权系数(也称“权值”)，可加大或减小前一个神经元的输出对后一个神经元的作用力度，修改权值的规则即为权值算法，BP 神经网络系统按照一定的算法，可对样本数据进行学习，从而计算网络权值，当网络系统权值确定且结构稳定后，就可以输入新的数据，给出相应的输出。

理论上已经证明，当不限制隐含层节点数时，只有一个隐含层的 BP 神经网络可实现任意非线性映射(肖玲诺，2011)。且一般认为，增加隐含层层数虽然可以降低网络误差(也有学者认为不一定能有效降低)，提高精度，但也使网络复杂化，从而增加了训练时间和出现“过拟合”现象的概率。这就意味着，设计神经网络模型时应优先考虑 3 层网络(即只有一个隐含层)。自适应变速率能够加快算法收敛，而引入动量项有利于减少震荡达到全局最优(陈威，2018)。因此，本章选择了只含一个隐含层的三层 BP 神经网络，并采用引入动量项的自适应变速率梯度下降法对 BP 神经网络进行建模。

1. BP 神经网络的输入和输出

设输入层神经元个数为 m，输出层神经元个数为 n，隐含层神经元数量为 p，非线性函数 $g(x)$ 为激活函数。

输入层神经元与隐含层神经元间的权重矩阵：

$$\boldsymbol{W}=\{w_{ij}\}_{\mathrm{m}\times p},\quad i=1,2,\cdots,m;\ j=1,2,\cdots,p \tag{16.1}$$

隐含层神经元与输出层神经元间的权重矩阵：

$$\boldsymbol{V}=\{\mathrm{v}_{jk}\}_{p\times n},\quad j=1,2,\cdots,p;\ k=1,2,\cdots,n \tag{16.2}$$

输入层输入量(同时也是其输出量)：

$$x=(x_1,x_2,\cdots,x_m) \tag{16.3}$$

隐含层输出量：

$$z=(z_1,z_2,\cdots,z_p) \tag{16.4}$$

隐含层神经元 j，输出量为

$$z_j=g(\sum_{i=1}^{m}w_{ij}x_i-\theta_j),\quad j=1,2,\cdots,p \tag{16.5}$$

输出层输出量：

$$o=(o_1,o_2,\cdots,o_n) \tag{16.6}$$

输出层神经元 k，输出量为

$$o_k=g(\sum_{j=1}^{p}v_{jk}z_j-\theta_k),\quad p=1,2,\cdots,n \tag{16.7}$$

输出层期望输出量：

$$y=(y_1,y_2,\cdots,y_n) \tag{16.8}$$

系统误差：

$$E_{(W,V)}==\frac{1}{2}\sum_{k=1}^{n}(y_k-o_k)^2=\frac{1}{2}\sum_{k=1}^{\mathrm{n}}\Big\{y_k-g\Big[\sum_{j=1}^{p}v_{jk}g(\sum_{i=1}^{m}w_{ij}x_i-\theta_j)-\theta_k\Big]\Big\}^2 \tag{16.9}$$

其中，θ_j 和 θ_k 分别为隐含层神经元 j、输出层神经元 k 的阈值(当神经元的输入大于阈值时，神经元才会受到刺激，产生输出)。

BP 神经网络的训练过程的实质就是通过学习过程求解权值矩阵，使系统误差 $E_{(W,V)}$ 不断减小，直至小于设定的误差精度。当 $E_{(W,V)}$ 小于误差精度或学习次数达到设定值时，训练结束，否则，转入误差反向传播阶段的计算。

2. BP 神经网络对权值系数的修正

针对标准 BP 算法中存在的收敛速度慢、易陷入局部最小等问题，采用引入动量项的自适应变速率梯度下降法，通过动量因子 $\eta(0<\eta<1)$ 逐步减少修正量，从而减小振荡，而自适应调整的学习速率 α 可使算法更为稳定。

$$\Delta w_{ij}(t+1)=\eta_1\Delta w_{ij}(t)+\alpha_1(1-\eta_1)\frac{\partial E(t)}{\partial W(t)} \tag{16.10}$$

$$\Delta \mathrm{v}_{jk}(t+1)=\eta_2\Delta v_{jk}(t)+\alpha_2(1-\eta_2)\frac{\partial E(t)}{\partial V(t)} \tag{16.11}$$

其中，η_1、η_2 为动量因子；α_1、α_2 为学习速率。

因此，调整更新后的权值为

$$w_{ij}(t+1)=\mathrm{w}_{ij}(t)+\Delta \mathrm{w}_{ij}(t+1) \tag{16.12}$$

$$v_{jk}(t+1)=\mathrm{v}_{jk}(t)+\Delta \mathrm{v}_{jk}(t+1) \tag{16.13}$$

随着 t+1 步权值更新后，若 $E_{(W,V)}$ 减小，说明修正方向正确，则可以增加步长提升学习速率；若 $E_{(W,V)}$ 增大，则说明修正超标，应该缩短步长，减小学习速率。由此，引入增量因子 c_1 和减量因子 c_2：

$$\alpha(t+1)=\begin{cases} c_i\alpha(t), & E(k+1)<E(k) \\ c_d\alpha(t), & E(k+1)>E(k) \end{cases} \tag{16.14}$$

通过以上步骤不断训练，直至求得权值矩阵 $\boldsymbol{W}$、$\boldsymbol{V}$ 使 $E_{(W,V)}$ 取到极小，满足误差精度。

此时，输入神经元的综合权重矩阵：

$$\boldsymbol{w}=\mathrm{mean}(|\boldsymbol{W}|\times|\boldsymbol{V}|) \tag{16.15}$$

其中，mean 函数的作用是对行数大于 1 的矩阵每列取均值。

三、DEMATEL 运算

(1)构造各因子的直接关联矩阵 $\boldsymbol{B}$。

$$\boldsymbol{B}=(b_{ij})_{n\times n}=\begin{bmatrix} b_{11} & b_{12} & \cdots & b_{1n} \\ b_{21} & b_{22} & \cdots & b_{2n} \\ \vdots & \vdots & & \vdots \\ b_{n1} & b_{n2} & \cdots & b_{nn} \end{bmatrix} \tag{16.16}$$

其中，$b_{ij}=0, i=j$；　$b_{ij}=\dfrac{w_i}{w_j}, i\neq j$，当 $w_j=0$ 时，$b_{ij}=0$，b_{ij} 表示第 i 个因子相对于第 j 个因子的相对重要性。

(2) 归一化直接关联矩阵 $\boldsymbol{S}$。

$$\boldsymbol{S}=(s_{ij})_{n\times n}=\frac{1}{\max\limits_{1\leqslant i\leqslant n}\sum_{j=1}^{n}b_{ij}}\times\boldsymbol{B} \tag{16.17}$$

(3) 计算综合影响矩阵 $\boldsymbol{T}$。

$$\boldsymbol{T}=(t_{ij})_{n\times n}=\boldsymbol{S}(\boldsymbol{I}-\boldsymbol{S})^{-1} \tag{16.18}$$

其中，$\boldsymbol{I}$ 为单位矩阵，$(\boldsymbol{I}-\boldsymbol{S})^{-1}$ 为 $\boldsymbol{I}-\boldsymbol{S}$ 的逆矩阵。

(4) 计算各驱动因子的影响度 f_i、被影响度 e_i、中心度 c_i，以及原因度 r_i。

$$f_i=\sum_{j=1}^{n}t_{ij},\quad i=1,\ 2,\cdots,n \tag{16.19}$$

$$e_i=\sum_{j=1}^{n}t_{ji},\quad i=1,\ 2,\cdots,n \tag{16.20}$$

$$c_i=f_i+e_i,\quad i=1,\ 2,\cdots,n \tag{16.21}$$

$$r_i=f_i-e_i,\quad i=1,\ 2,\cdots,n \tag{16.22}$$

中心度 c_i 越大，说明该因子的重要性越大，而原因度 r_i 则可用于区分原因因子和结果因子。当 $r_i>0$ 时，对应的因子为原因类因子，表示该因子对其他因子的影响大于其他因子对它的影响；反之，当 $r_i<0$ 时，则对应结果类因子，该因子所受到的影响大于其他因子对它的影响。通过映射 (c_i,r_i)，结合全关联矩阵 $\boldsymbol{T}$，可得出因子间的作用关系图。

第三节　BP-DEMATEL 模型应用

一、样本选择与测度

(一) 研究样本

严格遵循典型性、匹配性以及数据可获取性三个基本原则，选取 2008～2018 年间 50 个产学研协同创新案例作为研究样本，如：企业主导的中英轨道交通技术研发中心、数控机床高速精密化技术创新战略联盟；学研机构牵头的河南粮食作物协同创新中心、宇航科学与技术协同创新中心等。所选案例样本在其所属行业均具有一定的典型性和代表性，可用于深入分析产学研知识互补的驱动因子及其互补绩效，案例数据易取得且能为驱动因子表现及知识互补绩效的判定提供依据。

案例样本的数据来源主要包括：陆园园(2017)所著的《中外产学研协同创新研究》、中国产学研合作促进会官网(网址：http：//www.360cxy.cn/ content/ details_32_3987.html)、百度百科、人民网、中国知网以及相关企业和学研机构官网等。从产学研协同创新案例描述、成员组织介绍、联盟负责人访谈录或相关新闻报道三个方面获取案例中产学研知识互补的相关信息。由多次参与产学研协同创新项目并从事相关研究 3 年以上的教授、硕士生组成研究团队，采用李克特 5 级评分法，根据相关信息所体现的驱动因子表现情况，分别给每个案例对应的 12 个驱动因子和产学研知识互补绩效进行打分（“1”代表“很差”，“5”代表“很好”），并将驱动因子得分和互补绩效得分分别作为输入、输出变量训练 BP 神经网络模型。选取的案例样本来自多个行业领域(如表 16.2 所示)，以提高样本数据的代表性，减少行业因素对研究结果信度的影响。

表 16.2 研究样本行业分布情况

行业	案例样本数	行业	案例样本数
生物与医药	4	家电制造	6
交通运输与汽车制造	7	电子与信息	5
新能源与新材料	4	高技术服务	9
装备制造	8	其他	7

(二)驱动因子测度

根据前文的指标分析和案例的相关资料，主体驱动因子中，知识互补意愿通过产学研三方领导者合作理念、协同创新过程是否持积极参与来进行衡量；信任关系通过产学研三方有无前期合作基础、合作伙伴间的内部关系、对合作伙伴的评价等信息来判断；社会关系网络主要考量联盟成员的社会地位以及人脉、渠道、信息等社会资源丰富程度；知识交互能力则考察企业和学研机构是否通过多种渠道和方式彼此进行交流合作，相互沟通的频率及交流效果如何。

客体方面驱动因子中，知识互补性主要考察联盟成员是否在具有共同知识基础的前提下，又分别具有协同创新项目所需的异质知识；知识存量则通过联盟主体在相应领域的知识水平高低来权衡。

媒介方面驱动因子中，物质层场的建设通过协同创新平台建设、科研设备以及资金投入情况进行衡量；精神层场的建设由联盟及产学研三方的组织文化、领导者理念来判定；场域管理制度主要考察联盟整体是否具有统一且相对完善的资源管理制度和运行管理制度，以及这些制度与联盟整体的匹配效果；场域交互激励机制则通过协同创新成果的利益分配机制和其他促进组织间交流合作的激励方式进行评定。

情境方面驱动因子中，政府支持主要考察政府是否直接参与或组织了协同创新联盟，以及产学研联盟受到政策的支持程度，包括国家整体的创新政策支持、行业的政策支持和地方政府的政策支持等；市场作用则通过项目成果的市场需求和价值，以及创新产品的行业竞争激烈程度进行判定。

此外，由于知识互补过程不止要求实现联盟整体的知识创新和增值，还要保证组织自身知识价值的提升，因而，产学研知识互补绩效主要从组织绩效和联盟整体绩效两方面进行评价。组织绩效的评价标准包括：各组织的知识缺口是否得到明显改善、能力是否得以提升(尤其是企业的自主创新能力)，以及组织目标的实现程度。联盟整体绩效的评价标准则在于：知识创新成果是否取得良好的效益、联盟整体目标是否顺利实现。

（三）数据有效性

为验证案例样本数据的可靠性和有效性，首先对 50 组样本数据进行信度检验，结果表明，Cronbach α 值为 0.976，即样本数据具有较好的内部一致性。而 KMO 检验和 Bartlett 球度检验的结果显示，KMO 值为 0.862，大于 0.7，表明变量间的共同因子多；Bartlett 值为 935.356，$P<0.001$，达到显著性水平，代表样本数据适合做因子分析。通过对测量变量进行探索性因子分析发现，样本数据的解释总方差贡献率为 85.527%，超过 70%，说明驱动因子指标体系能较好地解释产学研知识互补驱动因子的多个构面，具有良好的结构效度。

二、模型计算结果

通过 MATLAB 编程，构建出驱动因子权值提取的 BP 神经网络模型。以案例样本的驱动因子评分矩阵 $\boldsymbol{X}$ 作为输入变量，以互补绩效评价矩阵 $\boldsymbol{Y}$ 作为输出变量，将 S 形正切函数 tan-sigmoid 以及线性激活函数分别当成隐含层以及输出层神经元的传递函数，且选择了只含一个隐含层的三层 BP 神经网络，结构如图 16.3 所示。

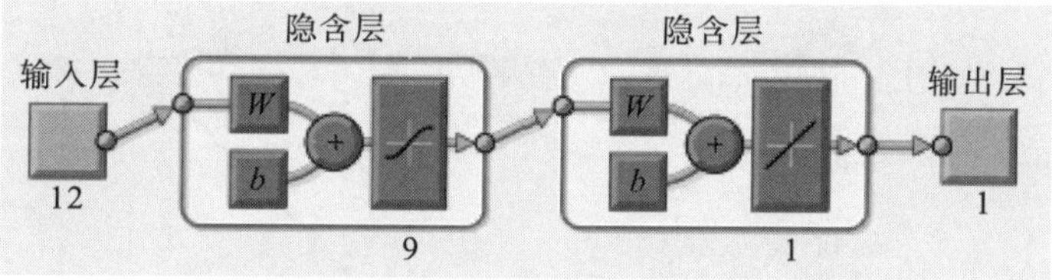

图 16.3　BP 神经网络模型结构图

由于隐含层神经元个数仍没有确定的计算公式，因此，采用学术界的普遍做法，即参考公式 $p=\sqrt{m+n}+d$（m、n 分别为输入层和输出层的神经元个数，d 取 1～10 的整数），通过试凑法寻求最优隐含层节点数量。经过多次试凑，最终确定隐含层神经元个数为 9。

通过引入动量项的自适应变速率梯度下降法对网络进行训练，设置最大训练次数为 5000，网络学习精度设为 0.001，动量因子 mc 取 0.5，学习增长比率 lr_inc 为 1.15，学习下降比率 lr_dec 为 0.85，其他参数为系统默认值。

基于 BP 神经网络训练的规范要求，将 50 个案例样本划分成训练样本和测试样本，通过训练样本进行网络训练，利用测试样本对训练的 BP 神经网络模型加以检测，判断输出结果是否符合预期，一般而言，两种样本分别为样本总数的 80%和 20%（芦冬青，2017）。由此，本研究从 50 个产学研案例样本中随机选取 40 个作为训练样本，其余作为测试样本进行多次训练，从中选取预测效果最好的神经网络进行权值矩阵求解，此时，模型的误差变化曲线如图 16.4 所示，当训练次数为 3701 次时，网络模型得以收敛。

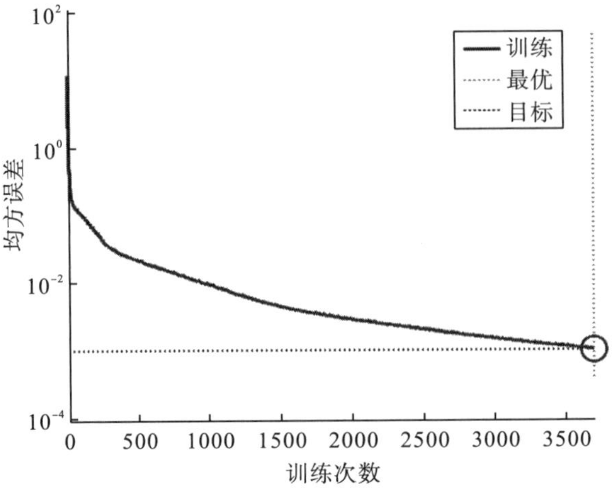

图 16.4 BP 神经网络训练误差变化曲线

40 组训练样本的线性回归结果如图 16.5 所示，且 10 组测试样本的输出结果表明，预测值同期望值的误差在 5%以内，说明训练得出的 BP 神经网络模型回归性能高，具有一定的可靠性和泛化能力。

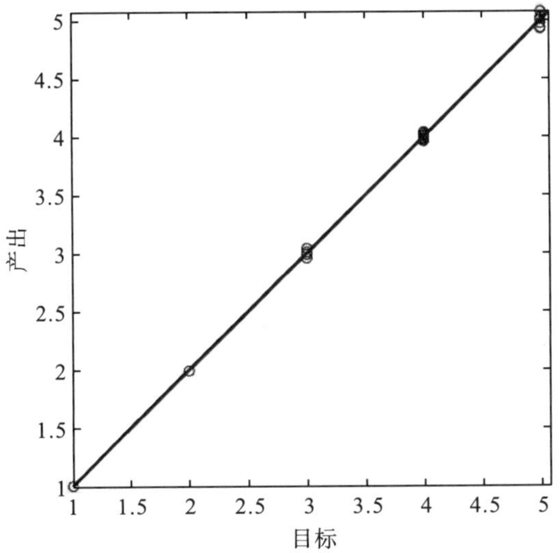

图 16.5 训练样本输出结果与实际结果的线性回归

由此，通过 BP 神经网络模型的相对最优解得出输入层与隐含层的权值矩阵 ***W***，以及隐含层与输出层的权值矩阵 ***V***，从而求出各驱动因子的综合权值矩阵 ***w***：

w=[0.7196，0.8339，1.3141，2.1061，1.6515，0.8771，0.8991，1.7561，0.8914，2.6787，2.3743， 2.2783]

通过式(16.16)～式(16.18)的 DEMATEL 运算步骤，得综合影响矩阵 ***T***，见表 16.3。

表 16.3 驱动因子综合影响矩阵 T

	A1	A2	A3	A4	A5	A6	A7	A8	A9	A10	A11	A12
A1	0.0311	0.0604	0.0383	0.0239	0.0305	0.0574	0.0560	0.0287	0.0565	0.0188	0.0212	0.0221
A2	0.0811	0.0311	0.0444	0.0277	0.0353	0.0665	0.0649	0.0332	0.0655	0.0218	0.0246	0.0256
A3	0.1278	0.1103	0.0311	0.0437	0.0557	0.1048	0.1023	0.0524	0.1032	0.0343	0.0387	0.0404
A4	0.2048	0.1767	0.1122	0.0311	0.0892	0.1680	0.1639	0.0839	0.1653	0.0550	0.0621	0.0647
A5	0.1606	0.1386	0.0879	0.0549	0.0311	0.1318	0.1285	0.0658	0.1296	0.0431	0.0487	0.0507
A6	0.0853	0.0736	0.0467	0.0291	0.0372	0.0311	0.0683	0.0349	0.0688	0.0229	0.0258	0.0269
A7	0.0874	0.0754	0.0479	0.0299	0.0381	0.0717	0.0311	0.0358	0.0706	0.0235	0.0265	0.0276
A8	0.1708	0.1474	0.0935	0.0583	0.0744	0.1401	0.1367	0.0311	0.1379	0.0459	0.0518	0.0539
A9	0.0867	0.0748	0.0475	0.0296	0.0378	0.0711	0.0694	0.0355	0.0311	0.0233	0.0263	0.0274
A10	0.2605	0.2248	0.1426	0.0890	0.1135	0.2137	0.2085	0.1067	0.2103	0.0311	0.0789	0.0823
A11	0.2309	0.1992	0.1264	0.0789	0.1006	0.1894	0.1848	0.0946	0.1864	0.0620	0.0311	0.0729
A12	0.2216	0.1912	0.1213	0.0757	0.0965	0.1818	0.1773	0.0908	0.1788	0.0595	0.0671	0.0311

再根据式(16.19)～式(16.22)最终得到产学研知识互补驱动因子的原因度和中心度，如表 16.4 所示。

表 16.4 产学研知识互补驱动因子的中心度和原因度

编号	驱动因子	中心度 c_i	原因度 r_i
A1	知识互补意愿	2.1934	−1.3036
A2	信任关系	2.0253	−0.9818
A3	社会关系网络	1.7845	−0.0954
A4	知识交互能力	1.9489	0.8052
A5	知识互补性	1.8114	0.3315
A6	知识存量	1.9784	−0.8768
A7	物质层场的建设	1.9573	−0.8261
A8	精神层场的建设	1.8353	0.4482
A9	场域管理制度	1.9644	−0.8435
A10	场域交互激励机制	2.2033	1.3207
A11	政府支持	2.0602	1.0545
A12	市场作用	2.0185	0.9672

一般而言，原因类驱动因子较少受其他因子的影响，结果类驱动因子则会因原因类因子的变化而调整自身结构和状态。通过 c_i、r_i 的计算和分析，可以对产学研知识互补的关键驱动因子、原因类驱动因子和结果类驱动因子进行识别，建立因果关系图，从而更为清楚地解析产学研知识互补的内在驱动机理。

三、基于 BP-DEMATEL 计算结果的驱动因子分析

由 BP-DEMATEL 模型的以上计算结果可知，所有驱动因子中，原因类因子有 6 个，分别为知识交互能力、知识互补性、精神层场的建设、场域交互激励机制、政府支持和市场作用，其余均为结果类因子，在很大程度上受到 6 个原因因子的影响，说明提升产学研知识互补绩效要从这 6 个原因因子入手。

由于中心度表示因子的相对重要性，因此，本章以中心度均值（C'=1.9817）为界，将所有驱动因子分为两类：关键驱动因子和一般驱动因子。关键驱动因子的中心度 $c_i > C'$，是产学研知识互补主要的动力来源。秦晓楠等（2015）的研究表明，BP-DEMATEL 运算得出的综合影响矩阵 $\boldsymbol{T}$ 可用于描述因子间的作用关系。为更加全面地剖析产学研知识互补，根据 DEMATEL 模型的运算结果，以综合影响矩阵 $\boldsymbol{T}$ 的均值与标准差之和 θ_t 为阈值，当驱动因子之间的影响系数大于 θ_t（即 $t_{ij} > \theta_t$）时，则认为这对因子间的影响关系是显著的。由此，得产学研知识互补驱动因子的原因-结果图，如图 16.6 所示。

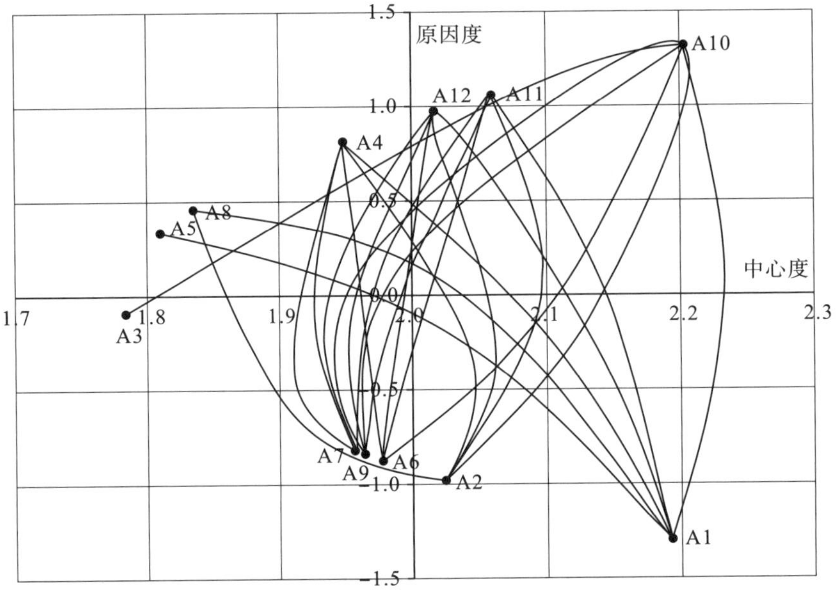

图 16.6 产学研知识互补驱动因子的原因—结果图

此外，针对 BP-DEMATEL 法分析出的存在显著影响关系的因子，还进行了相关分析，如表 16.5 所示。

表 16.5 驱动因子相关分析

相关因子	相关系数	相关因子	相关系数	相关因子	相关系数
A1-A4	0.842**	A2-A10	0.721**	A7-A4	0.715**
A1-A5	0.633**	A2-A11	0.804**	A7-A10	0.436**

续表

相关因子	相关系数	相关因子	相关系数	相关因子	相关系数
A1-A8	0.846**	A2-A12	0.739**	A7-A11	0.769**
A1-A10	0.611**	A3-A10	0.705**	A7-A12	0.884**
A1-A11	0.830**	A6-A4	0.797**	A9-A4	0.547**
A1-A12	0.794**	A6-A10	0.410**	A9-A10	0.251*
A2-A4	0.823**	A6-A11	0.732**	A9-A11	0.509**
A2-A8	0.330**	A6-A12	0.779**	A9-A12	0.674**

注：*表示 0.05 的显著性水平，**表示 0.01 的显著性水平。

结果表明，这些因子在 0.05 的显著性水平上存在着相关关系，说明通过 BP-DEMATEL 法探究因子间作用关系存在一定的科学性和可靠性。

根据本书的划分标准，产学研知识互补的关键驱动因子分别为场域交互激励机制、知识互补意愿、信任关系、政府支持以及市场作用，且由图 16.6 可知，从五个关键因子出发，可以分析所有驱动因子间的作用关系。

(一)根本驱动因子及其作用关系分析

场域交互激励机制在所有驱动因子中有最大的中心度，且属于原因类驱动因子。因此，将之视为产学研知识互补的根本驱动因子。

场域交互激励机制对联盟主体的互补意愿、信任关系、知识存量、社会关系网络以及物理层场的建设、场域管理制度等驱动因子都具有显著影响，是产学研知识互补的首要推动力。这主要是因为，场域交互是产学研知识互补的实现途径，其运行效果和效率在很大程度上决定了知识互补的成败。通过产学研知识互补过程的分析可知，许多联盟互补失败的原因很可能并不是缺乏互补意愿或者投入的资源不够，而是没能进行良好的场域交互，以至于企业、高校和科研机构的互补知识普遍处于分散状态，动态互补浮于表面。而有效的激励机制能大大提升知识主体跨组织交流的积极性和主动性，促使联盟建立良好的交互平台、内部信任关系以及合理的场域管理制度，促进组织成员知识存量的增加和社会关系网络的加强，为知识互补的顺利进行提供多方位助力。

根据案例样本的相关信息可知，场域交互激励机制主要包括两方面内容：一是协同创新利益分配机制。如长三角绿色制药协同创新中心主要通过各方资源投入比例(尤其是物质资源投入比例)进行收益分配，这就忽略了各方在科技成果研发和转化过程中所做出的贡献差异，在一定程度上降低了组织成员相互交流与学习的积极性，因此，并没有起到很好的场域交互激励作用。二是跨组织交流过程激励机制。如抚顺市望花区政产学研联盟便通过积极开展主题研讨会、项目推介会、企业诊断会等多类活动鼓励联盟成员参与跨组织沟通，并派出学研机构的近百名教授、博士到望花区政府机关、企业轮流任职，在彼此互助互利中真正实现政府、企业、学研机构的场域交互，对产学研知识互补起到了良好的促进作用。

（二）其他关键驱动因子及作用关系分析。

除场域交互激励机制外，联盟主体的知识互补意愿、彼此间的信任关系，以及政府支持和市场作用也是产学研知识互补的关键驱动因子。

(1)知识互补意愿和信任关系。原因度为负，说明其他因子对互补意愿和信任关系的作用效果大于它们对其他因子的作用效果。由图 16.6 可知，联盟内主体的知识交互能力、精神层场的建设、场域交互激励机制、政府支持以及市场作用四个原因因子均对合作伙伴的知识互补意愿和彼此间的信任关系有显著影响。此外，知识互补性对互补意愿也有明显的促进作用。这一结果说明，要提升知识互补意愿和信任关系不能直接从因子本身下手，而应致力于提高组织成员的知识能力，充分利用内外部资源营造良好的沟通氛围和交流条件。

由于知识资源的独特性，知识互补活动难以进行强制和监督，而联盟内外部社会资源条件的驱动作用会促使企业和学研机构相信，知识互补能为他们带来巨大的经济效益或社会效益，从而产生强烈的知识互补意愿，主动参与组织间的学习和交流。而当联盟成员相互信任时，知识的互补效率也会明显提高。如在“中德轨道交通技术联合研发中心”案例中，中国中车的总裁奚国华、技术专家梁建英，德累斯顿工业大学系统轻量化专家胡芬巴赫等中心负责人都纷纷表现出强烈的知识互补意愿，且由于前期有一定的合作基础，各组织成员相互信任，彼此通过出国访问、视频、电话会议等多种渠道进行有效沟通，成功化解协同创新过程中的诸多矛盾，最终使得各方成员达成长期战略合作协议，并取得丰富的知识互补成果。

(2)政府支持和市场作用。由图 16.6 可知，政府支持和市场作用均对互补意愿、信任关系、知识存量、物理层场的建设以及场域管理制度有显著影响。这主要是因为，两个驱动因子都会直接促进产方和学研方参与知识互补活动的意愿，带动联盟加强协同创新平台建设，完善管理制度，为动态互补提供良好的运行条件。且来自政府的资源支持和市场的利益诱导还有助于提高知识交流活动的频率，从而促进各组织知识存量的提升和彼此信任关系的加强。

在本章所选取的 50 个协同创新案例中，知识互补绩效较高的基本都得到了国家或地方政府的大力支持。以“河南省粮食作物协同创新中心”为例，该中心直接由政府主导，除国家相应的协同创新政策支持外，河南省政府还专门下发了《关于大力支持中原经济区小麦玉米两熟高产高效协同创新中心建设与发展的意见》，从人事政策、专项经费、项目平台、基地建设和社会服务等多个方面大力支持创新中心的发展，是该中心最终取得高水平知识互补绩效的重要推动力。

而市场作用同时反映了竞争压力和协同创新项目所具有的市场价值，会促使产方和学研方在经济利益的驱使下自发分享和汲取合作伙伴的知识资源，主动参与动态知识互补，并在项目开展过程中根据市场变化灵活调整研发方向。以“微无创医疗原创大型装备协同创新中心”为例，由于我国医疗器械装备市场具有庞大的市场规模(2010 年达 1200 亿元，增长率为 23%)，而国内相应的核心技术尚未突破，导致超过七成的高端医疗设备被国外企业所垄断。正是由于低端市场的激烈竞争和高端市场的价值驱动，才直接促使重庆海扶医疗科技股份有限公司、重庆医科大学、中国科学院深圳先进技术研究院等多个具有知识互补优势的单位于 2012 年建立协同创新中心，进而成功开展一系列“微无创”医疗装备的研发与应用工作。市场作用在知识互补驱动系统中的重要地位反映出：以需求为中心、市场为导向的产学研协同创新往往具有蓬勃的生命力和广阔的发展前景。

第四节　产学研知识互补绩效提升策略

根据驱动因子分析结果，知识互补意愿、知识互补性、场域交互激励机制、政府支持以及市场作用都是产学研知识互补的关键驱动因子。基于此，从产学研联盟和政府两个方面提出促进产学研知识互补绩效提升的相关策略。

一、联盟主体策略

（一）增强联盟成员的知识互补意愿和信任关系

首先，要选择适合的合作伙伴。根据协同创新项目的知识需求，在选择合作对象时，不应一味追求合作伙伴的先进性和权威性，而是应综合考虑合作双方的知识互补性、知识交互能力、先前合作经验等系列因素，建立完善的合作对象评价体系，在选择伙伴时提高联盟知识互补意愿和信任关系的评分权重。

其次，加强精神层场的建设。联盟应加强宣传教育和奖励，营造包容、合作、创新的文化氛围，在各组织成员普遍认同的普适价值观基础上，设立清晰、统一的协同创新目标，让联盟组织成员真正意识到知识互补的重要性，增强组织间的交互学习动机。

最后，建立多渠道沟通机制，包括座谈、会议、书面文件等正式沟通渠道与文化沙龙、私人聚会等非正式沟通渠道，致力于提高跨组织成员之间的接触频率，使彼此深入交流与沟通，从而拉近关系，促进认知维度隐性知识的传播，培育成员之间的情感信任。

（二）完善场域交互激励机制

场域交互激励机制在很大程度上决定了场域交互的频率和效果，是产学研知识互补的根本驱动因子。完善场域交互激励机制可以从以下两点入手。

一是建立良好的协同创新利益分配机制。以科技研发和市场应用双重标准衡量各组织对协同创新成果的贡献度，按照“公平、公正、公开”的基本原则，依据贡献度大小给予各组织不同比例的利益份额。其中，研发与应用的贡献度双重评价标准不仅有利于创新成果的市场化，还有助于产方和学研方关注自身的知识短板，致力于提升自身的综合实力，从而促进合作双方主动交流、相互学习，提高场域交互的频率和效率。

二是建立良好的跨组织交流过程激励机制。举办技术交流会、项目研讨会以及交叉访问等跨组织交流活动，鼓励员工积极参与。对跨组织交流过程中积极沟通、努力学习、贡献突出的员工进行奖励，包括物质奖励和精神奖励等；更要对合作过程中“搭便车”、责任推诿、言论消极甚至蓄意破坏等行为进行相应的惩罚，以从过程中完成对知识互补行为的激励。

(三)提高市场反应力

市场价值的拉动作用和竞争压力的推动作用是产学研联盟形成的重要外部条件，对知识互补过程有明显的驱动作用。但金融风暴、技术变革、产品需求变化等外部市场变化也会给产学研联盟和各创新主体的发展带来巨大的影响，可能改变知识互补场中创新资源的配置安排甚至破坏各主体间的合作关系，从而对组织间各类场域交互活动产生阻力效果，制约知识互补绩效。为避免或降低市场变化带来的不利影响，联盟应以企业为主导，注重市场知识的搜集、分析与共享，时刻保持灵敏，不断完善创新成果的市场化战略部署，提高产学研联盟对市场变化的柔性应对能力。

二、政府策略

(一)适度引导联盟发展

目前，我国的产学研协同创新仍处于发展初期水平，政府的适度引导对稳健协同创新步伐、全面提升知识互补绩效有重要作用。一方面，针对那些发展前景广阔、符合国家创新发展战略，却耗时长、投入大、风险高的重大科技研发项目，政府可组织或引导相关企业、科研院所成立产学研协同创新联盟，进行联合攻关；另一方面，当联盟出现自身难以调解的矛盾时，政府应尽量利用自身的特殊地位和有利条件进行协调，引导知识互补主体化解冲突、相互尊重、协同合作。

(二)加大资金支持力度

协同创新项目中场的建设和运行均需要大量资金，政府的资金支持是提高互补效率的直接助力，具体措施包括：设立产学研协同创新专项经费、直接进行项目拨款、加大高水平创新成果的各项奖励、对联盟的知识交流活动给予活动补贴或经费支持等。此外，还可实施产学研协同创新项目低息贷款、税收减免等激励措施。

(三)优化知识互补政策环境

政府政策在产学研知识互补实施过程中发挥着重要作用，但研究发现，现有的产学研合作或协同创新支持政策仍存在配套法规有待完善、可操作性不足的问题。基于此，建议从经济、产业、服务等多个方面制定可操作性强的协同创新支持政策，完善相应的法律法规，包括引导金融机构丰富产学研联盟的融资渠道、激励中介机构提高联盟知识互补活动的服务范围和水平、健全知识产权法律保护体系等，为产学研知识互补营造良好的政策环境。

参 考 文 献

蔡彬清，陈国宏，黄新焕，等. 2013. 基于知识交互的链式产业集群知识传播分析[J]. 技术经济, 32(11): 33-38.

蔡树堂，吕自圆. 2015. 研发人员激励制度对企业技术创新能力影响程度的实证研究——以科技型中小企业为例[J]. 工业技术经济, (5): 144-149.

陈宝明. 2009. 我国当前产学研结合中存在的若干问题与政策建议[J]. 中国高校科技与产业化, (11): 42-45.

陈畴镛，夏文青，王雷. 2010. 企业同质化对产业集群技术创新的影响与对策[J]. 科技进步与对策, 27(3): 55-58.

陈菲琼，黄义良. 2011. 组织文化整合视角下海外并购风险生成与演化[J]. 科研管理, 32(11): 100-106.

陈劲，阳银娟. 2012. 协同创新的理论基础与内涵[J]. 科学学研究, 30(2): 161-164.

陈劲，阳银娟. 2012. 协同创新的驱动机理[J]. 技术经济, 31(8): 6-11.

陈良雨，汤志伟. 2017. 创业型大学建设中的学术资本转化问题研究——基于压力-状态-响应的分析[J]. 中国高教研究, (10): 67-71.

陈威，吕靖，李晶. 2018. 基于 BP-DEMATEL 方法的干散货船舶投资环境影响因素研究[J]. 中国水运, 18(7): 26-28.

陈伟珂，王纯，蔚朋. 2014. 产学研模式技术创新与转化的促进机理研究——基于界面迁移视角[J]. 商业时代, (9): 123-125.

陈霞玲. 2015. 中国创业型大学建设的实践与分析[J]. 国家教育行政学院学报, (11): 25-29.

陈志杰. 2018. 职业教育产教融合的内涵、本质与实践路径[J]. 职业与教育, (5): 35-41.

陈忠卫，史振兴. 2010. 创业机会的识别与开发研究——以微软与谷歌的案例比较[J]. 管理案例研究与评论, 3(4): 273-284.

陈祖胜，任浩，林明. 2015. 知识互补性对研发网络内异位势企业间联盟的影响——基于知识基础结构的调节效应[J]. 预测, (2): 28-33.

成立为，郭园园. 2017. TPP 规则下中国企业提升自主创新能力的必要性[J]. 科研管理, 38(4): 140-146.

成全，杨碧丽，许华斌，等. 2016. 原始性创新环境影响因素研究——基于 BP-DEMATEL 模型的实证[J]. 科学学研究, 34(4): 591-600.

仇雷雷. 2014. 知识转移视角下产学研协同创新的路径与模式研究[D]. 镇江：江苏科技大学.

戴勇. 2016. 产学研伙伴异质性对知识共享的影响及机制研究[J]. 科学学与科学技术管理, 37(6): 66-79.

董碧娟. 2016. 中国国家创新指数升至第 18 位：我国创新能力远超同等发展水平国家[N]. 经济日报, 2016-6-30.

董静，苟燕楠，吴晓薇. 2008. 我国产学研合作创新中的知识产权障碍——基于企业视角的实证研究[J]. 科学学与科学技术管理, 29(7): 20-25.

窦超，徐辉，郑海军，等. 2019. 高层次人才驱动视角下欠发达地区协同创新模式与实践研究[J]. 科技管理研究, (6): 136-142.

段晶晶. 2014. 产学研协同创新绩效提升路径研究—— 一个理论分析框架[J]. 内蒙古社会科学(汉文版), 35(2): 119-123.

方建强，崔益虎. 2015. 协同创新组织文化的现实困境与策略选择[J]. 中国高校科技, (6): 30-31.

方炜，赵洁. 2019. 产学研协同创新治理风险分担机制研究[J]. 统计与决策, (5): 64-67.

冯晓岚，武常岐. 2009. 中国本土企业的模仿战略——基于外商投资企业在华竞争的研究[J]. 中国企业经济, (5): 87-95.

付八军，李炎炎. 2018. 创业型大学内涵的溯源性解读[J]. 高等工程教育研究, (3): 165-170.

付八军，毛慧芳. 2013. 创业型大学教师转型的三个着力点[J]. 黑龙江高教研究, 31(6): 12-14.

付八军. 2018. 创业型大学本土化的理论误解——兼议创业型大学的学术资本转化[J]. 江苏高教, (11): 7-11.

付八军. 2018. 创业型大学分类体系的探讨与构建[J]. 高校教育管理, 12(6): 74-81.

付八军. 2012. 创业型大学研究述评[J]. 黑龙江高教研究, (7): 4-8.

付八军. 2017. 大学是市场的主体——从创业型大学建设的观念转变说起[J]. 当代教育论坛, (6): 42-47.

付八军. 2016. 关于创业型大学研究的八个基本观点[J]. 黑龙江高教研究, (9): 5-8.

付八军. 2016. 论创业型大学教师转型困难的客观因素[J]. 教育学术月刊, (9): 64-70.

付八军. 2017. 论创业型大学教师转型困难的主观因素[J]. 大学教育科学, (6): 83-88.

付晔, 欧阳国桢. 2014. 基于知识链的产学研合作中知识产权问题研究[J]. 科技管理研究, 34(11): 126-131.

高福安, 铁俊. 2014. 创业教育与创业型大学制度创新研究[J]. 国家教育行政学院学报, (6): 9-13.

高明. 2014. 高职院校向创业型大学转型的对策研究[J]. 职业技术教育, 35(34): 63-67.

高明. 2017. 特文特大学创业型之路对我国高职院校的启示[J]. 职教论坛, (33): 86-90.

高锡荣, 胡小娟, 柯俊. 2016. 基于文献编码分析的创新文化概念体系构建[J]. 软科学, 30(1): 129-134.

高锡荣, 刘思念. 2018. 企业基础研究行为的驱动模型构建[J]. 科技进步与对策, 35(20): 64-71.

高锡荣, 罗琳. 2015. 从专利实施许可数据的突变看中国创新能力的状态演进[J]. 中国科技论坛, (4): 17-23.

辜秋琴. 2008. 企业技术创新体系研究[M]. 成都: 四川大学出版社.

顾兴燕, 银路. 2010. 基于能力异质性的产学研合作创新对象选择[J]. 技术经济, 29(11): 24-29.

顾永红. 2014. 知识生产双重模式与大学学术组织整合研究[J]. 教育理论与实践, 34(12): 6-8.

郭琳. 2012. 知识型项目团队的知识创造过程研究[D]. 北京: 北京交通大学.

韩洪文, 田汉族, 袁东. 2012. 我国大学教学模式同质化的表征、原因与对策[J]. 教育研究, 33(9): 67-72.

韩蓉, 林润辉. 2014. 基于自组织临界性理论的知识创新涌现分析[J]. 科学学与科学技术管理, 35(4): 74-79.

韩毅. 2008. 基于知识场模型的知识管理调控策略[J]. 图书情报工作, (6): 56-59.

何荣利. 2008. 知识场的考证与知识场的生成及场效应分析[J]. 图书情报工作, (10): 48-50.

何郁冰. 2012. 产学研协同创新的理论模式[J]. 科学学研究, 30(2): 165-174.

洪成文. 2001. 企业家精神与沃里克大学的崛起[J]. 比较教育研究, (2): 44-49.

侯曦煜, 黄志兵. 2017. 创业型学科发展: 动力、阻力与方向[J]. 浙江工商职业技术学院学报, 16(1): 33-37.

胡冬雪, 陈强. 2013. 促进我国产学研合作的法律对策研究[J]. 中国软科学, (2): 154-174.

胡晓龙, 徐步文. 2015. 创业素质、创业文化、创业意愿的相互关系与影响[J]. 社会科学家, (11): 71-76.

胡兴志, 丁飞己, 余越. 2018. 慕尼黑工业大学一体化创业型组织的构建与运行[J]. 教育探索, (5): 120-125.

胡园园, 顾新, 程强. 2015. 知识链协同效应作用机理实证研究[J]. 科学学研究, 33(4): 585-594.

华根球. 2011. 高校转型的动力因素分析[J]. 高教探索, (4): 18-23.

黄江明等. 2011. 案例研究: 从好的故事到好的理论——中国企业管理案例与理论构建研究论坛(2010)综述[J]. 管理世界, (2): 118-126.

黄菁菁. 2017. 产学研协同创新效率及其影响因素研究[J]. 软科学. 31(5): 38-42.

黄速建, 王钦. 2007. 战略演进、能力提升与文化协同——尖峰集团可持续成长的分析[J]. 中国工业经济, (11): 112-120.

黄友兰, 单青州, 黄莹, 杨烨凡. 2016. 知识供应链下产学研合作创新的知识互补机理研究[J]. 劳动保障世界, (2): 71.

霍月红, 张莹. 2016. 高等院校创新型人才培养的思考[J]. 中国成人教育, (13): 61-64.

贾武, 范文涛, 丁义明. 2006. 自组织临界性模型: Bak-Sneppen 模型的研究进展及其展望[J]. 系统工程理论与实践, (12): 1-8.

Haken H. 2013. 协同学: 大自然构成的奥秘[M]. 凌复华, 译. 上海: 上海译文出版社: 109-129.

贾宪洲, 谢冬梅. 2017. 增强国家技术创新能力的路径研究——基于知识互补性的视角[J]. 技术经济与管理研究, (2): 34-38.

贾宪洲, 叶宝忠. 2010. 基于知识互补性的创新: 一个收益模型[J]. 经济与管理, 24(10): 33-38.

蒋华林, 邓绪琳. 2016. 创业型大学: 高校引领支撑创新驱动发展战略实施的模式选择[J]. 高等工程教育研究, (6): 32-36.

蒋兴华, 吴伟. 2016. 高校面向行业产业协同创新困境化解——基于“2011 协同创新中心”的研究[J]. 中国科技论坛, (2): 16-20.

解水青, 秦惠民. 2016. 创业型大学对大学“第三使命”的影响——基于资源依赖理论的视角[J]. 教育发展研究, 36(19): 30-36.

金航飞, 贾少华. 2018. 高职创业型大学的建设路径探讨——基于创业学院视角[J]. 职教论坛, (3): 134-138.

康玉珠, 沈菊琴. 2008. 我国高等教育财政拨款现状及问题分析[J]. 生产力研究, (20): 83-85.

蓝晓霞. 2014. 产学研协同创新的形成机理探析[J]. 中国高校科技, (6): 30-33.

李金兰. 2011. CNKI、万方、维普资源比较与分析[J]. 情报探索, (4): 59-61.

李景峰, 刘宗凯. 2010. 场效应理论下的企业知识转移[J]. 情报科学, 11: 15-20.

李久平, 姜大鹏, 王涛. 2013. 产学研协同创新中的知识整合—— 一个理论框架[J]. 软科学, 27(5): 136-139.

李明星, 张同建, 林昭文. 2011. 隐性知识转化与核心能力培育的相关性研究——基于广东省高技术产业集群企业的数据检验[J]. 科技管理研究, (4): 137-141.

李娜. 2012. 基于系统动力学的我国企业技术创新研究[D]. 西安: 长安大学.

李盛竹, 付小红. 2014. 促进知识互补效应的我国产学研合作科研创新激励机制研究[J]. 科学管理研究, 32(3): 52-55.

李涛, 李敏. 2010. 基于知识分类的知识创新路径分析[J]. 科技管理研究, (22): 182-185.

李伟, 余翔, 蔡力胜. 2016. 政府科技投入、知识产权保护与企业研发投入[J]. 科学学研究, 34(3): 357-364.

李欣怡. 2015. 创业型大学: 高校转型发展的路径选择[J]. 中国高校科技, (9): 86-87.

李雪婷, 顾新. 2013. 产学研协同创新的文化冲突研究[J]. 科学管理研究, 31(1): 5-8.

李煜华, 谭金艳, 胡瑶瑛. 2012. 基于 BP 神经网络的创意产业集群知识互补度评价[J]. 统计与决策, (14): 46-48.

李仲琦, 焦建华. 2018. 基于 DEMATEL 方法的微信用户满意度影响因素分析[J]. 现代情报, 38(12): 114-119.

梁彤缨, 雷鹏, 陈修德. 2015. 管理层激励对企业研发效率的影响研究——来自中国工业上市公司的经验证据[J]. 管理评论, 27(5): 145-155.

梁永丽, 张冬. 2014. 美国创业型大学的成功发展及其启示[J]. 教育探索, (6): 156-157.

林轩. 2011. 产学研合作创新知识管理研究[D]. 哈尔滨: 哈尔滨工程大学.

林长逵, 万迪昉. 2008. 组织知识场及其特征集与知识场效应研究[J]. 中国集体经济, (8), 85-86.

刘冰峰. 2013. 基于知识共享的企业文化整合与价值观构建[J]. 企业经济, 32(3): 22-26.

刘春艳, 陈媛媛. 2018. 产学研协同创新团队知识转移的特征与内涵研究[J]. 科技管理研究. (1): 184-189.

刘春艳, 马海群. 2017. 产学研协同创新团队内部知识转移影响因素模型分析[J]. 图书情报工作, 61(19): 41-49.

刘和东, 钱丹. 2016. 产学研合作绩效的提升路径研究——以高新技术企业为对象的实证分析[J]. 科学学研究, 34(5): 704-712.

刘鹤, 郭凤志. 2018. 基于多方互动的创业型大学发展路径分析[J]. 中国高校科技, (3): 85-87.

刘家国, 刘巍, 刘潇琦, 等. 2015. 基于扎根理论方法的中俄跨境电子商务发展研究[J]. 中国软科学, (9): 27-40

刘克寅. 2015. 基于异质性要素的企业合作创新匹配机理研究[D]. 杭州: 浙江工业大学.

刘洋. 2015. 基于知识互补的创意产业集群衍生机制研究[D]. 哈尔滨: 哈尔滨理工大学.

刘叶. 2010. 创业型大学的发展之道: 以沃里克大学为例[J]. 高教发展与评估, 26(5): 85-92+123.

刘永芳，龚放. 2014. 打造“学科尖塔”：创业型大学治理模式的创新及其启示[J]. 中国高教研究，(10)：32-36.

刘志敏. 2018. 产教融合：从“融入”走向“融合”[J]. 中国高等教育，(2)：24-25.

刘忠艳. 2017. ISM 框架下女性创业绩效影响因素分析——一个创业失败的案例研究[J]. 科学学研究，35(2)：272-281.

刘宗凯. 2011. 基于场理论的企业知识转移研究[D]. 太原：山西大学.

柳卸林，丁雪辰，高雨辰. 2018. 从创新生态系统看中国如何建成世界科技强国[J]. 科学学与科学技术管理，39(3)：3-15.

柳洲. 2018. 产学研协同创新的“知识—文化—价值”网络耦合机制[J]. 科学管理研究，36(5)：23-26.

龙春阳，贺志民. 2014. 大学创业文化的功能与培育——基于创建创业型大学的视角[J]. 高等农业教育，(3)：29-32.

龙跃，顾新，张莉. 2016. 产业技术创新联盟知识交互的生态关系及演化分析[J]. 科学学研究，34(10)：1583-1592.

卢仁山. 2011. 不同产学研合作模式的利益分配研究[J]. 科技进步与对策，28(17)：96-100.

芦冬青. 2017. 基于 BP 神经网络的创新绩效评价模型[J]. 现代电子技术，40(15)：56-63

陆珂珂，龚放. 2018. “双一流”建设背景下创业型大学发展的若干思考[J]. 江苏高教，(11)：1-6.

陆园园. 2017. 中外产学研协同创新研究[M]. 北京：人民出版社.

陆圆圆，谭劲松，薛红志. 2006. “引进—模仿—改进—创新”模型与韩国企业技术学习的演进过程[J]. 南开管理评论，9(5)：74-82.

罗琳，魏奇锋，顾新. 2017. 产学研协同创新的知识协同影响因素实证研究[J]. 科学学研究，35(10)：1567-1577.

罗晓辉，胡珑瑛，万丛颖. 2018. 结构趋同与“优势企业扶持”政策的创新激励效应——来自于地方政府同质化竞争的解释[J]. 管理世界，34(12)：181-183.

罗泽意. 2015. 资源禀赋与大学创业定位[J]. 高教探索，(10)：113-124.

马欢. 2017. 高速铁路全球价值链治理研究[D]. 北京：北京交通大学.

马陆亭，陈霞玲. 2018. 世界一流大学建设的新型路径[J]. 郑州大学学报(哲学社会科学版)，51(4)：76-80.

马文聪，李小转，廖建聪，等. 2017. 不同政府科技资助方式对企业研发投入的影响[J]. 科学学研究，35(5)：689-699.

马香媛，贾越，张炜. 2016. 芬兰阿尔托大学的创业教育实践及其比较研究[J]. 湖南师范大学教育科学学报，15(3)：100-104.

梅伟惠，李涵. 2017. 美国公立研究型大学建设创业生态系统的策略与特点[J]. 高等工程教育研究，(6)：173-177.

孟庆伟. 2012. 产学研联盟知识共享机制研究[D]. 哈尔滨：哈尔滨工业大学.

孟潇，张庆普. 2016. 跨组织科研合作中知识协同过程模型研究[J]. 科技进步与对策，33(12)：130-137.

聂秀平. 2014. 高校协同创新体系建设探讨[J]. 中国高校科技，(3)：62-63.

彭灿. 2002. 基于模仿创新的企业核心能力培育[J]. 软科学，16(6)：91-93.

齐昕，刘家树. 2011. 大学生创业意愿影响因素研究—模型与实证[J]. 科技进步与对策，28(16)：151-155.

钱水土，张宇. 2017. 科技金融发展对企业研发投入的影响研究[J]. 科学学研究，35(9)：1320-1325.

秦晓楠，卢小丽. 2015. 基于 BP-EMATEL 模型的沿海城市生态安全系统影响因素研究[J]. 管理评论，7(5)：48-58.

屈维意，周海炜，姜骞. 2011. 资源—能力观视角下战略联盟的协同效应层次结构研究[J]. 科技进步与对策，28(24)：17-21.

全利平，蒋晓阳. 2011. 协同创新网络组织实现创新协同的路径选择[J]. 科技进步与对策，28(9)：15-19.

任佳佳. 2010. B2C 网上超市的同质化和差异化问题研究[J]. 情报杂志，29(S1)：19-21.

荣帅，李庆满，杨皎平. 2018. 同质化竞争下集群企业旧标准锁定与新标准采纳研究[J]. 科技进步与对策，35(11)：96-102.

邵景峰，王进富，马晓红，等. 2013. 基于数据的产学研协同创新关键动力优化[J]. 中国管理科学，21(S2)：731-737.

沈桂平，任红波. 2004. 高新技术企业知识创新机理研究[J]. 科学学与科学技术管理，(10)：45-48.

施建刚，林陵娜，唐代中. 2014. 考虑知识互补性的项目团队成员知识共享激励研究[J]. 科技管理研究，(24)：24-48.

宋冬林，姜扬. 2017. 政府财政支出与创业行为——基于 CGSS2012 数据的实证研究[J]. 当代经济研究，(4)：20-26.

苏晓华, 李剑湘, 张耀辉. 2011. 创业型大学市场化生存机制及启示[J]. 外国教育研究, 38(1): 57-62.

苏洋, 赵文华. 2017. 我国研究型大学教师学术创业影响因素模型构建——基于扎根理论的探索性研究[J]. 中国高教研究, (9): 36-42.

苏州. 2018. 知识管理视角下产学研合作创新冲突分析与治理对策[J]. 科技进步与对策, 35(24): 64-70.

眭平. 2009. 企业科技研发机构的创新灵魂: 科学文化环境——从贝尔实验室的科学文化环境谈起[J]. 科技进步与对策, (2): 279-281.

孙赫. 2017. 知识产权保护对我国成长型创新企业自主创新影响的定量分析[J]. 科技进步与对策, 34(21): 8.

孙天华. 2004. 大学的科层组织特征及效率: 对我国公立大学内部治理结构的分析[J]. 河南社会科学, 12(5): 17-20.

孙雯, 张光军, 刘人境. 2018. 基于 DEMATEL 和 Copras-g 法的大科学工程项目执行效果影响因素分析[J]. 情报杂志, 37(6): 51-60.

孙新波, 齐会杰. 2012. 基于扎根理论的知识联盟激励协同理论框架研究[J]. 研究与发展管理, 24(2): 10-18.

汤勇力, 曹兴洋, 胡欣悦, 等. 2018. 企业多元化产学研知识互动的影响因素——基于广东省制造企业的实证研究[J]. 科技管理研究, 38(6): 136-143.

滕飞. 2017. 基于边界理论的产教融合内涵及机理研究[C]. 辽宁省高等教育学会 2017 年学术年会优秀论文二等奖论文集, 辽宁省高等教育学会.

田青. 2015. 协同创新视角下企业技术创新主体地位的实现[J]. 中国科技论坛, (10): 69-73.

涂振洲, 顾新. 2013. 基于知识流动的产学研协同创新过程研究[J]. 科学学研究, 31(9): 1381-1390.

汪丁丁. 1996. 知识的经济学性质[J]. 深圳大学学报(人文社会科学版), (3): 9.

汪丁丁. 1997. 知识沿时间和空间的互补性以及相关的经济学[J]. 经济研究, (6): 70-78.

汪文洁. 2012. 从"智猪博弈"视角看企业模仿创新——以腾讯为例[J]. 中国集体经济, (15): 65-66.

王丹中. 2014. 基点·形态·本质: 产教融合的内涵分析[J]. 职教论坛, (35): 79-82.

王发明. 2009. 基于市场导向的产学研合作障碍研究[J]. 科技管理研究, 29(2): 171-173.

王芳, 赵兰香, 贾佳. 2015. 组织创新对企业模仿与创新绩效的影响[J]. 科研管理, 36(12): 65-74.

王国红, 邢蕊, 唐丽艳. 2010. 基于知识场的产业集成创新研究[J]. 中国软科学, (9): 96-107.

王海军, 于兆吉, 温馨, 等. 2017. "产学研+"协同创新绩效评价研究[J]. 科研管理. 38: 633-640.

王建华. 2018. 创新创业: 大学转型发展的新范式[J]. 南京师大学报(社会科学版), (5): 24-32.

王进富, 兰岚. 2013. 产学研协同创新路径研究——基于知识产权归属视角[J]. 科技管理研究, 33(21): 123-128.

王开良, 秦慧. 2016. 知识互补性视角下的产学研协同创新激励对策[J]. 中国高校科技, (12): 34-37.

王凯, 胡赤弟, 吴伟. 2017. 基于"学科-专业-产业链"的创新创业型大学: 概念内涵与现实路径[J]. 清华大学教育研究, 38(5): 110-117.

王坤, 蒋国平. 2010. 基于创业型大学的高校组织转型障碍问题[J]. 现代教育管理, (8): 46-48.

王敏. 2005. 从经济学角度看企业模仿行为[J]. 科技和产业, 5(1): 60-62.

王升, Cheng F F. 2007. FDI 影响我国企业模仿或自主创新机制分析[J]. 科学学研究, 25(z2): 492-501.

王文礼. 2017. MOOCs 对非世界一流大学的挑战与机遇[J]. 比较教育研究, 39(12): 49-58.

王雁, 李晓强. 2011. 创业型大学的典型特征和基本标准[J]. 科学学研究, 29(2): 175-180.

王毅, 吴贵生. 2001. 产学研合作中粘滞知识的成因与转移机制研究田[J]. 科研管理, 22(6): 114-121.

王昭凤, 范开阳. 2005. 企业模仿成本及其对模仿结果的影响[J]. 南开经济研究, (6): 105-110.

王志强, 李菲. 2016. 产学研协同创新的范式转型与形成路径: 创新集群的视角[J]. 兰州大学学报(社会科学版), 44(3):

159-168.

温平川, 傅璧. 2015. 基于知识互补性的产学研协同创新: 一个创新收益模型[J]. 科技管理研究, (11): 18-25.

吴国滨. 2018. 基于扎根理论的建设项目群内部冲突管理机制研究[D]. 济南: 山东大学.

吴季. 2018. 加强定向基础研究实现原始创新重大突破[J]. 中国科学院院刊, 33(4): 436-438.

吴价宝, 卢坷. 2013. 层级视角下的组织学习知识场效应模型研究[J]. 中国管理科学, (21): 663-668.

吴伟. 2012. 企业技术创新主体协同的系统动力学分析[J]. 科技进步与对策, 29(1): 1-5.

吴先华, 郭际, 胡汉辉. 2008. 技术联盟企业的认知距离、吸收能力与创新绩效的关系研究[J]. 科学学与科学技术管理, (3): 53-58.

吴悦, 顾新. 2012. 产学研协同创新的知识协同过程研究[J]. 中国科技论坛, (10): 17-23.

夏红云. 2014. 产学研协同创新动力机制研究[J]. 科学管理研究, 32(6): 21-24.

肖利平. 2016. 公司治理如何影响企业研发投入?——来自中国战略性新兴产业的经验考察[J]. 产业经济研究, (1): 60-69.

肖琳, 徐升华, 杨同华. 2018. 企业协同创新理论框架及其知识互动影响因素述评[J]. 科技管理研究, (13): 32-42.

肖玲诺, 史建锋, 孙玉忠. 2011. 基于BP神经网络的产学研知识创新联盟风险评价研究[J]. 中国软科学, (12): 173-179.

谢鸿全, 周小波, 高大海. 2014. 高校在推进协同创新中的角色与功能——基于西南科技大学的思考[J]. 高等教育研究, 35(11): 43-46.

谢伟, 周巍, 孙忠娟. 2011. 制造企业模仿活动的路径及其影响因素: 多案例研究[J]. 科学学与科学技术管理, 32(12): 132-136.

谢雪燕, 常倩倩. 2017. 企业家精神与高新技术企业绩效——基于新三板信息技术企业[J]. 财会月刊, (30): 51-58.

徐建伟, 唐建荣. 2014. 大学生创业行为触发机理研究[J]. 科技进步与对策, 31(20): 141-145.

徐建中, 曲小瑜. 2014. 基于扎根理论的装备制造企业环境技术创新行为驱动因素的质化研究[J]. 管理评论, 26(10): 90-99.

徐玫, 朱卫未, 淦贵生. 2017. 产学研知识流动效率的影响因素研究[J]. 中国集体经济, (35): 58-61.

徐梦丹. 2018. 产学研伙伴匹配性、知识共享与合作绩效的关系研究[D]. 广州: 华南理工大学.

许鹏程, 毕强, 丁梦晓, 等. 2018. 基于 DEMATEL 的知识发现系统交互质量影响因素识别与分析[J]. 情报资料工作, (4): 24-31.

严学锋, 谷学禹. 2018. 打造世界一流的"中车方案"[J]. 董事会, (3): 50-53.

杨爱梅. 2006. 模仿创新与民营企业创新战略选择[J]. 改革与战略, (10): 49-51.

杨波, 徐升华. 2010. 虚拟企业知识转移激励机理的演化博弈分析[J]. 情报理论与实践, (7): 50-54.

杨陈, 徐刚. 2016. 效用理论视角下产学研协同创新机制有效性的影响因素[J]. 科技管理研究, (11): 23-28.

杨桂菊, 夏冰. 2016. 被误解的创新: 不完全的模仿创新文献综述[J]. 外国经济与管理, 38(8): 15-25.

杨洪, 吴想. 2012. 产学协同创新知识转移影响因素实证研究[J]. 科技进步与对策, 29(14): 117-121.

杨洪涛, 刘分佩, 左舒文. 2015. 研发费用加计扣除政策实施效果及影响因素分析——以上海民营科技企业为例[J]. 科技进步与对策, 32(6): 132-135.

杨建君, 李垣. 2004. 企业技术创新主体间的激励关系研究[J]. 科研管理, 25(3): 3-5.

杨皎平, 刘丽颖, 牛似虎. 2012. 集群企业竞争强度与创新绩效关系的理论与实证——基于集群企业同质化程度的视角[J]. 软科学, 26(4): 23-27.

杨萱, 童夏雨. 2016 基于组织特征的创业型大学教师创新能力研究[J]. 高等农业教育, (1): 28-33.

杨玉香, 周根贵. 2012. 闭环供应链网络整合协同效应量化模型研究[J]. 管理工程学报, 26(4): 112-118.

杨治良, 郝兴昌. 2016. 心理学词典[M]. 上海: 上海辞书出版社: 552.

姚艳虹，周惠平. 2015. 产学研协同创新中知识创造系统动力学分析[J]. 科技进步与对策, 32(4): 110-116.

尹剑峰，叶广宇. 2017. "互联网+"背景下我国同质化企业间的竞合博弈[J]. 企业经济, 36(6): 55-62.

於崇文. 2000. 地质作用的自组织临界过程动力学：地质系统在混沌边缘分形生长[J]. 地学前缘, 7(1): 13-42.

余明桂，范蕊，钟慧洁. 2016. 中国产业政策与企业技术创新[J]. 中国工业经济, (12): 5-22.

余维新，顾新，熊文明. 2017. 产学研知识分工协同理论与实证研究[J]. 科学学研究, 35(5): 737-745.

余维新，熊文明，魏奇锋等. 2018. 关系产权、知识溢出与产学研协同创新的稳定性研究[J]. 软科学, 32(12): 24-28.

余泳泽，刘大勇. 2013. 我国区域创新效率的空间外溢效应与价值链外溢效应——创新价值链视角下的多维空间面板模型研究[J]. 管理世界, (7): 6-187.

袁东，李爱民，张忠元. 2013. 我国高水平大学同质化问题的复杂网络分析[J]. 高等教育研究, 34(4): 33-39.

翟海燕，董静，汪江平. 2015. 政府科技资助对企业研发投入的影响——基于 Heckman 样本选择模型的研究[J]. 研究与发展管理, 27(5): 34-42.

张国会，于浩. 2014. 科技型企业研发活动组织模式及研发费用归集问题研究[J]. 科技进步与对策, 31(1): 93-96.

张丽娜，谭章禄. 2013. 协同创新与知识产权的冲突分析[J]. 科技管理研究, 33(6): 163-166.

张绍丽，于金龙. 2016. 产学研协同创新的文化协同过程及策略研究[J]. 科学学研究, 34(4): 624-629.

张伟. 2018. 基于分层计算理论的机器人模块化方法研究及应用[D]. 上海：上海师范大学.

张喜征，刘水林，谢悦，等. 2016. 知识互补性视角下跨组织协同创新知识配置研究[J]. 科技进步与对策, 33(11): 136-141.

张忻，王克勤，韩争胜. 2015. 产学研协同创新中的知识融合影响因素研究[J]. 西北工业大学学报(社会科学版), 35(3): 37- 43.

张秀萍，迟景明，胡晓丽. 2010. 基于三螺旋理论的创业型大学管理模式创新[J]. 大学教育科学, (5): 43-47.

张学文. 2014. 知识功能视角下的产学研协同创新路径：来自美国的实证测量[J]. 科学学与科学技术管理, 35(5): 100-108.

张宇. 2015. 要素价格变化如何影响研发强度——基于地区研发强度分解数据的实证研究[J]. 南方经济, 33(1): 54-70.

张玉赋，高凯，孙琳，等. 2012. 江苏省产学研合作主要问题及其原因分析研究[J]. 科技管理研究, 32(11): 70-77.

张展生，梁永福，盘思桃，等. 2017. 台湾创业型理工科大学建设模式及其对广东的启示[J]. 科技管理研究, 37(15): 118-122.

赵国杰，郝文升. 2012. 知识生成转化的三层嵌切球与 Ba/巴交互作用模型建构[J]. 科学学与科学技术管理, 33(6): 77-84.

赵哲. 2014. 高校与企业、科研院所协同创新的机制障碍与对策——以辽宁省高校为例[J]. 高校教育管理, 8(2): 49-53.

赵哲. 2016. 我国高校科技成果转化的现实困境与突破路径[J]. 高校教育管理, 10, (5): 52-56.

周留征. 2017. 华为创新[M]. 北京：机械工业出版社.

朱平芳，徐伟民. 2003. 政府的科技激励政策对大中型工业企业 R&D 投入及其专利产出的影响——上海市的实证研究[J]. 经济研究, (6): 45-53.

朱瑞博，刘志阳，刘芸. 2011. 架构创新、生态位优化与后发企业的跨越式赶超——基于比亚迪、联发科、华为、振华重工创新实践的理论探索[J]. 管理世界, (7): 69-97.

朱书卉，眭国荣. 2018. 以大学生创新能力提升为导向的训练营模式探索[J]. 中国成人教育, (18): 63-66.

邹波，郭峰，王晓红，等. 2013. 三螺旋协同创新的机制与路径[J]. 自然辩证法研究, 29(7): 49-54.

曾尔雷，赵国靖. 2015. 高校服务区域经济发展的战略选择研究：创业型大学的视角[J]. 高等工程教育研究, (5): 21-24.

Bourdieu P, Wacquant L D. 2004. 实践与反思——反思社会学导论[M]. 李猛，李康，译. 北京：中央编译出版社.

Abdelkafi N. 2018. Business models of entrepreneurial universities in the area of vocational education—an exploratory analysis[J]. International Journal of Technology Management, 77(1): 86-108.

Ahmad N H. 2018. The ecosystem of entrepreneurial university: the case of higher education in a developing country[J]. International Journal of Technology Management, 78(2): 52-69.

Akira T. 2002. Knowledge partitioning in the inter-firm division of labor: the case of automotive product development[J]. Organization Science, 13(3): 321-338.

Anatoliivna P. 2015. Key factors of enterprise innovation activity[J]. Economic Processes Management, (1): 1-8.

Antonelli C. 2008. The new economics of the university: a knowledge governance Approach[J]. Journal of Technology Transfer, 33(1): 1-22.

Arundel A, Geuna A. 2004. Proximity and the use of public science by innovative European firms[J]. Economics of Innovation and New Technology, 13(6): 559-580.

Barbara K. 2015. The entrepreneurial university, academic activities and technology and knowledge transfer in four European countries[J]. Technovation, 36: 1-11.

Baruk J. 2016. Place of Research and Development Activity in the Development Policy of Enterprises[J]. Marketing of Scientific and Research Organizations, 20(2): 57-58.

Baum J A, Andrew V, Shipilov G, et al. 2003. where do small worlds come from?[J]. Industrial and Corporate Change, 12 (4): 697-725.

Beise M, Stahl H. 1999. Public research and industrial innovations in Germany[J]. Research Policy, (28): 397-422.

Bonaccorsi A, Piccaluga A. 1994. A theoretical framework for the evaluation of university-industry relationships[J]. R&D Management, 24(3): 229-247.

Bruneel J, Este P D, Salter A. 2010. Investigating the factors that diminish the barriers to university-industry collaboration[J]. Research Policy, 39(7): 858-868.

Cassiman B, Veugelers R. 2002. Complementarity in the innovation strategy: internal R&D, external technology acquisition, and cooperation in R&D[J]. Social Science Electronic Publishing, 22(11): 11-13.

Channell D F. 1999. Pasteur' s Quadrant: Basic Science and Technological Innovation[J]. Technology and Culture, 40: 23-35.

Clark K. 2003. Higher Education Cannot Escape History—Issues for The Twenty -First Century[M]. Hangzhou: Zhejiang Education Press.

Corbin J, Strauss A. 1990. Grounded theory research: procedures, canons and evaluative criteria[J]. Qualitative Sociology, 13(1): 3-21.

Corbin J. 1990. Grounded theory research: procedures, canons and evaluative criteria[J]. Qualitative Sociology, 13(1): 3-21.

Corsi C, Prencipe A. 2016. Improving innovation in university spin-offs. The fostering role of university and region[J]. Technology Management & Innovation, 11(2): 13-21.

Creplet F. 2000. The concept of'Ba': a new path in the study of knowledge firms[J]. European Journal of Economic and Social Systems, 14(4): 365-379.

Culter B, Wolfe R. 1989. Self-monitoring and the association between confidence and accuracy[J]. Journal of Research in Personality, 23: 410-420.

Cumming J N. 2004. Workgroups, structural diversity and knowledge sharing in a global organization[J]. Management Science, 50(3): 352-364.

Cummings J L, Teng B. 2003. Transferring R&D knowledge: the key factors affecting knowledge transfer success[J]. Journal of Engineering and Technology Management, (20): 39-68.

David P, Hall B, Toole A A. 2000. Is public R&D a complement or substitute for private R&D?——A review of the econometric evidence[J]. Research Policy, 29(4): 497-529.

Davis J P, Eisenhardt K M. 2011. Rotating leadership and collaborative innovation: Recombination processes insymbiotic relationships[J]. Administrative Science Quarterly, 56(2): 159-201.

Elias G, Jeffrey A, Anthony L. 2000. Leveraging knowledge, learning, and innovation in forming strategic government-university-industry(GUI) R&D partnerships in the US, Germany, and France[J]. Technovation, (20): 91-106.

Eom B Y, Lee K. 2010. Determinants of industry-academy linkages and their impact on firm performance: the case of Korea as a latecomer in knowledge industrialization[J]. Research Policy, 39(5): 625-639.

Ertas A, Smith M W, Tate D, et al. 2016. Complexity of system maintainability analysis based on the interpretive structural modeling methodology transdisciplinary approach[J]. Journal of Systems Science and Systems Engineering, 25(2): 254-268.

Etzkowitz B. 2002. The second academic revolution and the rise of entrepreneurial science[J]. IEEE Technology and Society, (2): 18-29.

George G, Zahara, Z, Wood R. 2002. The effects of business-university alliances on innovative output and financial performance: a study of publicly traded companies[J]. Journal of Business Venturing, (17): 577-609.

Gheorghe M. 2014. The critical factors of entrepreneurial university in engineering education: a conceptual and empirical analysis[J]. Balkan Region Conference on Engineering and Business Education, 21: 35-40.

Glaser B G. 1978. Theoretical Sensitivity: Advances in The Methodology of Grounded Theory[M]. Mill Valley, CA: Sociology Press: 35-60.

Gloor P A. 2006. Swarm Creativity: Competitive Advantage Through Collaborative Innovation Network[M]. New York: Oxford University Press: 5-52.

Griliches S. 1986. Productivity R&D and basic research at the firm level in the 1970s[J]. American Economic Review, 76: 141-154.

Guerrero M. 2018. Determinants of graduates' Start-Ups creation across a multi-campus entrepreneurial university: the case of monterrey institute of technology and higher education[J]. Journal of Small Business Management, 56(1): 150-178.

Hansen M T, Birkinshaw J. 2007. The innovation value chain[J]. Harvard Business Review, 85(6): 121-135.

Inkpen A C. 1996. Creating knowledge through collaboration[J]. California Management Review, (1): 123-140.

Inzelt A. 2004. The evolution of university-industry-government relationships during transition[J]. Research Policy, 33(6): 975-995.

Koga T. 2003. Firm size and R&D tax incentives[J]. Technovation, 23(7): 643-648.

Kyung K K, Ho K S, Myeong H L. 2010. The Influence of Partner Knowledge Complementarities on the Effectiveness of IT Outsourcing[J]. Journal of Organizational Computing and Electronic Commerce, (19): 212-233.

Kyung K K, Narayan S U, Joo Y K, et al. 2012. Knowledge complementarity and knowledge exchange in supply channel relationships[J]. International journal of information management, (32): 35-49.

Lee M, Choi M. 2015. Analysis on time-lag effect of research and development investment in the pharmaceutical industry in korea[J]. Osong Public Health and Research Perspectives, 6(04): 241-248.

Lee Y S. 2000. The sustainability of university-industry research collaboration: an empirical assessment[J]. Journal of Technology Transfer, 25(2): 111-133.

Li Z W, Millman C, Chi R Y. 2011. Government support, international trade and firm's R&D investment[J]. Journal of Science and Technology Policy in China, 2(2): 146-158.

Lichtenberg F R. 1987. The effect of government funding on private industrial research and development[J]. Journal of Industrial Economics, 36(1): 97-104.

Lin H. 2012. Cross-sector alliances for corporate social responsibility partner heterogeneity moderates environmental strategy outcomes[J]. Journal of Business Ethics, 110(2): 219-229.

Lin R. 2013. Using fuzzy DEMATEL to evaluate the green supply chain management practices[J]. Journal of Cleaner Production, 40(2): 32-39.

Mansfield E. 1998. Academic research and industrial innovation: An update of empirical findings[J]. Research Policy, (1): 773-776.

Mansfield E. 1980. Basic research and productivity increase in manufacturing[J]. The American Economic Review, 70(5): 863-873.

Mariza A. 2016. Expanding the vision of entrepreneurial universities: a case study of UNIRIO in Brazil[J]. Triple Helix, 3(1): 351-357.

Markuerkiaga L. 2018. A performance-based taxonomy of entrepreneurial universities[J]. International Journal of Technology Management, 77(3): 57-85.

Maryann P F. 1994. Knowledge Complementarity and Innovation[J], Small Business Economics, 6(5): 363-372.

Masahiko A, Yuko H. 2002. Industry-university cooperation to take on herefrom[J]. Research Institute of Economy, Trade and Industry, (4): 42-49.

Mclean R D, Zhao M. 2014. The business cycle, investor sentiment and costly external finance[J]. Journal of Finance, 69(3): 1377-1409.

Natalia B. 2018. Entrepreneurial universities and regional contribution[J]. International Entrepreneurship and Management Journal, 14(2): 265-277.

Nonaka I, Kodavia M, Hirose A. 2014. Dynamic fractal organizations for promoting knowledge-based transformation: a new paradigm for organizational theory[J]. European Management Journal, 32: 137-116.

Nonaka I, Takeuchi H. 1995. The knowledge-creating company[J]. Harvard Business Review, (69): 96-104.

Nonaka I, Toyama R, Konno N. 2000. SECI and leadership: a unified model of dynamic knowledge creation[J]. Long Rang Planning, 33(1): 5-34.

Novak S, Stern S. 2007. Complementarity among vertical integration decisions: evidence from automobile product development[J]. General Information, 55(2): 311-332.

Ostergaard C R. 2009. Knowledge flows through social networks in a cluster: comparing university and industry links[J]. Structural Change and Economic Dynamics, 20(3): 196-210.

Pandit N R. 1996. The creation of theory: a recent application of the grounded theory method[J]. The Qualitative Report, 2(4): 1-14.

Park S. 2014. Analyzing the efficiency of small and medium-sized enterprises of a national technology innovation research and development program[J]. SpringerPlus, 3(01): 1-12.

Parkhe A. 1991. Interfirm diversity, organizational learning, and longevity in global strategic alliances[J]. Journal of International Business Studies, 22(4): 579-601.

Quevendo J G. 2004. Do public subsidies complement business R&D? Ameta-analysis of the econometric evidence[J]. Kyklos, 57: 87-102.

Raffaele T. 2018. The impact of entrepreneurial universities on regional growth: a local intellectual capital perspective[J]. Journal of The Knowledge Economy, 9(1): 199-211.

Sakakibara M. 1997. Heterogeneity of firm capabilities and cooperate research and development: an empirical examination of motives[J]. Strategic Management Journal, 18: 143-160.

Santoro M D, Gopalakrishnan S. 2001. Relationship dynamics between university research centers and industrial firms: their impact on technology transfer activities[J]. Journal of Technology Transfer, 26(1): 163-171.

Schmidt E, Rosenberg J. 2017. How Google Works[M]. Grand Central Publishing.

Serrano-Bedia A M, López-Fernández M C, García-Piqueres G. 2018. Complementarity between innovation knowledge sources: does the innovation performance measure matter?[J]. Business Research Quarterly, 21(1): 53-67.

Shieh J. 2010. A DEMATEL method in identifying key success factors of hospital service quality[J]. Knowledge-Based Systems, 23(3): 277-282.

Shih F Y, Wu Y T. 2004. Three-dimensional euclidean distance transformation and its application to shortest path planning[J]. Pattern Recognition, 37(1): 79-92.

Smilor R. 1993. The entrepreneurial university: the role of higher education in the United States in technology commercialization and economic development[J]. International Social Science Journal, 45, (1): 1-11.

Steiner G, Risopoulos F, Mulej M. 2015. Social responsibility and citizen - driven innovation in sustainably mastering global socio-economic Crises[J]. Systems Research and Behavioral Science, 32(2): 160-167.

Strauss A, Corbin J. 1990. Basics of Qualitative Research: Grounded Theory Procedures and Techniques[M]. Newbury Park, CA: Sage Press: 67-70.

Su J F, Yang Y, Zhang X F. 2016. A member selection model of collaboration new product development teams considering knowledge and collaboration[J]. Journal of Intelligent Systems, 27(2): 27-43.

Szulanski G. 1996. Exploring internal stickiness: impediments to the transfer of best practice within the firm[J]. Strategie Management Journal, 17((S2): 27-43.

Tommy H C. 2009. Do subsidies have positive impacts on R&D and innovation activities at the firm level?[J]. Structural Change & Economic Dynamics, 20(4): 239-253.

Un C A, Rodríguez A. 2017. Local and global knowledge complementarity: R&D collaborations and innovation of foreign and domestic firms[J]. Journal of International Management, 24(2): 137-152.

Uzzi B. 1997. Social structure and competition in interfirm networks: the paradox of embeddedness[J]. Administrative Science Quarterly, 42(1): 35-67.

Wang M, Chang T. 1995. Tool steel materials selection under fuzzy environment[J]. Fuzzy Sets and Systems, 72 (3): 263-270.

Wang Z, Liu W P, Jiang X M. 2015. Structural analysis of the factors influencing the financing of forestry enterprises based on interpretive structural modeling[J]. Asian Agricultural Research, 7(02): 8-10.

Woerter M. 2009. Industry diversity and its impact on the innovation performance of firms: an empirical analysis based on panel data[J]. Journal Evolutionary Economics, (19): 675-700.

Wolf G. 2017. Entrepreneurial university: a case study at Stony Brook University[J]. Journal of Management Development, 36(2): 286-294.

Woll S. 2011. Organizational learning through university-industry-research cooperation[C]// In 12th European Conference on Knowledge Management Proceedings, Passau, Germany: 1081-1087.

Xu H Y, Wang C, Dong K, et al. 2018. A study of methods to identify industry-university-research institution cooperation partners based on innovation chain theory[J]. Journal of Data and Information Science, 3(2): 38-61.

YIN R. 2003. Case study research design and methods third edition[J]. Applied Social Research Methods Series, (5): 777-785.

Zhang X N, Liu Y, Zhou Ch. 2017. International comparison on connotation of basic research and its expenditure statistics[J]. China Soft Science, (5): 131-138.

Zhu Y C. 2018. basic research funds model and its enlightenmentof innovation-oriented countries[J]. Forum on Science and Technology in China, (2): 20-22.